Object Relations and Self Psychology: An Introduction
(Fourth Edition)

客体关系与自体心理学导论

[美]迈克尔·圣克莱尔　乔迪·维格伦／著
（Michael St. Clair）　（Jodie Wigren）

段　维／译　　吴艳茹／审校

原著第四版

中国轻工业出版社

图书在版编目（CIP）数据

客体关系与自体心理学导论／（美）迈克尔·圣克莱尔（Michael St. Clair），（美）乔迪·维格伦（Jodie Wigren）著；段维译. -- 北京：中国轻工业出版社，2025.5. -- ISBN 978-7-5184-5131-9

Ⅰ. B84

中国国家版本馆CIP数据核字第20245C3Z20号

版权声明

Object Relations and Self Psychology: An Introduction (Fourth Edition)
Michael St. Clair, Jodie Wigren
Copyright © 2004 by Brooks/Cole, a part of Cengage Learning.
Original edition published by Cengage Learning. All Rights reserved.
本书原版由圣智学习出版公司出版。版权所有，盗印必究。

China Light Industry Press is authorized by Cengage Learning to publish and distribute exclusively this simplified Chinese edition. This edition is authorized for sale in the People's Republic of China only (excluding Hong Kong, Macao SAR and Taiwan). Unauthorized export of this edition is a violation of the Copyright Act. No part of this publication may be reproduced or distributed by any means, or stored in a database or retrieval system, without the prior written permission of the publisher.

本书中文简体字翻译版由圣智学习出版公司授权中国轻工业出版社独家出版发行。此版本仅限在中华人民共和国境内（不包括中国香港特别行政区、中国澳门特别行政区及中国台湾）销售。未经授权的本书出口将被视为违反版权法的行为。未经出版者预先书面许可，不得以任何方式复制或发行本书的任何部分。

ISBN 978-7-5184-5131-9

Cengage Learning Asia Pte. Ltd.
151 Lorong Chuan, #02-08 New Tech Park, Singapore 556741

本书封底贴有Cengage Learning防伪标签，无标签者不得销售。

责任编辑：潘　南　　　　责任终审：张乃柬
策划编辑：戴　婕　　　　责任校对：刘志颖　　　　责任监印：吴维斌

出版发行：中国轻工业出版社（北京鲁谷东街5号，邮编：100040）
印　　刷：三河市鑫金马印装有限公司
经　　销：各地新华书店
版　　次：2025年5月第1版第2次印刷
开　　本：710×1000　1/16　印张：19
字　　数：235千字
书　　号：ISBN 978-7-5184-5131-9　定价：82.00元

读者热线：010-65181109
发行电话：010-85119832　010-85119912
网　　址：http://www.chlip.com.cn　http://www.wqedu.com
电子信箱：1012305542@qq.com

版权所有　侵权必究
如发现图书残缺请拨打读者热线联系调换
250788Y2C102ZYW

推 荐 序

一转眼，距离我们翻译这本书的第三版已经23年了。现在，由新译者完成的原著第四版的简体中文版面世了。

那时候，客体关系与自体心理学理论对我们来说是全新的。得到这本书的英文版后，我们如获至宝，立刻着手投入翻译。我们还给这本书的中文版起了一个亮眼的名字：《现代精神分析"圣经"——客体关系与自体心理学》。虽然有些夸张，但这也反映了我们当时投入精神分析的一点狂热。

上一版的翻译充满热情，但也略显青涩，因此我们一直盼望有一个新的译本，一个更冷静、客观的版本。现在，它终于来了。

20多年后的中国，引进翻译的精神分析书籍愈加丰富多样，甚至有些令人眼花缭乱。但我们依然认为，这本书，是总结现代精神分析概貌的优秀专业读物，应该属于有一定精神分析基础的中级文本。原著作者理论功底深厚，临床经验丰富，横向对比令人信服。

苏晓波　贾晓明
2024年9月

审校者序

2004年，我在德国汉堡大学附属的埃彭多夫（Eppendorf）医院进修的时候，偶然间在汉堡的巴林特图书馆看到这本《客体关系与自体心理学导论》（*Object Relations and Self Psychology: An Introduction*）的英文版原著，读起来爱不释手，当即花了75欧元订购了这本书。这对当时的我来说，算是有点奢侈的了。

大概过了一个月，我拿到了属于我的书，可以自由随心地在书上涂写了。读第一遍的时候，好多触动我心弦的句子，总会让我停驻。书中内容与我自己的人生故事交织，使我浮想联翩，好多章节被我涂写得满满当当。读第二遍的时候，我才意识到，这其实是一本理论书。原来，所谓的理论，是无数活生生的生命体验的结晶。

时隔20年，当我开始做这本书的审校工作的时候，我是以完全理性的心态在阅读和审校的。那些心绪和生命故事，已被涤荡和重新沉淀，不再激起波澜。我与本书的缘分和关系，在我的生命和职业成长中，悄然发生着变化。万事万物，莫不如此。

这本书徐徐向我们呈现了精神分析客体关系与自体心理学理论和技术发展的源头、传承与创新的交织、独自美丽与整合的魅力。这些耳熟能详的精神分析大师，在立足于尘世的精神分析空间中，带着勇气、坚定与慈悲，探索着人类心灵的幽微、苦痛、挣扎、卡顿、黑暗与光明，思忖着其缘由及解脱之道，以及如何不断迈向心灵的整合与成熟。

以这种探索为背景，作者开启了对客体关系与自体心理学的系统介绍。第一章是全书的"地图"，以案例开始，比较了经典弗洛伊德视角、客体关系视角与自体心理学视角下对同一现象的不同理解和处理方式，并概要性地介绍了客体关系和自体心理学的重要概念。此外，这一章还比较了以上三种模型对精神分析四个核心议题的观点：（1）客体的本质，以及从本能到其他因素的转变；（2）心理结构的本质与形成；（3）从客体关系的角度看待发展阶段；（4）关于冲突的不同看法及其对治疗产生的影响。

饮水思源，第二章从弗洛伊德开始，介绍了客体关系与自体心理学在关键概念以及对心理结构和心理发展的理解上，与弗洛伊德模型之间千丝万缕的联系和区别。传承与创新，体现着薪火相传，以及随着时代发展和实践拓展到不同领域后精神分析理论对人类心灵的理解的创造性发展。

在第三章到第九章中，作者简明扼要地描述了从梅兰妮·克莱因（Melanie Klein）到海因茨·科胡特（Heinz Kohut）的重要客体关系与自体心理学大师的个人简介、理论的关键概念、对心理结构和发展阶段的理解以及治疗理念和技术等，并通过临床案例对上述内容进行阐释。此外，作者讨论了这些精神分析理论家在精神分析发展历史画卷上的贡献和所受的批判。书中精练的描述让读者得以充分领略这些大师的风采。

在前面所有介绍的基础上，第十章展现了斯蒂芬·米切尔（Stephen Mitchell）的整合关系模型。第十一章，则是通过布伦达的案例，描述了客体关系理论和自体心理学各自会如何概念化布伦达的问题，治疗的侧重点会在哪里。

本书的每一章都贴心地附上了学习问题，让我有教科书之感，同时发现思考这些问题十分有助于读者真正地掌握本章的精髓。这实乃作者的深思熟虑和良苦用心。章末附有参考文献，对于想拓展阅读的读者来说，可按图索骥，非常方便。

我第一次拿到这本书的时候，是从我喜欢的章节开始看起的，而非从头到尾地看。尽管就全书的编排而言，这些章节遵循了时间和逻辑的顺序，作者也在书中比较了不同理论家的差异和共同点；但从我个人的阅读体验来说，它们依然可以作为独立的章节阅读，因为贴近自己心灵体验的理论，更容易打动人，也更容易让人理解。另外，我从不认为，精神分析的书籍只看一遍，就可以完全了然其深意。全书从头到尾读，可以让读者形成更加宏观的视野和系统的认识，但这对尚未熟悉客体关系和自体心理学理论的读者来说，挑战性比较大。

本书以简洁、浅显易懂却又专业的语言，述说着在其他精神分析书籍中可能让人感觉艰涩的客体关系与自体心理学理论和技术的故事。这也是我钟爱本书的原因之一。它适合初学者揭开客体关系和自体心理学的神秘面纱，一览其芳华；也适合资深的精神分析性临床工作者，常见常欢，更深刻地领略其简洁语言背后的深意，以及纵览整幅画卷的快意。

吴艳茹

2024 年 8 月 14 日于浦东机场候机厅

前　　言

　　这本书提供了关于精神分析思想中的两个重要流派的概述和评价：客体关系理论与自体心理学。本书尽可能清晰易懂地呈现了这些关于人的模型的相关议题、观点和争议，并探讨了不同理论家的观点如何区分于彼此，以及如何不同于经典的弗洛伊德模型。

　　呈现这些概念以及客体关系和自体心理学的临床应用，意味着用粗线条绘画，这是为了能让读者看到更广阔的图景，而不会被技术细节淹没。然而，在描绘这幅更广阔的图景时，我试图在专业的准确性和简单的清晰度之间保持平衡。我试图阐明这些理论模型，避免让读者感受到在阅读专业文献时经常遇到的挫折。

　　在过去的几十年里，客体关系（object relations）和自体（self）这两个术语占据了许多精神分析著作的中心舞台。从广义上来说，客体关系是指关系的内部和外部世界。客体这一术语是指"与主体相关联的事物"。客体关系的讨论通常集中于孩子和母亲的早期关联，以及这种早期关联如何塑造孩子的内心世界与其后来的成人关系。

　　自体，一个迷人而简单的词——英文只有四个字母（self），对当代精神分析作家来说却又有着复杂的意义和引起争议的含义。自体可以指"我自己"这个人，或者一个活跃的实体，或者存在于自我之中的、有关于"我自己"的表征。

客体关系理论在不断发展。目前尚无单一的、被普遍接受的客体关系学派或理论。为处理客体关系以及客体关系的含义，相关概念在不断地发展中，而许多临床工作者和理论家为此贡献了自己的想法。随着这些理论家对弗洛伊德最初提出的观点进行延伸和扩展，他们也引发了争议。这些争议使得相关观点得到改进，并在没有形成统一理论的情况下经常对传统的意义产生威胁。

当自体这个词被用在自体心理学这一术语中的时候，就要提及海因茨·科胡特的工作了。像许多其他客体关系理论家一样，科胡特从传统的精神分析思想开始，但后来构建了一个突破精神分析传统界限的工作体系。然而，这种在激烈的争论中进行的断断续续、不均衡的检验和完善思想的过程，似乎正是精神分析学——以及其他学习领域——取得进步的途径。在讨论和争议中，对人类和人际关系的理解就会增加。兴奋和挫败感驱使我写下这本书。客体关系和自体心理学为人类的人格提供了许多见解。

这本书中呈现的理论阐明了早期儿童经验的领域，特别是关系问题、自恋型人格障碍和边缘型人格障碍。但是，在努力理解困难且经常令人困惑的材料以获得这些临床见解的过程中，人们可能会感到沮丧。作为一名教师和临床工作者，我一直沮丧于我们总体而言缺少阅读材料，以让心理学和社会工作专业的学生了解客体关系与自体心理学的基本内容。写这本书的另一个动力是我希望为本科生和新手临床工作者提供了解客体关系理论与自体心理学的途径，他们可能并不熟悉新近的精神分析文献。由于密集的术语、抽象的概念和争议，许多想在专业工作中使用这些理论的人在很大程度上无法深入了解客体关系和自体心理学。

组织架构

本书的第一章探讨了客体关系与自体心理学的一些术语、概念和议题。第二章对一些弗洛伊德理论的出发点做了总结,后来的理论家们以各种方式对这些出发点进行了延伸和修改。接下来的章节着眼于介绍多位客体关系理论家,包括梅兰妮·克莱因、W. R. D. 费尔贝恩(W. R. D. Fairbairn)和 D. W. 温尼科特(D. W. Winnicott)。第六章回顾了玛格丽特·S. 马勒(Margaret S. Mahler)的发展模型,该模型将其他理论家的许多见解组织起来。第七章讨论了伊迪丝·雅各布森(Edith Jacobson)的工作。奥托·科恩伯格(Otto Kernberg)对各种理论的综合将在第八章介绍,而第九章将介绍海因茨·科胡特和他的自体心理学理论。第十章介绍了斯蒂芬·米切尔的工作,第十一章则提供了一个扩展的案例研究和评论。本书末尾的参考书目提供了专业文献指南,术语表则尽可能简单地介绍了专业术语。

本书的早期版本的反响是非常令人满意的。现在的第四版包含了一些根据同事和早期版本读者的建议所做的更改。我的同事乔迪·维格伦(Jodie Wigren)除了和我一起审校每一章之外,还修改了十个案例研究中的八个。我们已尽可能地尝试澄清与简化术语和概念。我们选择不增加客体关系传统中的其他历史人物〔如比昂(Bion)和沙利文(Sullivan)〕,因为有大量的新近工作需要学生了解和参与。我们也更新了参考文献。

致 谢

许多同事和朋友在这本书还是手稿的时候就阅读了其中的部分内

容。他们的评论与建议一直鼓励和帮助着我——即使我并不总是遵循他们的建议。我非常感谢他们的支持，并且我要特别提及我的同事乔迪·维格伦的贡献。此外，我还要感谢马丁·王（Martin Wangh）、理查德·格里芬（Richard Griffin）、玛莎·斯塔克（Martha Stark）、梅尔·乔丹（Merle Jordan）、伊昂·冈纳森（Ione Gunnerson）、路易斯·席佩斯（Louis Schippers）、约翰·贝克（John Baker）、朱迪·泰霍兹（Judy Teicholz）、卡罗尔·博恩（Carole Bohn）和劳森·伍尔辛（Lawson Wulsin）。

迈克尔·圣克莱尔（Michael St. Clair）

目　录

第一章　客体关系理论与自体心理学 ······················· **001**
　　客体关系与自体心理学 ······························· 001
　　术语和概念 ······································· 007
　　核心议题 ··· 015
　　"冲突"及其对治疗的影响 ··························· 020
　　案例分析：克里斯托夫 ······························· 022
　　疑惑与争议 ······································· 025

**第二章　从弗洛伊德开始的起点：客体关系与自体心理学的相关
　　　　　概念** ··· **028**
　　关键概念 ··· 029
　　认同与心理结构的形成 ······························· 031
　　发展阶段与客体选择 ································· 035
　　精神病理 ··· 037
　　经典治疗或分析 ··································· 039
　　案例研究：史瑞伯博士 ······························· 039
　　对弗洛伊德的评价与批判 ····························· 042

第三章　梅兰妮·克莱因：创新、过渡的理论家 **047**

关键概念 048
自我与超我 054
两个发展心位 058
精神病理与治疗 061
案例研究：无法入睡的孩子 062
对克莱因的评价与批判 065

第四章　W. R. D. 费尔贝恩：一个"纯粹的"客体关系模型 **070**

关键概念 071
人格结构 075
发展阶段与客体关系 080
病理学与内化客体 083
治疗 084
案例研究：战争神经症 085
对费尔贝恩的评价与批判 088

第五章　D. W. 温尼科特：拥有独特视角的儿科医生 **092**

关键概念 093
发展过程与父母养育 099
心理疾病 105
治疗 107
案例研究：一个男孩 110
对温尼科特的评价与批判 114

第六章　玛格丽特·S. 马勒：个体的心理诞生 **118**

关键概念 119

发展阶段 …………………………………………………… 122

分离与个体化的四个发展亚阶段 ………………………… 126

病理学 ……………………………………………………… 133

治疗 ………………………………………………………… 135

案例研究：特迪 …………………………………………… 136

对马勒的评价与批判 ……………………………………… 141

第七章　伊迪丝·雅各布森：一个整合模型 …………… **146**

关键概念 …………………………………………………… 147

心理结构与客体关系 ……………………………………… 150

超我的形成 ………………………………………………… 152

发展阶段 …………………………………………………… 155

抑郁的病理学 ……………………………………………… 158

案例研究：佩姬·M ……………………………………… 161

对雅各布森的评价与批判 ………………………………… 165

第八章　奥托·科恩伯格：一个综合模型 ……………… **168**

关键概念 …………………………………………………… 169

心理结构 …………………………………………………… 173

发展阶段 …………………………………………………… 176

边缘型障碍与性欲倒错的病理学 ………………………… 181

边缘型障碍 ………………………………………………… 183

治疗 ………………………………………………………… 187

案例研究：一个年轻人 …………………………………… 190

对科恩伯格的评价与批判 ………………………………… 193

第九章　海因茨·科胡特：自体心理学与自恋 ························ **197**

科胡特与经典驱力模型 ·· 198
关键概念 ··· 199
凝聚性自体的正常发展 ·· 204
自体的病理学 ··· 210
治疗 ·· 216
案例研究：Z 先生 ··· 219
对科胡特的评价与批判 ·· 225

第十章　斯蒂芬·A. 米切尔：整合关系模型 ························· **230**

关键概念 ··· 232
没有驱力理论的精神分析 ·· 234
治疗 ·· 249
案例研究：弗雷德的例子 ·· 254
对米切尔的评价与批判 ·· 257

第十一章　一个案例研究描述：布伦达 ··································· **260**

布伦达 ·· 260
分析与评估 ··· 263
治疗 ·· 268

参考书目 ·· **271**

术语表 ·· **281**

第一章
客体关系理论与自体心理学

第一章为前方的旅程提供了一张地图，它指出这片景观的基本特征，强调了读者在阅读这本书的过程中会遇到的特色。本章将介绍以下主题：客体关系与自体心理学、讨论客体关系与自体心理学时会用到的术语和概念、重要理论的核心议题和彼此之间的显著差异，以及能够说明其中一些议题的案例。

客体关系与自体心理学

客体关系，泛指人际关系。然而，严格来说，西格蒙德·弗洛伊德（Sigmund Freud）首次使用客体一词时，只是指能满足某种需求的人或事物。更广泛地说，客体指的是重要的人或事物，是一个人的情感或驱力的对象或目标。弗洛伊德在讨论本能驱力和早期母子关系时首次使用了"客体"这个术语。与关系相结合，客体指向人际关系，并意味着塑造个体当前人际互动的过去关系在该个体内在的残留。

精神分析探究的是一个人的历史如何影响他现在的行为和关系。例如，精神分析试图研究治疗中发生的移情——来访者如何将过去关系的各个方面转移到与治疗师的当前关系中。精神分析传统上也研究关系，比如孩子在俄狄浦斯期与父母的关系。

然而，精神分析领域的一些学者特别关注人际关系，以及过去的人际关系如何塑造人格。这些学者用一种不同于经典弗洛伊德人格模型的方式研究人际关系，以及人格的结构和发展。粗略地说，那些脱离经典弗洛伊德模型的人［我这里不是指那些在弗洛伊德还在世时就脱离他的人，比如卡尔·荣格（Carl Jung）、阿尔弗雷德·阿德勒（Alfred Adler）、奥托·兰克（Otto Rank）等］可以分为客体关系理论家和自体心理学理论家。客体关系和自体心理学理论家都认为自己属于精神分析学的主流，但他们在很大程度上改变了这一主流。

梅兰妮·克莱因是客体关系理论的先驱之一，她出生在维也纳，后来搬到了伦敦。在20世纪30年代和40年代，她和苏格兰爱丁堡的W. R. D. 费尔贝恩相互影响了彼此的思想，并发表了开创客体关系理论不同分支的作品。D. W. 温尼科特是伦敦的一位从事儿童精神病学工作的儿科医生，他的著作独特而新颖。玛格丽特·马勒出生于匈牙利，受训于维也纳，后来移民到纽约。从20世纪50年代到70年代，她在纽约对儿童进行工作，并撰写了富有影响力的文章和书籍。在此期间，来自德国的伊迪丝·雅各布森也在纽约市工作和写作。

奥托·科恩伯格，另一个维也纳人，在智利接受了医学和精神病学的教育，并在美国堪萨斯州的梅宁格（Menninger）诊所继续进一步的精神病学工作。他的书和文章建立在上述学者的观点的基础上，于20世纪70年代陆续发表。海因茨·科胡特出生于维也纳，拥有无可挑剔的精神分析证书，他的大部分职业生涯都是在芝加哥度过的。20世纪70年代是他事业的巅峰时期，他出版了关于自体心理学的书籍，并因此激怒了精神分析界，改变了精神分析的思考方向。美国精神分析师斯蒂芬·米切尔也为这一丰富的传统做出了贡献。

客体关系理论家研究心理结构的早期形成和分化（自体和他人或客体的内在意象），以及这些内在结构在人际情境中如何表现出来。这些理论家关注的是早期生活中留下持久印象的关系——即个体心灵中的残留物或残余物。这些过去关系的残余，这些内在的客体关系，塑造了个体的感知以及与其他个体的关系。个体不仅与一个真实的他人互动，而且与一个内在的他人互动，这个内在的他者是对某个真实的人在心理上的表征——可能是一个扭曲的版本。

客体关系理论家使用术语自体表征（self representation）和客体表征（object representation）。这些术语在概念上被理解为人格结构。自体表征是我向自己表征和展示自己的方式。与我有关系的"他者"或重要他人则通过客体表征呈现给自己。

自体心理学家，主要是海因茨·科胡特和他的追随者，用一种不同于客体关系理论家或使用传统弗洛伊德模型的人的方式研究自体及其结构。自体心理学家探索早期关系是如何形成自体和自体结构的。他们更关注自体，而不是自我、自体表征，或本能。也就是说，他们强调的是自体的体验，而不是自我或自体表征的概念。

灰姑娘的案例

这里有一个众所周知的故事可以作为"案例研究"，以说明这三种理论模型对同一个患者的不同处理方法。（实际上，治疗师也倾向于以类似的方式工作，而概念模型则有着更大的差异。）让我们假设灰姑娘和王子结婚了。但他们出现了婚姻问题，灰姑娘来寻求治疗师的帮助。

传统的弗洛伊德学派可能会研究灰姑娘的性本能压抑，以及她未解决的俄狄浦斯情结。这位治疗师或分析师会从防御以及自我（ego）与本我（id）结构之间的冲突这两个角度分析灰姑娘的问题。

一位研究客体关系的治疗师会注意到，灰姑娘早年因失去母亲而遭受了心理上的剥夺。可能这一丧失导致灰姑娘利用分裂的心理防御机制，将一些女性理想化（比如，她的仙女教母），并将其他女性视为"一无是处的"（她的继姐妹和继母）。她把短时间内认识的王子也理想化了。一段建立在关于自己和他人的扭曲内在意象上的婚姻注定会遇到问题，因为她迟早需要把王子当作一个有人类缺点的真人对待。在客体关系理论中，讨论的议题将集中在灰姑娘的内心世界与现实世界中的人和情境之间的差异上。

在自体心理学框架内工作的治疗师或分析师会关注灰姑娘在治疗中自己的体验，因为这种体验表现在对治疗师的移情中。对移情进行分析可能会揭示出一个贫瘠的自体，这个自体需要一个强大而理想化的客体。灰姑娘对这样一个客体的寻找反映了她缺乏自尊，以及她需要被这样一个理想化的客体肯定，无论这个客体是仙女教母、王子还是治疗师。她需要与理想化的王子融合，以获得幸福的感觉。由于无法接触自己内心的空虚和愤怒，灰姑娘可能会把她的治疗师理想化，或者将治疗师看成像继母一样的人。

这三种不同的模型从不同的角度解决类似的问题。弗洛伊德的人格模型研究人格结构，以及人格是如何被组合在一起的。人格的"部分"或组成成分——本我、自我和超我——是只存在于关于人格的书中的概念，与人们对自己的体验相去甚远。弗洛伊德从本能的角度看待发展，其中最重要的发展挑战是俄狄浦斯危机。心理障碍或心理疾病主要是源于人格的不同部分或结构之间的冲突，例如性本能和自我要求之间的冲突。

与弗洛伊德相反，客体关系理论和自体心理学关注的是早期的、前俄狄浦斯期的发展。这些理论通常将精神疾病或病理视为发展停滞，而非结构性冲突。发展停滞导致未完成和未整合的人格结构。简而言之，该个体的客体关系或自体结构受到了基本的损害。当应用理论理解和解释遇到问题的患者时，观点的上述变化催生了不同的理论重点和对术语的不同使用方法。

所有的精神分析理论都在解释过去如何影响现在，以及患者的内在世界如何扭曲并影响外在体验。但是，不同的精神分析理论学派的不同关注点和重点催生了不同的心理治疗方法。

另一个案例

举一个著名而老练的演员和许多漂亮的女人结婚又离婚的案例。经典的弗洛伊德模型可能会从未解决的俄狄浦斯冲突或性本能与自我、超我之间的冲突入手，以理解这个来访者。

客体关系理论家则可能会看到这个演员的内心世界充满了扭曲的、理想化的养育女性的表征，这个被创造的幻想世界扰乱了他与现实女性的关系。在他对自己和女性的扭曲表征的影响下，他可能会感到非常需要和渴望被这些暂时理想化的女性照顾。他在每段关系中都投射出自己的无意识幻想*，幻想着对方能满足他未满足的需求，但他内心世界和现实妻子之间令人痛苦的落差导致了失望、无数次的离婚和新关系（见图1.1）。

自体心理学的拥护者可能会谈论来访者的表现欲（exhibitionism）和夸大（grandiosity），他在寻找一个无所不能的客体，这个客体在无意识的层面上给他提供他所缺乏的自尊。客体关系理论和自体心理学理论

---

* 幻想（phantasy）一词在本书中的使用意指表征驱力和客体的内在意象。这个词区别于异想（whimsical fantasies）和不切实际的幻想（fanciful fantasies）。

都强调与内在表征或内在客体的早期关系（或自体客体*）。

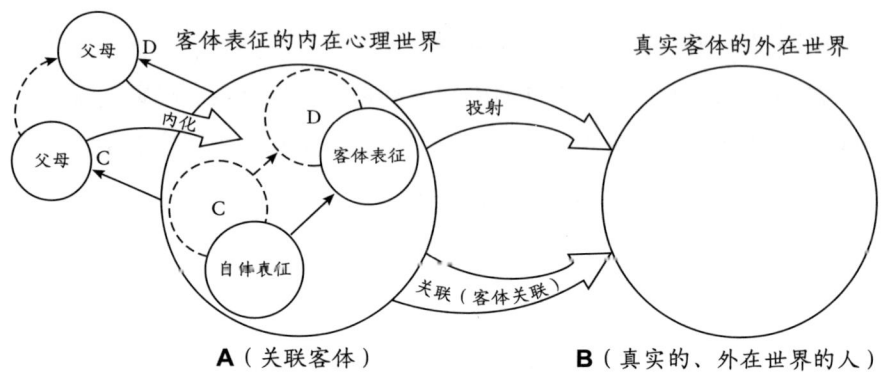

图 1.1　客体的内在与外在世界

客体关系指的是存在着自体表征及其关联的客体表征的内在世界。这些内在意象可能无法准确地描述出客体在"真实"世界中的实际情况。这个图展示了与一个人的人际关系相关联的内在世界与外在世界，以前文中提到过的演员为例。A 就是这个演员，根据自己的内在世界与 B 互动，而 A 的内在世界被其早期与父母 C 和 D 的经历塑造甚至扭曲。A 不仅内化了父母之间的互动，期望在自己的亲密关系中也能复制这样的互动，而且他同时认同了父母中的一方，将其理想化的形象投射到 B 身上，从而将 B 与这个投射的、理想化的形象关联在一起。

所有的精神分析理论家和治疗师都对病人的内心世界感兴趣。然

---

* 科胡特一开始在这个术语中使用了连接符，即自体-客体（self-object），但是在他后来的著作（以及他同事的著作）中，没有连接符的"自体客体（selfobject）"变成了默认的用词。

而，由于理论取向的不同，他们对个人内心世界的解释可能有所不同，强调的方面也有所不同。让我们再看一个以不同方式理解个人内心世界的例子。小红帽的故事呈现了小红帽对祖母的内心体验。虽然旁观者可能会理解祖母的不满——也许是因为女孩来晚了；但从小红帽本人的体验来看，她经历了一个无法解释的转变，即祖母变成了一只具有威胁性的动物——狼。在成人的现实世界中，这样的转变是不可能的，但在孩子体验的内心世界中，面对强烈的情绪，这样的扭曲是非常有可能的。

不同的精神分析模型可能试图从略微不同的角度解释这个孩子的行为。经典的弗洛伊德模型会强调早期原始激情的存在。客体关系模型会讨论小红帽的自体表征和客体表征。自体心理学会以一种不同的方式研究她，强调自体和可能存在的自恋性暴怒。所有这些模型都被称为精神分析模型，但客体关系模型和自体模型的重点可能有所不同。总的来说，这些模型或理论探索了过去和现在的关系世界，以及早期和过去的关系如何影响现在的心理与社会功能。这些精神分析理论提供了临床视角，帮助我们理解一个人的内心世界是如何在现实世界和人际关系中引发困难的。

术语和概念

关于客体关系和自体心理学的理论探讨使用了特定的语言或术语集，这些术语和概念有助于为精神分析理论的研究与应用提供结构。下一节则讨论和定义了其中的一些关键术语。

客体

客体关系中的客体是精神分析著作中的一个专业术语，它不是指一些非人的东西，而是指个体的欲望或行动所指向的人。客体是与主体相联系的东西。感受和情感有客体。例如，我爱我的孩子，我怕蛇，我生邻居的气。人类的驱力是有客体的。饥饿驱力的客体是食物，而性驱力的客体是具有性吸引力的人。在本能驱力的背景下，弗洛伊德提到婴儿的客体首先是母亲的乳房，然后是母亲自己，最后是其他能满足婴儿的人和事。

表征

表征一词指的是人如何拥有或存有一个客体——即一个人在心理上如何呈现一个客体。讨论客体关系的学者一般会区分两个世界或参照框架：可观察的客体所在的外在世界，以及对客体进行心理表征的内在心理世界。外在世界指的是社会环境中可观察客体所处的领域，是日常生活的世界。内在世界指的是主体关于此外在世界的心理意象和表征，即主体是如何体验和表征外在世界的（Boesky, 1983; Sandler & Rosenblatt, 1962）。

让我们来观察一个照顾孩子的母亲。在这个例子中，外在客体指的是母亲这个"真正的"人。客体关联（object relatedness）这个术语指的是与这个可观察的人之间的关系（Meissner, 1980）。内在客体这个术语是指母亲在孩子心里的意象或表征。这种内在体验和它的表征是无法观察到的，也可能不是对实际情况的准确反映，但是它们的确代表了孩子（或主体）在与母亲关联时的体验，并表达了孩子的内心世界。

学者们在使用客体一词时需要仔细区分他们指的是外在可观察的人，还是内在客体——对这个可观察的人的心理表征。当然他们并不总是这样谨慎。一些学者（如梅兰妮·克莱因）在使用客体这个词时，没有明确说明它是指一个真实的人还是对一个人的内心表征，这样就会引发困惑。精神分析感兴趣的是心理表征的内在世界，因为这体现了主体如何表征和理解世界，以及他与之的关系，治疗师能够借此理解该主体的行为和动机。只有当个体能够反思并谈论他的感受和关系时，治疗师才能获得关于其内在客体关系的信息。

图1.1尝试着以图形的方式呈现一个人的内心世界，即前面提到的那个著名而老练的演员。这个图展示了演员对自己和他人（包括他生命中的女人和他的父母）的内心表征。这些来自过去的表征作为情感过滤器，影响和塑造着他现在的感知和人际关系。

自体表征

除了客体的意象或表征外，婴儿内心世界的另一个方面包括对自己发展中的自体进行表征。自体表征是自体的心智表达——它在儿童与环境中的客体或重要他人的关系中被体验。

婴儿最初无法区分客体和自体。客体似乎是自体的某一部分或不同方面。因此，婴儿无法区分母亲的乳房与自己的拇指。他们是偶然之间用嘴发现了自己的拇指并尝试吮吸。渐渐地，婴儿开始区分客体与自体、非自体与自体，以及客体表征与自体表征。

客体和自体的心理表征通常附有情绪能量。在儿童发展初期，这种情绪能量或情感负荷就是一种愉快或不愉快的感受。导致婴儿不愉快的事物被吸收并内化为内在的坏客体。也就是说，婴儿心智上的不成熟使其只能以"让我舒服"或"让我痛苦"的主观角度体验世界。孩子还没认识到内在的坏客体是外在世界中让其受挫或害怕的某个人。

如果孩子有愉快的感受，那是因为客体是让他满意的，他的需求得到了满足，所以他感觉很"好"。如果孩子有不愉快的感受（令其受挫的"坏"客体引起的），那么这个孩子在他的自体表征中是"糟糕的"，其需求可能是未满足的。

自体表征塑造了一个人与他人、与世界关联的方式。例如，一个人可能白手起家并发家致富，但他的自体意象可能不会改变，所以他可能会继续穿得很破旧，因为他仍然认为自己需要省吃俭用，而不是"浪费"钱给自己买衣服。一个客观的观察者会注意到这个人有许多财富，但对于决定其花钱方式的自体内在意象则只能猜测。

一些客体关系理论家强调自体表征是如何经常关联于其他心理过程的，如通过投射，以及不同形式的认同和内化。比如，这可能涉及在心理上把自己的感受投射到别人身上，然后基于这种扭曲的内在感知来对待别人。打个比方，一个精神失常的杀人犯向逼近他的警察开枪，他喊道："杀了我吧，杀了我吧——你知道我有罪！"他将罪恶和需要被惩罚的感受投射到警察身上，并希望警察因他的罪行惩罚他。另一个人可能不会以这种方式外化自己想要攻击的感受，甚至可能会直接将攻击转向自身，比如怀有强烈的自罪感，或者以自杀的形式对自己实施躯体暴力。

部分客体和完整客体

心理世界的意象和表征并不总是关于完整客体（whole objects）的，也可能是部分客体（part objects）的——即人的一部分，如脚、阴茎或乳房；甚至是主体自身的一部分，如婴儿正在吮吸的拇指（Arlow, 1980, p. 113）。

部分客体这个术语更常指被主观体验为要么好、要么坏的客体表征，对于主体而言要么是愉快的、要么是不愉快的。对客体的体验基于其令人满意还是令人挫败而进行，这只是对这个客体的一个局部视角，这个视角暗示了一种非此即彼的特性。看待一个客体时同时考虑其让人满意和挫败的能力，则是把该客体看作一个完整客体。

一般来说，婴儿最早的表征是部分客体。婴儿由于知觉和情感的不成熟，感知能力有限，一次只能感知到真实客体的一个特征，如哺育的乳房带来的满足感，或者乳房不在带来的挫败感。令其满足的是"好的"，令其挫败的是"坏的"。在这个早期阶段的婴儿不能同时持有两种想法或观念，比如他的母亲既是"好的"又是"坏的"。渐渐地，随着成长和发展，婴儿发展出一种能力——将母亲视为既令其满足又令其挫败的完整客体。

结构

当一个孩子明显地付出极大努力来控制强烈的感受，并说出她哭泣的原因时，我们可以观察到由"自我"发挥的一些心理功能。通常，自我、本我和超我的概念，以及各种心理过程和关联方式，都被认为是结构。结构这个术语是指有组织的、稳定的心理过程和心理功能，是概念而非实物。观察者只有在行为或内在体验中才能了解到其中表现出来的、可能存在的结构。

每个理论家对人格内部建立结构的方式都有不同的解释。一些理论家强调压抑本能和感受的作用。另一些理论家则强调内化过程，即父母发挥的功能被孩子吸纳至内心世界并建立起来，孩子因此也能发挥自己的功能。

自体

自体与自我所在的概念化水平不同。自我不能被直接看到，因为它是一个只存在于心理学书籍中的抽象概念。但自我被概念化为心理功能的组织者，可以表现在思考、判断、整合等功能中。自体则在好几个语境中被使用，最宽泛的含义是区别于周围客体世界的完整主体。自体这个词也能以概念的方式被抽象地使用，指所有心理机构①（包括自我）的组织和整合。自体还可以指一种基本体验，即我对我自己这个人的体验。

一些自我心理学家将客体关系视为自体组织执行的关键功能之一，因此客体关系不属于某一个心理机构（自我），而是属于所有这些心理机构的总和。客体关系发生在自体和它的客体之间，而不是本我和客体之间，或自我和客体之间（Meissner, 1980, p. 241）。

我们可以对自己表征自己，即使这是自我在实现自体表征这一内在功能。因此，自体可以是个体的自体表征。这种自体表征与客体表征相似，不过与作为人、作为体验核心的自体相比，处于不同的抽象水平。

分裂

分裂是客体关系理论和自体心理学都很关注的心理机制之一。这一机制包括正常的发育过程和防御过程。婴儿利用分裂机制来帮助整理混乱的早期生活经历。在子宫的平静时光过后，婴儿体验到的生活是嗡嗡作响、混乱和不连续的。而分裂则与允许婴儿在应付能力范围内尽可能多地接纳环境的过程有关，婴儿因此不再感到难以理解周围的环境。因此，早期分裂是指由于未成熟而导致无法将不相容的体验综合为一个整体。

例如，婴儿有着强烈的矛盾情绪（如爱或恨，愉快或挫败），但每次只能在他不成熟的意识中保留其中一种感受或想法。这样的结果就是对部分客体的表征，即只有某个特定性质的客体，比如"令人挫败的"。看起来与其矛盾的"令人快乐的"这个性质被排除在婴儿的意识之外。

---

① "机构"对应的原文是"agency"，在此语境中指执行某个心理功能的组织。——译者注

只有随着成熟度的增长，婴儿才能够同时将同一客体或体验看似对立的两方面整合至同一个稳定的意象中，例如能够给予愉快感的母亲也有令人挫败的方面。为了维持这个脆弱的人格结构，婴儿使用分裂机制分离母亲的好（有爱的、令人满足的）和坏（令人挫败的、剥夺的）这两方面所激发的冲突的内心感受。

客体关系理论家

许多精神分析学者可以大致归在客体关系理论家这一头衔之下。他们使用许多传统的精神分析概念和术语，但着重研究客体关系。作为客体关系理论家，他们彼此之间可能存在分歧，但都有一个共同的关注点，即关系高于先天本能驱力。也就是说，与弗洛伊德和其他传统的精神分析学者相比，他们倾向于更重视环境对人格塑造的影响。

客体关系理论家与弗洛伊德意见分歧的核心在于，先天生物因素相较于人际关系对塑造人格的影响权重有多大。客体关系理论家不再聚焦于弗洛伊德早期关于客体和早期关系的本能方面的观点，这种转变意味着客体关系理论家关注的是前俄狄浦斯期的发展——以自体表征和客体表征的角度进行解释。因此，在对人格发展和塑造的研究中，客体关系理论家通常强调环境影响而不是先天影响。理论家对先天生物因素的强调越少，就越重视个体如何通过家庭关系发展自体，以及这个自体如何以特有的方式与他人建立关系。客体关系理论家通常研究人际关系中的障碍，并对边缘型人格和分裂样人格的研究贡献了重要见解。

后面的章节将回顾梅兰妮·克莱因、W. R. D. 费尔贝恩、伊迪丝·雅各布森、D. W. 温尼科特、玛格丽特·马勒和奥托·科恩伯格等客体关系理论家的工作。这些理论家之所以脱颖而出，是因为他们独创新颖而富有影响力的想法极大地帮助了治疗师理解人与关系。

自体心理学

自体心理学一词指的是海因茨·科胡特及其追随者的研究成果。科胡特改变了客体关系的观念和弗洛伊德的概念。基于对自恋型人格障碍的研究，科胡特与众不同地以自恋的术语强调了客体关系中他看到的某些特点。他改变了关于自恋的经典观念。在弗洛伊德看来，自恋是正常人必经的一个阶段。而科胡特认为自恋有其独立的发展过程，也有需要特殊治疗的独特病态形式。

自体心理学的一个关键议题涉及对自体的情感投注的本质和类型。科胡特讨论的是自恋投注，而弗洛伊德讨论的是力比多投注。弗洛伊德暗示，自恋者——那些因为对自己产生力比多投注而以一种不健康的方式"爱"自己的人——无法与他人建立关系，因此无法从治疗中获益，因为他们无法与治疗师建立关系。科胡特对自恋有着不同的理解，他认为自恋者可以拥有关系或客体关系，但都是自恋的客体关系。这意味着自恋的人在与客体互动时，仿佛将客体当成了自体的一部分，或者客体对自体发挥着至关重要的功能。这种扭曲的关系需要不同于治疗神经症患者的治疗方法。

"案例"研究

让我们再回到灰姑娘的案例，以说明内在表征、结构、碎片和分裂的概念。也许，灰姑娘一方面认为她的继母要求颇多、令人不适，与继母这个坏女人在一起，让她感到小心翼翼、闷闷不乐和沮丧。另一方面，她认为她的仙女教母是一个很棒的人，能够给予一切，她让灰姑娘感到充满活力和强大。和王子在一起，灰姑娘则体验到了少女的感觉和柔情，并且非常渴望和他在一起。只要稍加夸张地想象，我们就可以注意到与不同的人在一起时，灰姑娘的行为和感受是不一样的，就好像她内心有非常不同的子自体（subself），这些子自体以一种互不整合的方式相互竞争。治疗师和其他与灰姑娘相处的人可能会发现她的情绪变化令人困惑。她可能也觉得自己是支离破碎的，在不同的情境中是不一样的人。

灰姑娘的自体表征为她提供了一种感受和思考自己的方式，部分是有意识的，部分是无意识的。自体表征与客体表征紧密相连，因此在与讨厌的继母的关系中，灰姑娘对自己的感受很糟糕。在和一个好客体（比如，仙女教母）的关系中，灰姑娘感觉很好。灰姑娘倾向于以要么好、要么坏的两个极端来体验自己和他人，这就是分裂。分裂是一种童年时期的防御方式，可以持续到成年，这表明童年时期的创伤可能导致内部结构的紊乱。失去生母的创伤确实可能导致灰姑娘内部世界出现一定程度的混乱，使其缺乏整合，因此她确实会经历心情的快速波动和体验到强烈的感受。她的感受以及与他人建立关系的方式，就像不同的自我状态或子自体一样，会被体验为无法解释的心情变化，以及破碎或瓦解的感觉。与此相反，整合则表明了一种连贯性，即不同的子自体形成一个统一人格，因而能对不同情境做出一致的反应。

精神分析理论的核心议题突显了各种概念模型的许多重要异同点。每个模型都会以不同的方式和关注点来理解来访者，例如灰姑娘以及她的王子丈夫。

核 心 议 题

好的理论是有一致性的。当理论的某一部分被改变时，整个理论就会产生连锁反应。这也发生在精神分析理论中——当研究客体关系和自体的理论家与经典弗洛伊德模型的各种议题搏斗时。随着这些理论家将重点从弗洛伊德的本能驱力模型转移到更加强调人际关系和自体的模型，他们对某些关键议题的关注也发生了改变。

我们考察的四个关键议题是：（1）客体的本质，以及从弗洛伊德对本能驱力的强调转向其他因素；（2）心理结构的本质与形成；（3）从客体关系的角度看待发展阶段；（4）关于冲突的不同看法及其对治疗产生的影响。

客体的本质与从本能到其他因素的转变

本能驱力是人类的基本动机，这一概念是弗洛伊德人格理论的重要基石。驱力的主题——它们是如何被转化和阻碍的——贯穿了弗洛伊德的著作。本能是天生的，儿童最早的内心状态是原初自恋。在这种状态下，自我是力比多本能的客体，没有外在客体可以让儿童投注心理能量。因此，在弗洛伊德的理论中，人与人之间没有预定的关联。驱力优先于客体，甚至通过满足和挫败的体验来"创造"客体，并且驱力基本上决定了关系的质量。弗洛伊德认为客体是满足冲动的。在后来的著作中，弗洛伊德才进一步阐述了个体与外部世界的关系。从本质上讲，在弗洛伊德的驱力模型中，客体是驱力创造的产物，客体关系则是驱力的一个功能（见 Greenberg & Mitchell, 1983, pp. 42–44）。

客体关系理论家用各种各样的方式讨论客体；但总的来说，他们全都偏离了弗洛伊德关于本能驱力的讨论方向。梅兰妮·克莱因（1975a, 1975b）是第一个修正弗洛伊德模型的人，她更重视人际环境对人格发展的决定性影响。她认为驱力是被幻想转化或表征的，并几乎完全从这个视角看待婴儿和客体之间的互动，从而保留了本能驱力相当大的影响作用（Gedo, 1979, p. 362）。克莱因的影响促使费尔贝恩（1943/1954）彻底改变了弗洛伊德的传统，提出了一个"纯粹"的客体关系立场。费尔贝恩的理论提出，一个人的主要驱力是对一段关系的渴望，而不是生物本能的满足。因此，他从人际交往而非生物本能的角度看待人格及其动机。

客体关系理论的关注点从生物驱力动机转变为对人际关系的追求，这导致了一个重要的结果。客体关系理论家把本我的功能赋予了自我，也就是说，他们把力比多能量归于自我。

费尔贝恩从根本上背离了弗洛伊德的力比多能量模型，他在概念上抛弃了本我，并发展了自带能量的单一自我概念。对心理能量本质的改变使得费尔贝恩的理论发生了重大变化。因此，他不区分结构和心理能量。在他的模型中，自我寻求与客体的关系，而不仅仅是试图控制一个难以驾驭的本我。费尔贝恩认为，如果孩子与父母的关系良好，孩子的自我就是完整的。相反，如果关系不好，孩子的自我就会建立补偿性的内在客体。这基本就意味着结构和能量位于自我的内部。

其他客体关系理论家，如伊迪丝·雅各布森（1964）和奥托·科恩伯格（1976），在解释发展和动机时尝试着不牺牲本能驱力，并将客体关系整合至模型中。他们的整合尝试通常包括改变术语的含义和利用客体表征之类的概念。

海因茨·科胡特（1971, 1977）并不考虑弗洛伊德的力比多驱力投注至客体这一套。科胡特的重点不是两个独立的、截然不同的人之间的客体关系。他发展了"对客体的自恋投注"的概念。自恋性投注根据客体与自体的关系来看待客体，也就是说，客体被体验为自体的一部分，或者为自体执行其尚不能执行的功能。在后期的作品中，科胡特将本能驱力置于次要地位，并关注自体及其与自体客体的早期关系——自体客体被认为是无所不能的，并为自体执行至关重要的自尊功能。

心理结构的本质与形成

结构是一个隐喻性的概念，也许并不准确。它描述了人的心理组织和组成"部分"。弗洛伊德将人格的这些方面描述为本我、自我和超我。

人格的内部组织不能被直接观察，因为它是一个假设的结构。但一个人的稳定模式和行为的一致性是可以被观察的。经典的精神分析驱力模型讨论了压抑驱力如何对自我从本我中出现的过程发挥核心作用。对弗洛伊德来说，自我持续依赖着本我的能量。

客体关系理论家挑战了弗洛伊德关于结构的传统观点。他们留意到外在客体（父母以及儿童环境中的其他重要他人）对建立内在心理组织的影响。人格的组织和建立源于内化这一心理过程，即个体通过这一过程将环境中的调节性互动和特征转化为内部规则和特征（Schafer, 1968, p. 9）。客体关系理论家更强调关系的内化，而不是对驱力的压抑（见Klein, 1983; Sternbach, 1983）。

结构的形成涉及这样一个过程：儿童外在世界的某一方面作为外在客体被舍弃，通过认同的过程被纳入自我，从而成为儿童内在世界的一部分。这种新的内部机构承担的基本功能与从前外部世界的人或被舍弃的客体一样（Ogden, 1983, p. 228）。这种机构用传统的弗洛伊德术语来说就是"超我"，因为它正如其取代的父母一样评价和威胁自我。然而，费尔贝恩将同样的机构视为自我的一部分，并将其标记为"内部破坏者"或"反力比多自我"。

与费尔贝恩相反，奥托·科恩伯格试图整合客体关系与弗洛伊德的结构模型。他退而求其次，将客体关系的各单位看作与自我的各基本组成结构一样，是一种心理结构。这些客体关系的单位从混乱中将自我整理出来，是自体对客体做出反应时的意象；每个意象都有一个特定的感受基调。

将一个客体纳入自我意味着在心灵中建立一个机构，即人格的某一方面在内部执行先前由外在客体执行的功能。传统的精神分析模型以这种方式解释超我的形成，而客体关系理论家则用这种方式解释自我的形成。他们将结构的形成理解为一段客体关系的内化过程。例如，科恩伯格就以此为基础提出"客体关系单元"的概念，而费尔贝恩也基于此将自我的某些部分与客体结合起来。

科胡特对结构的关注在于凝聚性自体的形成，这是通过他所谓的转换性内化（transmuting internalization）的过程建立起来的。在这个过程中，自体逐渐从客体中撤回自恋性投注；客体原本是为自体执行功能的，而自体现在能够自己执行这些功能。自体的这些心理功能包括检验现实、调节自尊等——早期学者认为，所有这些功能都是自我的功能。

客体关系的发展阶段

弗洛伊德的发展模型以本能能量在身体各区域的逐渐显现为中心，例如在口欲期、肛欲期和生殖期阶段发生的情况。对弗洛伊德来说，俄狄浦斯阶段大约发生在 3—5 岁之间，是儿童从两人关系（母子）转变为三人关系的开创性阶段。对弗洛伊德来说，理解俄狄浦斯危机对于理解客体关系（客体的力比多投注）和神经症模式至关重要。

客体关系理论本质上是研究俄狄浦斯期之前的发展过程和关系的发展理论。费尔贝恩、马勒、克莱因和科胡特分别用不同的术语定义了比弗洛伊德提出的更早的发展危机。他们认为关键的发展问题是孩子从与母亲融合、依赖母亲的状态转变为越来越独立和分化的状态（见 Eagle, 1984, p. 185）。在融合与共生的早期阶段，孩子会加满自尊的"油箱"。这个时期的扰乱会让孩子感到耗竭和空虚。

客体关系理论将自体的出现与客体关系的日益成熟联系起来。通过观察孩子和母亲之间的关系和过程，客体关系理论讨论了心理结构形成的时机——尤其是自我——以及心理结构与客体之间的关系质量。在特定的发展阶段，自体能够拥有不同质量的关系。这意味着，最初与母亲客体融合、尚未分化的自体，随着其分化并体验到自己和母亲相分离，变得更加独立。

马勒（1968）使用观察的经验模型描述了儿童从共生到分离与个体化的转变。与马勒相反，科胡特使用治疗中的成人数据来追踪自体对自体客体的早期依赖。科胡特描述了一个凝聚性自体的发展和自体可能会出现的发展停滞。

科恩伯格描述了相同的分化过程，他提到自体表征与客体表征的融合，以及清晰分化的自体表征的逐渐形成。

在早期的前俄狄浦斯期和俄狄浦斯期，孩子的客体关系似乎不是在本我和客体之间，也不是在自我和客体之间，而是在自体（或其心理表征）和客体（或其在自体内部的心理表征）之间。不同的理论家提出了不同的解释，也提出了棘手的问题。例如，如果感知功能甚至关于自体的内在感知都归因于自我，那么在自我出现之前怎么会有客体表征呢？是否有某种原始的自我总是与本我共存？自我出现的时间是否比之前大家所认为的更早，早于弗洛伊德提出的时间？

梅兰妮·克莱因确信自我从出生开始就存在。她将许多组织过程，甚至是俄狄浦斯议题都分配给了刚出生后的那段时间。她的两个发展"心位（position）"开始于生命的第一年。费尔贝恩通过观察自我与客体之间日益成熟的关系来解决自我发展的问题。

"冲突"及其对治疗的影响

客体关系和自体心理学理论家对障碍的看法不同于经典的弗洛伊德模型，这对治疗有着重要的影响。

传统的弗洛伊德模型将心理障碍理解为本能需求与现实需求之间的

冲突，以及本我、自我和超我之间的冲突。童年时期未解决的冲突，尤其是未完成的俄狄浦斯冲突，会在无意识中继续，并在成年后出现。当自我对威胁性的想法和力比多的感受做出防御性反应时，一种神经质的妥协就会出现，从而表现为神经症症状。弗洛伊德学派的精神分析师将试图揭示这些冲突，并寻找神经症症状的无意识成因。

相反，客体关系理论家和自我心理学家对冲突和障碍的定义不同，他们对病理在心理结构中的定位也不同。心理障碍包括对自体和心理结构的损害。早期发展缺陷阻碍了凝聚性自体的建立，并阻止了各心理结构的整合。这些前俄狄浦斯期发展缺陷会导致自恋和边缘型人格，这是比典型的神经症更严重的障碍。对费尔贝恩来说，冲突存在于自我内部，而不是存在于自我和其他心理结构之间。因此，费尔贝恩谈到了自我的分裂部分（坏客体）与自我其他部分的冲突。

客体关系理论家和弗洛伊德之间的另一个争议领域涉及攻击性的作用。客体关系理论家和自体心理学家认为，攻击性与其说是一种本能，不如说是对病理性情境的一种回应或反应。早期的发展缺陷和人际关系中的挫折会引发攻击性。科胡特认为，自恋性暴怒是原始自体在得不到所需时的一种反应。科恩伯格还指出，早期的攻击是对关系挫折的一种反应，这种反应性攻击阻止了客体关系单元的整合。他用一个喂养的比喻来描述一个孩子如何正常地"代谢"或在心理上消化和整合感受与意象的早期关系单元。母子关系中的挫折使孩子无法整合这些心理组成部分，因此这些（自我意象和客体意象的）单元仍然"未被消化"。这些年幼时的自体尚未被消化的部分，会以原始的感受状态和未整合的情感回归。边缘型人格具有强烈的孩子气的感觉状态，这使得一个成年人像情绪化的婴儿一样做出反应。

弗洛伊德关注的是压抑和神经质人格，而客体关系理论家和自体心理学家则倾向于关注人格结构中的问题，这些问题会在人际关系的严重困难中呈现。科胡特描述了自体结构有缺陷的自恋型人格障碍，这类个体不正常的人际关系反映了其未发育完成的原始自体在试图实现婴儿时期的需求。自恋型人格通常有一个内聚但原始的自体，而边缘型人格正如科恩伯格所描述的，其特征是一个支离破碎的自体——这类个体使用的心理分裂机制表现在矛盾的情绪状态中。后面的章节对这两种障碍做了进一步的比较，客体关系理论和自体心理学对此进行了阐明。

精神分析一直强调关系以移情的形式在治疗中的作用。由于客体关系和自体理论强调关系对引发病理的影响，因此它们强调关系在治疗中是诊断过程的一部分，也是疗愈过程的一部分。因为母子关系的早期缺陷导致了结构性缺陷，所以如果治疗师（或分析师）能够给患者提供患者需要的关系，帮助患者整合其人格中不同的分裂部分，那么治疗性的重构就会发生。治疗师将致力于与患者建立"此时此地"的关系以推动内在的改变，从而治愈患者人格中"彼时彼地"的缺陷。

治疗——特别是以精神分析为导向的治疗——为患者提供了一个机会，让他们用一个更成熟的自我、一个从治疗师那里"借来的"自我，来面对他们的原始感受。这就好像童年时期无法处理的感受最终可以被患者成年后的自体掌控。在治疗师面前，患者可以体验到自体的混乱、分裂以及矛盾的感受，而治疗师逐渐让患者意识到自己现在能够处理这些感受——以一种小时候无法做到的处理方式。

案例分析：克里斯托夫

在接下来的"案例研究"中，我们可以对比三种理论模型——弗洛伊德模型、客体关系和自体心理学——是如何理解来访者的。

这位来访者是一名虔诚的画家，名叫克里斯托夫。他受到各种强迫症状和癔症症状的困扰。出现症状的 9 年前，在对生活和工作感到沮丧的状态下，他与魔鬼达成了一个古怪的协议：他会在 9 年之后献出自己——而这个 9 年之约现在即将到期。这个契约并不如大家预期的那样想要换来美酒、女人和歌曲，而是要魔鬼替代画家死去的父亲。随着这个契约即将结束，克里斯托夫祈祷奇迹的出现，希望神明能拯救他，让魔鬼把他从契约中释放出来。

弗洛伊德（1923/1981）在试图通过精神分析的视角阐明这个奇怪的"案例"时，会推测这种障碍背后的心理机制和本能冲动。弗洛伊德可能会认为克里斯托夫在父亲去世后非常抑郁，这种抑郁妨碍了他的工作，并激起了他的恐惧和焦虑。恐惧和焦虑驱使他定了一个契约，要求魔鬼成为他深爱的父亲的替代品。这个契约是一种神经质的幻想，表明了画家对父亲的矛盾感情。画家对父亲的渴望与他未解决的、不可接受的恐惧和对父亲的反抗处于神经质的冲突中。通过投射的心理机制，克里斯托夫将神明看作他渴望的父亲，而他对父亲的敌对态度则以魔鬼的形象表现出来。魔鬼的象征困扰着克里斯托夫，因为它代表着糟糕的、不可接受的、压抑的本能感受。魔鬼是如此可怕，因为投射到外部世界的无意识感觉是不可接受的、可怕的。

在治疗中，弗洛伊德会试图揭示无意识冲突，这种冲突可能来自俄狄浦斯发展时期未完成的议题。通过深入了解冲突，克里斯托夫可能会从他的神经症症状中解脱出来。

客体关系理论家费尔贝恩（1943/1954, pp. 70–74）对克里斯托夫有另外的理解。他并不根据弗洛伊德提出的冲动来理解画家，而是从客体关系的角度理解他。画家的神经症被视为被坏客体附身，以及对被压抑的情感重现感到害怕的一个例子。克里斯托夫追求的不是快乐或冲动的满足，而是一个父亲，一个好客体。

费尔贝恩认为，孩子们会发展出处理挫折或不良关系带来的困难的机制。孩子会防御性地内化环境中不好的或是令其挫败的东西。孩子宁愿自己变坏，也不愿环境中有坏客体的存在，所以孩子会通过防御性地纳入客体身上的坏东西而变"坏"。孩子试图通过纳入环境中的客体、让它们成为自己心理结构的一部分，以清洗它们，使它们变得美好。外在世界安全的代价是内心有令人不安的坏客体。换句话说，世界是好的，但孩子是"坏的"。一旦坏客体存在于孩子的心中，他必须进一步压抑任何关于客体的意识或感受，以防御已被内化的坏客体。用宗教术语来说，这可以表达为"在神明统治的世界里做一个罪人，比在魔鬼统治的世界里活着要好"（Fairbairn, 1943/1954, p. 66）。罪人也许是坏的，但在一个由好客体统治的世界里是安全的。被坏客体统治的世界里则既没有安全，也没有希望（Fairbairn, 1943/1954, p. 67）。

在费尔贝恩看来，这就是克里斯托夫的情况。即使克里斯托夫的父亲在其童年时期是一个坏客体，但他的坏品质被儿子能够感知和理解到的优点抵消，因而达到了平衡。但当父亲去世时，这些坏的特征又回到了克里斯托夫的意识中（被压抑的部分重返），儿子就受制于这个内化的坏客体。换句话说，克里斯托夫非常孤独，他必须有某个人在，即使是这个坏客体，这样他才不会感到没有客体以及被遗弃。所以他接受了坏客体，这同时使他对父亲产生了攻击性，对自己也产生了不好的感觉。对这些攻击情绪的内疚可能会导致抑郁症。

因此，费尔贝恩认为这份协议是一种神经质的尝试：试图抓住坏客体不放。魔鬼与已故父亲和不好的感受联系在一起，而好客体与好的感受和神明联系在一起。治疗就像一种"奇迹般的疗愈"，因为它从无意识中释放了对内化的坏客体的束缚。这在克里斯托夫这个案例中既是必需的，也是其无法忍受的。

费尔贝恩并没有从自我和冲动的角度来理解克里斯托夫，而是根据他的人际关系以及这些关系对他内心世界的影响来理解他。与好客体（神明）打交道使克里斯托夫重新获得对自己的良好感受，并抛弃了坏客体。

科胡特会在这个案例中寻找自恋的因素，并会注意克里斯托夫和治疗师建立的移情关系是何种类型。父亲的去世打破了这位画家的自恋平衡，而契约则表现了其原始、未被镜映的自体的夸大，这个自体试图完成童年时期从未完成的事情。克里斯托夫迫切地寻找一个理想化客体来确认他贫乏的自体。他试图通过魔法契约来控制现实，这掩盖了他内心的空虚和缺乏自尊。一个强大的、无所不能的客体能够确认他的存在，让他感到自己还活着。

疑惑与争议

到目前为止，读者可能已经意识到，对客体关系和自体的研究并不是一个整齐划一或有序的领域。事实上，客体关系和自体的理论与概念并没有形成一个统一、独立或被普遍接受的真理体系，而是一个基于临床经验与观察的假设和概念的集合。

通过重新提炼和阐明早期丰富的概念及其含义，精神分析理论在历史上不断进步。在这个活跃的过程中，精神分析理论不一定要放弃其中任何一个概念。对客体关系和自体的精神分析研究尤其如此。许多理论家和临床工作者都为这一知识体系做出了贡献，其结果是产生了多种多样的感知、重合的参考框架、有分歧的术语，以及缺乏一个所有人都能认同的有条理的模型。尤其令人困惑的是，虽然理论家们使用同样的词汇，但由于各自的取向不同，他们给这些术语赋予了截然不同的含义。

然而，尽管缺乏理论共识，客体关系理论家和自体心理学的概念仍是有价值的。他们为理解边缘型障碍和自恋型障碍提供了新的视角，并在诊断和制定治疗策略方面提供了帮助。此外，客体关系和自体理论家已经将注意力转向儿童的早期发展以及早期互动的重要性。

本书接下来的章节会集中讨论客体关系和自体方面的主要理论家。讨论仅限于每一位理论家如何使用术语以及如何理解发展和心理障碍的关键要素。每一章都提供了一个案例，以说明特定的理论家曾如何处理或可能会如何处理来访者的情况。

> **学习问题**
>
> 1. 简单来说，什么是客体关系？
> 2. 如何从本能的角度来理解发展？从客体关系的角度又如何理解？
> 3. 内心冲突和发展缺陷的区别是什么？
> 4. 区分客体和客体表征，以及自体和自体表征。

参 考 文 献

Arlow, J. (1980). Object concept and choice. *Psychoanalytic Quarterly, 49*, 109ff.

Boesky, D. (1983). Representations in self and object theory. *Psychoanalytic Quarterly, 52*, 564–583.

Eagle, M. N. (1984). *Recent developments in psychoanalysis: A critical evaluation*. New York: McGraw-Hill.

Fairbairn, W. R. D. (1954). The repression and the return of bad objects. In *An object *relations theory of personality* (pp. 59–81). New York: Basic Books. (Original work published 1943)

Freud, S. (1981). A neurosis of demonical possession in the seventeenth century. In J. Strachey (Ed. and Trans.), *The standard edition of the complete psychological works of Sigmund Freud* (Vol. 4, pp. 436–472). London: Hogarth. (Original work published 1923)

Gedo, J. E. (1979). Theories of object relations: A metapsychological assessment. *Journal of the American Psychoanalytic Association, 27*, 361–373.

Greenberg, J. R., & Mitchell, S. A. (1983). *Object relations in psychoanalytic theory*. Cambridge, MA: Harvard University Press.

Jacobson, E. (1964). *The self and the object world*. New York: International Universities Press.

Kernberg, O. (1976). *Object relations theory and clinical psychoanalysis*. New York: Aronson.

Klein, M. (1975a). *Envy and gratitude and other works, 1946–1963*. New York: Delta.

Klein, M. (1975b). *Love, guilt and reparation and other works, 1921–1945*. New York: Delta.

Klein, M. I. (1983). Freud's drive theory and ego psychology: A critical evaluation of the Blancks. *Psychoanalytic Revue, 70*, 505–517.

Kohut, H. (1971). *The analysis of the self*. New York: International Universities Press.

Kohut, H. (1977). *The restoration of the self*. New York: International Universities Press.

Mahler, M. (1968). *On human symbiosis and the vicissitudes of individuation*. New York: International Universities Press.

Meissner, W. W. (1980). The problem of internalization and structure formation. *International Journal of Psycho-Analysis, 61*, 237–248.

Ogden, T. H. (1983). The concept of internal object relations. *International Journal of Psycho-Analysis, 64*, 227–248.

Sandler, J., & Rosenblatt, B. (1962). The concept of the representational world. *Psychoanalytic Study of the Child, 17*, 128–145.

Schafer, R. (1968). *Aspects of internalization*. New York: International Universities Press.

Sternbach, O. (1983). Critical comments on object relations theory. *Psychoanalytic Revue, 70*, 403–421.

第二章
从弗洛伊德开始的起点：客体关系与自体心理学的相关概念

西格蒙德·弗洛伊德是其后许多理论家的起点。他的模型包含对客体关系的理解；他发明了客体的概念，并指出在发展过程中出现的不同种类的客体。但是弗洛伊德并没有研究出客体关系的所有含义，他也没有像后来的学者那样强调客体关系。由于他的概念和术语是后来的客体关系与自体心理学理论家的基础，以及他的假设与表述催生了后来客体关系理论的争论和演变，因此我们必须仔细研究弗洛伊德对这些观点的表述。

弗洛伊德在奥地利维也纳长大，并于1881年在那里获得医学学位。1885年，他在巴黎师从法国著名神经学家让·夏科（Jean Charcot）。1886年，弗洛伊德回到维也纳，开始私人执业。他的早期病人常常患有癔症和神经衰弱。弗洛伊德起初犹豫不决，但他逐渐超越了他那个时代的神经学和治疗实践，开创了一种理解和治疗神经症的心理学方法。1938年，纳粹吞并奥地利，他被迫离开维也纳前往伦敦，并于1939年在伦敦去世。

在构建人格理论的过程中，弗洛伊德试图实现各种各样的目标。他阐述了一种动机理论，这一理论有助于解释人类行为和塑造人格的形成因素。在他努力解释动机时，他平衡了先天的生物学方面（驱力）和环境方面（父母的影响），或者换句话说，平衡了先天因素与后天因素。驱力代表了生物或先天因素的作用，而环境因素则考虑了环境中的人或养育客体的影响。几乎所有的理论家都同意先天和后天因素共同塑造人格，但他们对何者是主要影响则意见不一。

虽然弗洛伊德承认先天和后天因素都塑造了人格（Gedo, 1979），但他更重视先天和本能驱力。他的模型是一个驱力模型。他用本能这一术语解释塑造人格的关系和环境作用力。本能是他讨论动机和客体关系的框架。他认为生物或本能驱力是首要的，优先于客体。客体关系是本能驱力的一种功能。

与弗洛伊德形成鲜明对比的是，一个"纯粹的"客体关系模型在解释动机的时候只关注关系和环境影响。例如，费尔贝恩反对弗洛伊德学派对本能驱力的强调。关注重点的转变极大地改变了费尔贝恩对人格结构和关系中的动机的理解。科胡特也是如此，他不再关注弗洛伊德强调的驱力，转而强调自体及其与自体客体的关系，而非自我与驱力的关系。

本章将回顾弗洛伊德的理论，作为研究客体关系和自体心理学理论的起点，并聚焦在以下几个方面：关键概念、心理结构的形成、发展阶段与客体选择、精神病理、经典治疗或分析、一个案例研究，以及对弗洛伊德理论的看法和评价。

关 键 概 念

关系和驱力

人际关系或人际交往对弗洛伊德而言很重要，但它们都从属于驱力。弗洛伊德理解客体关系的角度主要是本能需求以及满足这些需求的人。客体和人之间存在概念上的差异，而在弗洛伊德的驱力模型中，并没有从理论上要求驱力的客体必须是人（Greenberg & Mitchell, 1983,

p. 38）。驱力的客体可以是一件衣服或一只动物。当弗洛伊德从个体过去与某一重要他人的关系来看待该个体现在的行为时，他认为这段关系的重要性在于这个重要他人在激发或满足此人的需求方面所扮演的角色，而不是这个重要他人是谁或是什么角色。弗洛伊德的客体关系模型完全是在驱力的本能框架内进行检验的。

对驱力进行检验是弗洛伊德用来理解和解释人们行为方式的一种概念性方法。弗洛伊德将驱力解释为一种行为的动机，借助身体需求，以无意识的愿望和冲动的形式寻求满足。某种兴奋或冲动始于身体，并在头脑中表现为一种需求，想要得到某物来满足自身需要（Freud, 1905/1957k, 1933/1957f）。观察者不能直接看到驱力，只能看到其衍生物。这些衍生物是驱力的各种转换形式和替代品，并以想法、感受和幻想的形式到达意识。饥饿驱力会激发人们对食物和进食的幻想。一个人越饿，他内心的幻想和饥饿冲动就越强烈。性驱力和攻击驱力的运作模式是相似的。性驱力越强烈，寻找满足其需求的活动的相关幻想就越占据一个人的头脑。

弗洛伊德区分了每种驱力的四个不同组成部分：目的、来源、动力和客体（1915/1957d, pp. 122–123）。本能的目的是满足和发泄本能。例如，性本能的目的是本能所驱使的行为，即性交。它释放性紧张，导致本能的暂时消失。饥饿驱力的目的是进食，这样可以消除饥饿感，并恢复满足感。

本能驱力的来源是一种生理状况或身体需要，它导致本能在头脑中呈现刺激。在饥饿的例子中就是身体对营养的需要。动力，或驱力的压力，是驱力的强度、力量或紧迫性，它取决于需求的强度。

驱力的客体是满足驱力的事物或条件。它可以被比作一个目标或目的。所以食物是饥饿驱力的客体，而性感的人是性驱力的客体。从主体的角度来看，寻求客体是为了满足本能或生物需求。客体可以是一个人，一个人的某一部分（如脸或乳房），甚至可以是一个无生命物。客体表征是客体在主体心智中的心理呈现。

当主体发现了一个令其愉悦的客体，就会试图获得该客体，并以某种方式将客体纳入自己的自我中。人们会选择并"爱"上那些保证会带来快乐的、有吸引力的"客体"。然而，当一个客体引起了痛苦的感受时，主体就会从客体中撤出，并憎恨它或试图驱逐它（Freud, 1915/1957d）。

客体选择

客体选择是指主体投注力比多或心理能量的客体。这种投注是在客体的心理表征上进行的，而不是在实际的外在客体上进行的。这个过程被称为精神贯注（cathexis）。因此，坠入爱河涉及选择某一个特定的人，并在对其的心理表征上投注能量。

力比多指的是驱力能量（通常是性能量）的数量，是性驱力表达的力量（Freud, 1917/1957e, 1921/1957c）。弗洛伊德将力比多能量描绘为向外辐射并依附于客体，然后又再次被带回自我中（1914/1957g）。当力比多投注于自我时，这被称为自恋——一种以自我为客体的客体选择形式。正常情况下，年幼的孩子会非常关注自己和自己的身体。但随着发展，他们将逐渐变得更能被异性吸引，更能对别人进行客体选择，以及更能爱别人而非只爱自己。

认同与心理结构的形成

许多客体关系理论家淡化了客体关系的本能方面而强调认同，这是考虑了环境对自我的形成产生的影响。

尽管弗洛伊德一直在修改和完善他的概念，但在他对人格结构形成的理解中，本能一直扮演着稳定而核心的角色。他早期的地形模型将人格归到意识层面来看待，而本能是无意识的，自我功能则是有意识的。后来，在20世纪20年代，弗洛伊德（1923/1957a）提出了他的结构模型，从功能的角度呈现心智或心理装置，即功能恒定的结构。这些结构是本我、自我和超我。本我是完全无意识的，是本能驱力的心智表达或心理表征，并且是心理能量的来源。它的基本作用是获得本能需求的满足。

自我的作用与本我相反，具有多种功能，主要是在人的需要和环境的要求之间进行调解。第三个心理结构是超我，它代表心灵中的社会，并对自我的行为做出评判。

这些结构出现在不同的时期。本我在出生时就存在，并在自我从心理装置中分化出来之前就开始运作。当自我出现时，它面临着控制或转化本我冲动的任务。自我在控制本能的过程中运用了各种心理机制，尤其是压抑。超我则是在更晚时期出现，形成于俄狄浦斯冲突阶段。

弗洛伊德讨论了在形成这些心理结构中起作用的各种心理机制。当自我出现时，它面临着控制或转化本我冲动的任务。通过压抑，自我阻止了来自本我的、不想要的冲动到达意识，这促进了自我的成长。认同机制在超我的形成中起着至关重要的作用。与压抑相比，这种机制与本能的关系不同，并且以有别于压抑的方式对待环境中的客体。

因为认同关注的是环境中的客体，较少涉及本能，所以后来的客体关系理论家在解释自我的起源时使用了这种机制。从广义上说，认同意味着变得像某人或吸纳了某人的特征。为了区分不同类型的认同，弗洛伊德提到了自我与客体之间不同类型的关系。例如，认同是与一个人或一个客体最早的情感联系。自我选择某一客体并与之产生关联的第一种方式就是采用口腔吸纳（oral incorporation）的原始机制。这种早期的认同形式十分原始，是要变得像客体一样。这个心理过程被体验和象征为一种摄入或纳入自己体内的身体过程，比如婴儿在喝母亲的奶时会幻想自己将母亲纳入了自己体内。这暗示着一个人通过将另一个人纳入内心而获得其特点，类似于一些原始人认为他们能通过吃掉动物而让自己获得这种动物的特性，或信徒相信接受了圣餐就会变得像神明本人一样（Freud, 1912/1957l, p. 142）。

认同与在客体上投注精神能量（也被称为客体选择或客体贯注）有什么不同？弗洛伊德（1923/1957a）说，在口欲期的发展阶段，它们是无法区分的。在后期发展中，认同和客体选择之间的差异可以类比为：孩子对父亲的认同，是孩子希望自己能像父亲一样；而孩子选择父亲作为一个客体，是孩子希望自己能拥有父亲（Freud, 1921/1957c）。认同和客体选择之间的区别在于一种视角，要么是关注自我——变得越来越像喜欢的客体；要么是关注客体——自我喜欢的客体或与自我相关的客体。

根据弗洛伊德的理论，认同逐渐取代了客体选择或精神贯注。力比多能量发生变化，变得去性化，而客体被自我吸收纳入，并被投注这种去性化的能量。自我现在被投注了去性化的、自恋的能量，认同了客体，并呈现出客体的特征。例如，一个寡妇失去了深爱的丈夫后就变得像丈夫一样，具有他过去所拥有的特征。简而言之，认同取代了客体贯注。

当认同取代客体贯注时，被舍弃的客体贯注通常会影响认同。例如，孩子们"爱"他们的父母（作为客体选择），并且通过将父母作为精神贯注对象，孩子们会变得很像他们（通过认同）。"被舍弃"一词意味着，与这些客体产生关联的特定方式被另一种更成熟的方式取代，而早期的关联模式被下放到无意识中，就像被放到一个旧的地下室储藏间里。然而，这些被舍弃的精神贯注对成年生活中的关系有持久的影响，并且经常在治疗期间的某个时候表现在移情关系中。

根据弗洛伊德的说法，认同对客体贯注的替代经常发生，并且在自我的形成中起着重要作用。自我可以被描述为被舍弃的客体选择或客体贯注的沉淀物。这意味着与重要他人的人际关系的痕迹或残留物会保留下来，并影响个人的身份认同。因此，自我包含了过去的客体选择或人际关系的历史。过去的亲密关系痕迹会留在孩子的人格中，使孩子变得像他的父母一样。

如果孩子的自我包含太多的客体认同，且这些认同变得过于强大、互不相容，情况就会朝病理化的方向发展。这种病理的例子包括著名的多重人格障碍患者西比尔（Sybil）①，或者杰基尔和海德（Jekyll and Hyde）②的双重人格案例。在多重人格的案例中，不同的自我认同在不同的时间段争夺意识，并拒绝整合至同一个人格中。

除了用认同来解释自我形成的各个方面，弗洛伊德还用认同来解释超我的形成。圆满解决俄狄浦斯期的斗争，心理结构也就形成了。前俄狄浦斯期的儿童与母亲处于二元关系中，而与父母双方的三元关系的逐渐出现标志着俄狄浦斯期的开始。孩子通过认同相同性别的家长和形成超我来化解俄狄浦斯情境。父母的权威通过内化机制而被吸纳，并以超我的形式在孩子内心建立起来。

儿童在俄狄浦斯斗争中体验到强烈的欲望和谋杀性的愿望。冲突的来源是：儿童想要以独占、肉欲的方式拥有父母一方，然而父母中的另

---

① 西比尔（Sybil）是史上著名的多重人格障碍患者。——译者注
② 杰基尔和海德（Jekyll and Hyde）是出自小说《化身博士》（*Strange Case of Dr Jekyll and Mr Hyde*）的双重人格，常作为双重人格的代名词。——译者注

一方似乎是危险的对手，阻碍了这些性愿望和性幻想的实现。当儿童逐渐认同父母并内化他们的各种禁令，他们就会化解这些冲突。例如，一个男孩逐渐将他与母亲的客体关系从一种性爱的客体选择转变为一种温情而非性欲的客体关系。同样，女孩通过认同母亲和放弃满足俄狄浦斯愿望来化解俄狄浦斯情境（LaPlanche & Pontalis, 1973, p. 436）。（读者应该注意到，弗洛伊德以及本书中讨论的一些其他理论家都是基于男性和女性的刻板性别角色开展讨论的，比如母亲承担了所有的儿童照顾工作。）

超我是俄狄浦斯情结产生的结果。在俄狄浦斯情结的最后阶段，外在世界的一部分作为外在客体被部分舍弃，并通过认同的过程被纳入自我，成为内在世界的一个组成部分（Freud, 1938/1957j）。这个新的精神机构继续发挥作用，接替父母（被舍弃的客体）一直以来在外部世界中执行的功能。超我就像它所取代的父母一样，会做出威胁和评判。超我体现了对父母超我的成功认同，并将一直体现他们的影响作用（Freud, 1923/1957a, p. 35）。

发展阶段与客体选择

弗洛伊德（1905/1957k）用本能的术语解释了发展，即力比多（性驱力）如何以越来越有组织的方式表现出来的一套模式。就本能而言，发展是从一般的快乐取向转变至特定的性欲目的和生殖目的。这一发展是从一种自我享乐的婴儿性欲转向一种更指向客体的关系。在这种关系中，性欲感受聚焦在引发性欲的人身上，而非自己身上。更具体地说，弗洛伊德根据身体中显现力比多能量的区域来命名每个发育阶段，因此有了口欲期、肛欲期、性器期、潜伏期和生殖期。

弗洛伊德还认为，自我与其客体之间的关系在发展过程中会发生变化。也就是说，随着人格的成长，自我的客体选择在本质和质量方面都会发生变化，即早期选择自体作为客体，后来则成熟地选择他人作为爱的客体。例如，一个孩子可能会吮吸自己的拇指，并通过这种方式将她自己身体的一部分当成爱的客体。但当这个孩子进入青少年期后，她可能会有一个男朋友，一个与自己分离的爱的客体。

发展阶段是用来表示客体关系的不同特征，以及力比多呈现的不同形式的途径。弗洛伊德通过给发展阶段的命名来表明主体与客体的关系：口欲－食人期、肛欲－虐待期、性器－俄狄浦斯期、潜伏期和生殖期。当力比多从某个客体和某种满足方式中脱离出来时，就会精神贯注至新的客体和新的满足方式（Compton, 1983a, p. 389）。根据弗洛伊德的说法，婴儿的成长经历了几个阶段，第一阶段是她与可以用嘴吸纳的物体建立联系，最后一个阶段则是她以一种成熟的方式与另一个她可以爱的人建立联系。成功的发展是能够与自身之外的完整客体建立关系。

弗洛伊德从客体如何满足需求或本能的角度看待关系或客体选择。下面的讨论展示了不同的发展阶段中满足人本能的客体选择的顺序。

在生命的前 18 个月，力比多的满足集中在嘴、唇和舌头上。力比多首先依附于母亲的乳房以及各种吸吮或进食活动。性本能的第一个客体是母亲的乳房，或照顾和喂养婴儿的人（Freud, 1914/1957g, p. 112）。渐渐地，婴儿在吮吸的过程中放弃了乳房，代之以自己身体的某部分。婴儿开始吮吸自己的拇指。在这种自我享乐型的客体选择中，婴儿得以无须外部世界的许可也能独自获得快乐。

当力比多从口腔和吸吮活动中分离出来时，它开始与粪便和控制的过程产生关系。这个肛欲期出现了对外在客体的考虑，因为儿童现在面临的外部世界是一股约束力量，与自身的欲望是敌对的。

当儿童大约 3 岁时，力比多会集中在生殖器上，儿童会把自己的身体当作客体，开始以手淫的方式摩擦自己的生殖器。根据弗洛伊德的说法，在这个性器期，儿童开始对有阴茎或没有阴茎的感觉产生兴趣。当儿童与两个父母客体的关系变得更复杂，不同于更早时期和母亲之间的简单二元关系时，俄狄浦斯情境中的主要性欲议题就出现了。在潜伏期的同性客体选择之后，儿童进入生殖期或青少年期，开始选择异性客体。

弗洛伊德的发展模型不同于后来的客体关系理论家。弗洛伊德的模型关注本能，并认为当成年人将他们所有早期的本能和性欲区整合至他们的生殖器性行为中时，发展就成功地达到了顶峰。早期的性冲动被协调成为成年性经历的一部分。客体关系模型更多地以感知的角度来理解发展。成功的发展意味着获得完整的客体关系。在这个模型中，成功意味着克服那些分裂早期体验的力量；成熟的成年人可以形成统合的意象，以准确地描绘与他们建立关系的真实人（Greenberg & Mitchell, 1983, p. 42）。

精 神 病 理

精神病理指的是精神问题或情绪障碍。弗洛伊德（1933/1957f）将情绪或心理障碍理解为本能需求以及自我和超我对本能需求的内在抵抗之间的冲突。冲突有多种形式。基于已经呈现的材料，我们可以讨论弗洛伊德探索的三个障碍领域：（1）神经症冲突；（2）性欲倒错；（3）病理性哀伤。

神经症冲突

人格有多种方式来管理与转化本能和心理能量。自我和超我会审视产生于本我并向意识传递的任何本能。自我和超我会评判这种本能冲动是否合适，以及它如何寻求表达。通常，自我能够以健康的防御方式管理本我的力量。当无意识的本能能量变得无法处理，防御方式无法充分控制这些能量时，神经症冲突就会产生。通常，冲突会以妥协的方式被化解，本能或愿望以症状的形式表达出来。冲突仍然是无意识的，但本能的衍生物（它们转化后的表现形式，如某些行为或感受）则在神经症症状中表现出来。精神分析中的症状是问题的象征性表达，而不是问题本身。

性欲倒错

在儿童的成长过程中，没有任何一种对客体的力比多依恋方式会被永久舍弃。这些与客体之间的幼稚关联方式、获得满足的方式会被压抑，但它们仍然存在于无意识中，在压力之下或退行期间可能再次出现（Freud, 1933/1957f）。成人的性障碍是这些幼稚关系模式的重现，这些模式一直被排除在意识之外，但从未完全消失。

性欲倒错是成年人幼稚的客体选择模式和不成熟的获得满足模式的表现。这些成人性障碍涉及某种特定的性欲客体或某种特定的不成熟的性爱活动形式。恋物癖者是受困扰的成年人，他们拒绝将生殖器官作为性冲动的客体，而被客体的某些其他部分（例如脚）或一些无生命物（例如鞋子或丝质内裤）唤起。恋尸癖者（Freud, 1917/1957e）选择尸体作为性爱客体。恋童癖者则选择不成熟的儿童作为性爱客体。偷窥者改变了性满足的方式，因此原本只是为性交做准备的观看行为成了其性活动的核心。

病理性哀伤

认同促成了病理性哀伤的症状（Freud, 1923/1957a, p. 28）。当某人失去了一个重要客体，退行过程作为一种应对痛苦的方式就开始了。失去至亲的哀伤之人往往会再现其失去之人的特征。认同取代了客体选择或客体贯注。例如，一个男孩因为失去了他的小猫而感到悲伤，他公开宣称现在自己就是小猫，因此用手和膝盖爬来爬去（Freud, 1921/1957c, p. 109）。

哀伤的人试图从客体中收回情感或力比多投注。通过对客体特征的呈现，个体在自己的自我中建立了客体。然后，自我被当作被抛弃或丧失的客体来对待。个体会对自己施加本该指向客体的责备。认同取代了客体关系。现在，问题不再是"我不再拥有那个亲爱的朋友"，而是"我就是那个朋友，而我把因朋友的离开而感受到的所有失望和愤怒都指向自己"（Freud, 1921/1957c, p. 106）。

经典治疗或分析

精神分析的技术，例如对梦和移情的分析，旨在揭示无意识的冲突，并追溯冲突的起源。许多情感问题的根源在于早期生活中的冲动，这些冲动曾被压抑，而现在正回归或威胁着要回归到意识中。个体通过防御方式应对这些威胁，而分析师必须解读这些防御方式，并帮助来访者看到防御背后的感受。

案例研究：史瑞伯博士

弗洛伊德的客体关系模型建立在本能驱力的框架内。弗洛伊德按照惯例，用他的驱力理论来讨论病人。史瑞伯（Schreber）博士的案例研究摘自弗洛伊德的早期著作（Freud, 1911/1957h），说明了弗洛伊德是如何通过史瑞伯博士的关系和冲突来验证驱力理论的。

史瑞伯博士的著作《一个神经症患者的回忆录》(*Memoirs of a Neurotic*) 于 1903 年出版，而弗洛伊德在论文中应用了精神分析的原则来分析这部自传。史瑞伯博士并不是弗洛伊德的病人，他是一位有过几次严重精神崩溃的杰出人士。他的症状包括对迫害和死亡的恐惧、复杂的妄想，以及认为自己的大脑正在软化的信念。

有两种妄想占据了上风。史瑞伯相信神明召唤他来救赎世界。为了这个更高的使命，他必须被转化成一个女人，必须被阉割。认为阉割是一种伤害和迫害的想法是他妄想体系的显著特征。史瑞伯相信他已经受伤很长时间了，但现在他的女性特质更加突出了，他的身体有了更多的女性神经，并且神明会让他怀孕的。

弗洛伊德试图运用精神分析的概念来理解史瑞伯博士的奇怪想法。弗洛伊德指出，一个因迫害者身份而被憎恨和恐惧的人，曾经也是被爱和尊敬着的。事实上，史瑞伯将他的医生保罗·弗莱克西希（Paul Flechsig）列为迫害行为的煽动者。史瑞伯一度非常感激他的医生，他和医生的关系是一种移情——"一种情感贯注从对他很重要的人转移到实际上无关紧要的医生身上"（Freud, 1911/1957h, p. 47）。史瑞伯对他的医生的情感依赖加剧，进而转化为性欲。一天晚上，当史瑞伯半睡半醒的时候，他突然觉得成为一个屈服于性交行为的女性肯定很棒。弗洛伊德认为，史瑞伯的精神疾病始于他产生这种渴望自己是女性（或被动的同性恋者）的幻想。史瑞伯拒绝这样的幻想，也拒绝"同性恋力比多"的爆发，这力比多的对象是他的弗莱克西希医生。他与性冲动做着斗争，并且在这场冲突中以迫害妄想为防御（Freud, 1911/1957h, p. 43）。

妄想的发展使得神明的形象取代了弗莱克西希的形象。这种妄想的改变是为了尝试解决史瑞伯的性冲突。"史瑞伯不可能接受自己在医生面前成为一个放荡的女人，但是为神明提供他所需的肉欲快感这一任务并没有在史瑞伯的自我中引起同样的抵制"（Freud, 1911/1957h, p. 48）。

弗洛伊德揭示了史瑞伯如何在心理上将他的迫害者分裂为神明和弗莱克西希。如果迫害者弗莱克西希原本是史瑞伯爱过的人，那么神明一定也是史瑞伯爱过的另一个人的再现，而且很可能是一个更重要的人。弗洛伊德得出结论，"另一个人"就是史瑞伯的父亲，而弗莱克西希代表着史瑞伯的兄弟。温暖的感受是通过对他的医生弗莱克西希产生移情而体会到的。实际上，史瑞伯非常爱他的父亲，并因他的去世而感到悲痛。

弗洛伊德写道，由于缺少史瑞伯早年生活的准确细节，所以他无法追溯出所有妄想的细节。弗洛伊德认为，当一厢情愿的幻想爆发时，它一定与某种本能的挫败感有关。他认为史瑞伯的病本质是一种被妄想防御着的同性恋愿望。从根本上说，这个病是和父亲之间的问题。病人与弗莱克西希的斗争被描述为与神明的冲突，但实际上是与史瑞伯深爱却又失去了的父亲之间的冲突。

弗洛伊德说，力比多的发展是分阶段的，每个阶段都有不同的客体选择。例如，在某一个时期，儿童把自己和自己的身体作为爱的客体，然后只有在这个阶段后才能发展到选择自己以外的人作为爱的客体。根据弗洛伊德的说法，有些人在这个阶段停留的时间更长，并且固着于此，因此这个阶段的许多特征被延续到后来的发展阶段（1911/1957h, p. 61）。自体选择生殖器作为爱的客体，然后随着发展而选择具有类似生殖器的外在客体，一个同性恋的客体选择。在异性恋客体选择阶段之后，同性恋倾向并没有完全消失，只是偏离了其性目的，并有了新的用途。弗洛伊德认为，它们有助于社会本能，因为它们为友谊和伙伴关系增添了情欲因素。升华的情欲本能促进了对全人类的爱。弗洛伊德认为，由于挫折，史瑞伯的力比多增强了，这破坏了他的升华和防御机制。他的力比多在他发展的最薄弱之处找到了一个出口。根据弗洛伊德的说法，史瑞伯的病主要源自"自我和性本能之间的冲突"（1911/1957h, p. 79）。

因为史瑞伯内心的性幻想是有威胁性的，所以他无意识地压抑、扭曲和投射它们。在偏执状态下，过去这些内在的感知现在在他看来是外在的感知。情欲的感受被转化为仇恨，因此史瑞伯相信他受到了某种外部力量的迫害，但他实际上是受到了自己本能需求的威胁。

正常情况下，进入成年期会压抑早期的人际关系模式和不成熟的力比多投注方式。对史瑞伯来说，环境解除了压抑的作用，早期的力比多选择形式以一种麻烦的、令人不安的方式回归。他的许多妄想似乎都是对转化了的情欲愿望和早期客体选择的表达。

这一部分简要介绍了弗洛伊德的思考，表明了他从本能的角度出发对客体关系和冲突的看法。后来的理论家并没有将偏执与同性恋幻想联系起来，而是对史瑞伯提出了不同的（也许更复杂的）观点（Kanzer & Glenn, 1980）。

对弗洛伊德的评价与批判

弗洛伊德提出了客体的概念，阐明了人在不同发展阶段选择的不同种类的客体，强调了俄狄浦斯情境和结构形成的关系侧面，凡此种种工作对客体关系理论做出了重大贡献。他提出了这些术语，并定义了许多议题。

后来客体关系理论的许多争论和演变都源于弗洛伊德的假设和他阐述思想的方式。例如，一些理论家批评他对本能的根本重要性的假设，认为他的模型以一种过于食、色的方式来理解关系，并且他没有足够清楚地阐明内在客体的世界。弗洛伊德思想的模糊、修正和完善，为后来的争议及其理论的深刻扩展埋下了种子。

弗洛伊德观点的修正的一个例子是他的本能驱力概念，这其中存在两个不同且相互冲突的重点（Compton, 1983b, pp. 405–406）。弗洛伊德（1915/1957d）首先强调驱力是身体刺激的精神或心理表征，接着又强调驱力是精神贯注，投注于表征或想法上——也就是说，驱力是力比多的定额分配。两者存在重大差别。在第一个强调的重点中，问题就出现了：没有发挥功能的自我，怎么可能有心理表征？如何理解自我–本我的分化？最深层的本我的出现需要自我发挥功能吗？

在第二个强调的重点中，弗洛伊德似乎在暗示本我只是能量而不是结构。这表明心智或心灵和自我是一样的。如果这是正确的，那么仍然有问题：在自我形成之前，怎么可能有心理功能？这进一步暗示，所有的冲突都在自我内部，而不是在自我和其他系统（即本我和超我）之间。

弗洛伊德著作中这个未解决的问题为后来的客体关系理论家和持续的争议设定了方向。对于这个有冲突的重点，费尔贝恩选择了其中一方。他在解释动机的时候排除了本能驱力这一基本概念。他不提本能驱力和弗洛伊德强调的生物学理论，取而代之地提出：自我中存在着多个方面，且它们之间相互冲突。这与只是能量而非结构的本我并不矛盾。梅兰妮·克莱因采用了另一种解决这种歧义的方法。她认为自我从出生开始就存在，自我和本我的同时存在塑造了新生儿的心理功能。接下来的两章将集中讨论这两位理论家。

弗洛伊德模棱两可地使用了客体这一术语。他并不总是清楚地说明客体是否为驱力的一个组成部分，所以他反复说婴儿期的驱力既有客体也没有客体（Compton, 1983b, p. 415）。驱力和客体之间的精确联系在概念上并不清晰，这使得后来的客体关系理论家不再考虑驱力，转而关注客体——并因此引发种种争议。

> **学习问题**
>
> 1. 弗洛伊德理论的哪些部分经久不衰？在 21 世纪，他的理论中的什么内容似乎不能提供有帮助的洞察？
> 2. 弗洛伊德理论中的哪个领域渗透了关系的概念？
> 3. 在弗洛伊德的理论中，建立客体关系模型的具体基础是什么？
> 4. 评论"本能"在弗洛伊德理论中扮演的核心角色。

参 考 文 献

Compton, A. (1983a). The current status of the psychoanalytic theory of instinctual drives. I: Drive concepts, classification, and development. *Psychoanalytic Quarterly, 52*, 364–401.

Compton, A. (1983b). The current status of the psychoanalytic theory of instinctual drives. II: The relation of the drive concept to structures, regulation principles, and objects. *Psychoanalytic Quarterly, 52*, 402–425.

Freud, S. (1957a). The ego and the id. In J. Strachey (Ed. and Trans.), *The standard edition of the complete psychological works of Sigmund Freud* (Vol. 19, pp. 1–66). London: Hogarth. (Original work published 1923)

Freud, S. (1957b). Formulations on the two principles of mental functioning. In J. Strachey (Ed. and Trans.), *The standard edition of the complete psychological works of Sigmund Freud* (Vol. 12, pp. 218–226). London: Hogarth. (Original work published 1911)

Freud, S. (1957c). Group psychology and the analysis of the ego. In J. Strachey (Ed. and Trans.), *The standard edition of the complete psychological works of Sigmund Freud* (Vol. 18, pp. 65–143). London: Hogarth. (Original work published 1921)

Freud, S. (1957d). Instincts and their vicissitudes. In J. Strachey (Ed. and Trans.), *The standard edition of the complete psychological works of Sigmund Freud* (Vol. 14, pp. 117–140). London: Hogarth. (Original work published 1915)

Freud, S. (1957e). Introductory lectures on psychoanalysis. In J. Strachey (Ed. And Trans.), *The standard edition of the complete psychological works of Sigmund Freud* (Vol. 16, pp. 243–448). London: Hogarth. (Original work published 1917)

Freud, S. (1957f). New introductory lectures on psychoanalysis. In J. Strachey (Ed. and Trans.), *The standard edition of the complete psychological works of Sigmund Freud* (Vol. 22, pp. 1–182). London: Hogarth. (Original work published 1933)

Freud, S. (1957g). On narcissism. In J. Strachey (Ed. and Trans.), *The standard edition of the complete psychological works of Sigmund Freud* (Vol. 14, pp. 67–102). London: Hogarth. (Original work published 1914)

Freud, S. (1957h). Psycho-analytic notes on an autobiographical account of a case of paranoia (dementia praecox). In J. Strachey (Ed. and Trans.), *The standard edition of the complete psychological works of Sigmund Freud* (Vol. 12, pp. 1–82). London: Hogarth. (Original work published 1911)

Freud, S. (1957i). Repression. In J. Strachey (Ed. and Trans.), *The standard edition of the complete psychological works of Sigmund Freud* (Vol. 14, pp. 141–158). London: Hogarth. (Original work published 1915)

Freud, S. (1957j). Splitting of the ego in the process of defense. In J. Strachey (Ed. and Trans.), *The standard edition of the complete psychological works of Sigmund Freud* (Vol. 23, pp. 275–278). London: Hogarth. (Original work published 1938)

Freud, S. (1957k). Three essays on the theory of sexuality. In J. Strachey (Ed. and Trans.), *The standard edition of the complete psychological works of Sigmund Freud* (Vol. 7, pp. 125–245). London: Hogarth. (Original work published 1905)

Freud, S. (1957l). Totem and taboo. In J. Strachey (Ed. and Trans.), *The standard edition of the complete psychological works of Sigmund Freud* (Vol. 13, pp. 1–164). London: Hogarth. (Original work published 1912)

Freud, S. (1957m). The unconscious. In J. Strachey (Ed. and Trans.), *The standard edition of the complete psychological works of Sigmund Freud* (Vol. 14, pp. 159–215). London: Hogarth. (Original work published 1915)

Gedo, J. (1979). Theories of object relations: A metapsychological assessment. *Journal of the American Psychoanalytic Association, 27*, 361–365.

Greenberg, J. R., & Mitchell, S. A. (1983). *Object relations in psychoanalytic theory*. Cambridge, MA: Harvard University Press.

Kanzer, M., & Glenn, J. (Eds.). (1980). *Freud and his patients*. New York: Aronson.

LaPlanche, J., & Pontalis, J. B. (1973). *The language of psychoanalysis*. New York: Norton.

第三章

梅兰妮·克莱因：创新、过渡的理论家

梅兰妮·克莱因的研究建立在弗洛伊德的基础上并往前迈进。她对客体关系理论做出了重大贡献。她使用弗洛伊德的术语和概念，例如本能、结构和客体，但又延伸了它们的含义。她保留了弗洛伊德对本能的强调，但又认为本能与客体有着内在的联系——因此，驱力是关系性的。从生命之初开始，冲动就发生在客体关系的情境中，并且指向客体。婴儿寻求养育和乳房，不仅仅是为了释放本能。

克莱因对早期心理生活的理解将内在心理的发展推到了比弗洛伊德所认为的更早的阶段。她的主要成就是对儿童在前语言时期的客体关系内在世界的理解。

梅兰妮·克莱因于1882年在维也纳出生。直到婚后生了第三个孩子后，她才重新开始职业生涯，并专门研究儿童精神分析。1926年，她搬到伦敦，在那里继续她的创新工作，直到1960年去世为止。从1921年到1960年，克莱因在著作中极大地扩展了弗洛伊德提出的客体与客体关系的概念。尽管她在一些重大领域方面仍然遵循弗洛伊德的引领，例如在解释动机和人格的形成时强调本能驱力，但她的一些概念开创性地从根本上偏离了弗洛伊德。

弗洛伊德对童年的理解主要是基于其病人的回忆，而这些病人大多是被认为患有神经症的成年女性。克莱因则不同，她迈出了大胆的一步，直接与问题儿童开展工作。在当时的治疗界，这是一个尚未被开发的领域。她的小病人使她不得不开发新技术和新方式来思考儿童的内心世界。克莱因通过观察和创造性地运用游戏,发现年幼的儿童(甚至是婴儿)的心理世界充满了原始野蛮的冲突、凶残的同类相食倾向,以及排泄和性欲冲动(Klein, 1927/1975b, 1959/1975i)。

在探索这个新领域的过程中,克莱因借鉴了弗洛伊德的理论,将其作为自己研究结果的背景,并保留了本能驱力的概念。她在本能的背景下讨论自己开创性的理论和临床工作。她用生动形象的方式吸引人们关注儿童最年幼时的幻想世界,并发现了婴儿用于应对强烈焦虑、驱力、原始冲动和恐惧的防御机制。她了解到,幻想是对强烈驱力和感受的反应,并且主宰了婴儿早期的心理生活。

她的开创性工作起到了重要的过渡作用:上承弗洛伊德的工作,下启后续不同理论方向的其他分析家。基于对婴儿与儿童的观察,克莱因扩展并重构了弗洛伊德关于客体和本能的观点,尽管扩展的程度不如她同时代的 W. R. D. 费尔贝恩那样深——他建立了一个完全只基于客体和客体关系的人格模型。

本章回顾了克莱因的关键思想,尤其是她对客体关系和早期心理防御机制的理解,这些思想都为后来的客体关系理论家所借鉴。本章讨论的话题包括:关键概念、自我和超我心理结构的形成、克莱因的两个发展心位、她对精神病理与治疗的理解、一个案例研究,以及对克莱因的贡献的看法和评价。

关 键 概 念

本能

克莱因对婴儿心理世界的探索强调生物驱力与本能。驱力和冲动主宰了内在世界。父母与婴儿之间的互动——实际上，所有的互动或客体关系——都被视为驱力的各个方面的表现。克莱因强调互动中的生物驱力，因此她的心理学理论以本我为中心，更关注在心理幻想中所表达出来的驱力的作用，而非父母的贡献。

婴儿焦虑的一个主要来源是死本能（death instinct）的活动。死本能是克莱因与弗洛伊德的理论中都有的一个概念。此概念非常具有争议，并未被广泛接受。死本能被认为是对死亡或湮灭的恐惧，其形式是害怕被迫害或毁灭。自体中这种对破坏冲动的恐惧依附在一个客体上。在无助的婴儿的幻想中，这个客体变得不可控制，强大到不可抵抗。

幻想

婴儿的内心生活包括一个幻想的世界，这是一种从出生开始就存在的心理活动。在这个心理世界中，幻想以想象的形式表征身体本能、冲动，以及婴儿对强烈的驱力和感受的主动反应。因此，饥饿的婴儿可以通过幻想乳房的感觉和奶水的味道来暂时控制饥饿感（Klein, 1959/1975i, p. 251）。

尽管这些心理过程发生在幻想中，而且是在心理的水平上，婴儿仍然会在身心两方面都体验到这样的幻想。这些幻想和内在客体似乎非常生动真实，因为这一阶段的婴儿无法区分现实和自己的幻想生活。因此，每一次的不舒服和挫折都会被婴儿体验为似乎有一个敌对势力在攻击自己。无助的婴儿将这些幻想的客体和感受体验为真实发生的；心理层面发生的事情会被体验为似乎是身体上体验到的（Segal, 1964, p. 13）。例如，吮吸手指并在嘴里发出声音的婴儿会幻想自己实际是在吮吸乳房，甚至是自己体内有一个好乳房。婴儿强烈的恐惧和感受，以及用于应对这些部分的机制都类似于成年精神病人的疯狂世界，只有一点不同——克莱因明确表示年幼的婴儿并非有精神病，这样混乱的内在幻想世界对婴儿来说是正常的（Klein, 1946/1975f）。

客体

克莱因改变了弗洛伊德的客体概念（Greenberg & Mitchell, 1983, p. 136）。在弗洛伊德的驱力模型中，驱力一开始是无客体的。因为满足是第一位，所以相应的客体是什么并不会产生太大影响。但是对克莱因而言，驱力天然就是指向客体的。例如，婴儿在进食的过程中从乳房寻求的不仅仅是快乐，还有乳汁。克莱因批评弗洛伊德的本能概念是无客体的（Klein, 1952/1975h, p. 53），因为对克莱因来说，每一个冲动和本能都与一个客体联系在一起。驱力是关系性的。

由于婴儿的自我和知觉技能不成熟，婴儿一次只能注意到一个人的某一方面或某一部分，所以婴儿一开始只能与部分客体建立联系。婴儿的第一个部分客体是母亲的乳房（Klein, 1952/1975e, p. 59）。在这个早期发展阶段，婴儿只能体验到满足或剥夺。乳房给予或拒绝满足，在婴儿的心中就会对应变成好乳房或坏乳房。在与乳房的关系中，婴儿要么感到被满足、要么感到被拒绝，因此其感受要么好、要么糟糕。被抱持、被喂养就会产生愉快的感受，这些感受反过来使得婴儿将这个令其满意的客体感知为好客体（Klein, 1936/1975m; 1959/1975i, p. 248）。

这种与部分客体建立联系的倾向解释了婴儿与一切事物的联系——与自己身体的某些部分、他人和无生命客体的联系——本质上都是类似幻想的、不切实际的联系。生命最初两三个月的客体世界包含了现实世界中令人满意、充满敌意和迫害的部分。

克莱因使用内在客体这个术语，而非客体表征。这意味着客体表征指的是处于发展后期的儿童对已完成分离的客体进行表征。后来的理论家，如科胡特，使用自体客体一词指代自体的体验与其所需客体的体验相互融合的状态（Grotstein, 1982a, p. 495; Bacal & Newman, 1990）。克莱因的内在客体对应于自体客体。

心理机制

婴儿利用各种心理防御机制来控制自己强烈的需求、恐惧和感受。婴儿与乳房建立联系的方式展现了投射、内摄、分裂和投射性认同的防御机制。

投射（projection）是一种心理或幻想的过程。在这个过程中，婴儿认为客体具有独立的感受或冲动，而这些感受或冲动实际上是婴儿自己的。因此，受到良好喂养、充满愉悦感的婴儿会将这种好的感受返回到客体身上，并认为这个乳房是好的。好乳房变成了婴儿这一生中感受好的、对自己有益的事物的原型，而坏乳房则代表了所有邪恶和迫害之物。当儿童将挫败感和恨意转向剥夺的坏乳房，她会将自己主动产生的所有仇恨都归咎于乳房。

内摄（introjection）是另一种重要的原始机制，出现在非常年幼的婴儿身上——婴儿在心理幻想中，将从外界感知到的某物吸纳进来。因此，任何外界的危险或剥夺都将进入内心并成为内在的危险。令人受挫的客体和焦虑的来源，即便是在婴儿外部，也能通过内摄的方式变成惊恐的婴儿内心的迫害者。

婴儿使用分裂的机制保护自己，并让自己感到安全。分裂包括分离或分开自体的感受和自体的不同方面。婴儿分裂自己的自体和客体，使其变成更易管理的部分，以此保护自己——也就是将它们分裂成好、坏两方面，并让它们保持分离（Ogden, 1983, p. 229）。例如，和母亲及其乳房的关系是复杂的，爱与恨、受挫与满足的感受同时存在。分裂则将事情简化，将与母亲的单一复杂关系变成许多简单关系（爱的客体与满足的自体，恨的客体与受挫的自体，爱的乳房和被爱的自体，令人受挫的乳房和充满恨的自体）。分裂机制将危险感与满足感分开，并使两者保持隔离，以此驱散危险感。

婴儿尝试保护自己的另一种方式就是通过一种幻想过程将自己的内在世界强加于外在客体，然后再次内化这个客体（或者与其建立联系）。婴儿通过外化这个客体来尝试释放和控制危险的内在焦虑，从而在外界调整它。这一过程被称为投射性认同（projective identification）：在幻想的层面上分裂出自体某一个不可接受的部分——不仅仅是一个单独的冲动——并将其转送给另一个客体，然后继续尝试通过与其保持关联而控制它。例如，当一个婴儿体验到饥饿的痛苦，她会将这种痛苦感觉分裂出一部分，并将其投射到某个客体（令其受挫的乳房）上，以此保护自己。但是将婴儿的痛苦归因到外在客体的方式并没有太大帮助，所以还有一个进一步的过程，即自体的分裂部分与客体融合并通过内摄返回婴儿内心。也就是说，令人痛苦、令人挫败、吞噬的乳房现在就在婴儿内部，仍与婴儿相连。婴儿尝试控制自己的需求和恐惧，这就好像她在和乳房说："因为我很痛苦，我很需要你，但你又不喂我，所以你很坏，你在攻击我、吞噬我，这让我感觉很糟糕。"当婴儿获得满足的时候，类似的过程也会发生。因此，胃里充满乳汁而获得满足的婴儿可能会这样想："你喂了我，所以你很好，这也让我感觉很好。因此，你现在肯定是在我体内才会让我感觉这样好。"（参阅 Grotstein, 1981a, 1981b）

投射性认同的过程以一种交互的方式将投射和认同结合起来。成年病人运用这种方式建立关系会引发治疗师的强烈感受，治疗师会感到自己被拉进病人的幻想生活或内在世界中并扮演着某种角色。相应地，治疗师可以使用克莱因的概念来理解投射的病人如何无意识地在自己身上诱发了这些感受（Ogden, 1989, p. 25）。因此，一个男病人因为他的女性治疗师对自己的反应而感到不满；他可能想要治疗师成为自己的母亲（并且无意识地唤醒了她的母性关怀），但他可能又对治疗师产生了性欲的感受和幻想。因此当他将治疗师的关怀回应误解为性欲反应时，他会感到焦虑和愤怒。

这些过程被认为发生在幻想层面，但克莱因有时将这些表征描述为仿佛能思考和感受的真实的心理机构，这常常让她的读者感到困惑。换句话说，她有时候并没有区分客体与这些客体的心理表征，也没有区分幻想的内容与真正产生幻想和感受的、实际存在的心理机构。

客体关系的内在世界

克莱因强调婴儿在自己和客体关系内在世界的形成过程中的主动贡献。由于不断地使用投射和内摄的防御机制，婴儿面临着满足和受挫的循环（Klein, 1948/1975g, p. 31）。这两个防御机制都是用来控制内在需求和建立客体关系的。也就是说，婴儿将他们的感受和能量向外转移，并将其归因于客体，以此创造了他们最初的客体关系。根据克莱因的说法，最初的客体是自体或感受被分裂出来的部分投射到外在客体上，然后被收回作为内在客体（Grotstein, 1982a, p. 498）。

内摄和投射使内在客体与外在客体之间、内在需求和环境之间构成紧密联结。内摄建立了一个部分反映外在世界的内在世界；内在感受的投射则影响了婴儿对外在世界的感知。为了努力保护自己，婴儿试图通过幻想的过程将自己的内心世界强加给外在世界，然后重新内化这个世界。实质上，婴儿正在创造他自己的世界（Klein, 1948/1975g）。

内在客体是自体和外在客体的混合体。外在客体的重要性仅在于它如何改变了投射，而不在于作为客体本身。因此，自我（或自体）投影在客体上。克莱因说的内在客体更多地反映本我而非外在客体，而她说的内在世界则强调了外在世界对婴儿感受的修正，而非强调外在世界本身。传统精神分析所讨论的客体涉及客体表征，即被本能修正过的外在客体的意象。这个客体表征更多地反映了外在世界而非本我（Grotstein, 1982a, p. 494）。

因此，克莱因的心理学更加重视本性和本能，而不是外在客体的修正作用，例如安抚婴儿本能需求的养育父母。根据传统精神分析的评论，克莱因没有充分注意到环境中父母客体的影响。她过分强调了婴儿内在世界的重要性，也就是婴儿自己的作用。精神障碍来自婴儿内部，来自婴儿的本能，而非来自外部的影响。邪恶和恐惧都源自内心。

最初，婴儿只能与部分客体产生联系，即某个人的某一方面。与部分客体的联系使婴儿最初两三个月的内在世界被迫害和敌意，以及心满意足的碎片和部分填满。这是一个幻想的、类似于精神错乱的世界，充满了来源于婴儿自身破坏性和假定的死本能的危险与焦虑。然而，发展使婴儿逐渐与完整客体建立关联。健康的发展意味着婴儿渐渐地不再因为暴怒、爱和贪婪而歪曲关系。婴儿开始把母亲看作一个完整的、充满爱的存在，并开始喜欢这个完整的人，能够看到她不只有一个特征。当婴儿喜欢上这个完整的人（母亲），婴儿的信心、感知能力、与外部世界中其他完整的人建立联系的能力就增加了。其他所有关系都建立在始于与母亲乳房的联结的这个基本客体关系之上。

这些婴儿时期的感受和幻想会在大脑中留下不会褪色的印记，并且被储存起来、持续活跃。它们会持续影响个体的情感和互动生活。例如，敏锐的治疗师会注意到它们在移情关系中的存在。

自我与超我

建立心理结构意味着通过认同和内化在内心建立新的机构。人格内的新机构（即自我和超我）继续发挥以前由外在客体（如父母）执行的功能（见 Ogden, 1983, p. 228）。

对克莱因来说，客体关系从出生开始就存在。与第一个客体（即乳房）的关系，以及内化该客体的过程，在自我和超我的发展中发挥着重要的作用（Klein, 1959/1975i, p. 251）。

克莱因认为自我是通过对原始好客体（即母亲的乳房）的内摄而形成的（Klein, 1946/1975f, p. 180）。婴儿吮吸乳房并摄入乳汁。好乳房成了自我发展所围绕的焦点。（实际上自我从出生时就存在。）母亲好的一面（爱、喂养、关怀）填满了婴儿的内心世界，并成为自我认同的特征。这些内化的客体成为心理进一步发展的组织者，并且不断被其他客体改造。

更具体地来说，作为自我保护的一部分，婴儿将死本能和力比多或生本能向外转给外在客体（令其受挫或满意的乳房）。通过这种保护策略，即内摄和投射的动态调整，婴儿创造了自我和客体的混合体，而这正是发展性自我的核心。就像婴儿会分裂破坏性的感受，保留其中一部分并向外投射另一部分，力比多也会被婴儿分裂——部分力比多向外投射，其余部分保留在内。保留的部分，即承载美好感受的那部分片段，则与理想的好客体（乳房）建立关系。

在自我发展的早期阶段，婴儿的内心世界是一片混乱的客体和自我的意象，是一个没有凝聚力、填满部分客体的世界。为了应对这个世界，婴儿在第一年里从部分客体转向完整客体，从支离破碎的自我转向更凝聚的自我。刚开始时，婴儿区分和准确感知现实的能力有限。因此，根据克莱因的说法，婴儿从自己的恐惧、需要和贪婪中为所在的世界提供了很多东西。随着婴儿不断地成熟，其混乱的幻想变得更加统一，婴儿不再幻想对客体拥有全能的控制。也就是说，投射和内摄机制不断减少，更准确的感知不断增加。

超我像自我一样，执行着外在客体先前执行的功能，且同样是投射和内摄过程的结果。婴儿将自己破坏性、苛求性的特征投射到客体（乳房）上，并将自己的贪欲转变为贪婪的乳房这一意象，因此自己和客体的混合物被重新内化为客体意象，而这将进一步变成苛求的超我（Grotstein, 1981b）。因此，超我是婴儿的贪欲投射到苛求的、令人沮丧的坏乳房的结果，然后它变成了内化的迫害性客体。分裂可以分离这个内化混合物的各部分，使得内化的迫害者或良知显得格格不入，不是自体或"我"的一部分（Klein, 1948/1975g）。

儿童在自己心中创造出不真实和虚幻的父母意象，他们会伤害自己，并且似乎会割伤、吞噬和咬伤自己。这些危险的客体被内化成野兽和怪物，儿童会害怕被他们吞噬和毁灭。[这里让我想到莫里斯·桑达克（Maurice Sandak）的书《野兽国》（*Where the Wild Things Are*）这个例子。]这些内化的野兽和怪物与婴儿的贪欲和恐惧结合在一起，变成超我，即会咬人和吞噬的内摄客体。

当然，超我并不能准确地表征父母实际的样子，超我不过是建立在婴儿内化的有关父母的幻想意象之上，且被婴儿自己的感受和幻想改造（Klein, 1933/1975c）。事实上，正是孩子自己的感受以及同类相食和施虐的冲动，才会使得早期的超我如此严酷（Klein, 1927/1975b）。孩子以一种具体的方式体验这些混合的客体或父母，在孩子的内心中，他们是伤害和迫害自己的活生生的人物（Klein, 1946/1975f）。当然，如果孩子在内心世界中体验到的是人与人之间和平相处，那么他的内心就会更加和谐、整合。自我和超我之间的冲突也会更少，而没有对吞噬性的内在迫害者的恐惧。

克莱因认为超我是严酷的，且很早就已出现（一种与主流的弗洛伊德式观点相反的看法）。这一观点是基于儿童游戏治疗提出的。游戏治疗促使儿童将自己内心世界中的意象和内摄物投射到玩具、娃娃和治疗师身上。克莱因在与一个33个月大的孩子丽塔（Rita）工作时，就遇到了一个严酷无情的超我。超我的结构通常表现在残酷的负面人物和激发焦虑的认同中（Klein, 1929/1975j）。在游戏治疗中，丽塔扮演了一个母亲，对玩具娃娃或克莱因扮演的孩子十分严厉苛刻。基于丽塔的矛盾心理、极度想要被惩罚的需求、负罪感和夜惊症状，克莱因总结得出，超我的出现远远早于弗洛伊德认为的时候（Klein, 1928/1975d, 1946/1975f）。

克莱因的结构观点与弗洛伊德、费尔贝恩都不同。弗洛伊德将本能能量和结构元素分开，但克莱因认为它们不可分割（Grotstein, 1981a, p. 389），这一点费尔贝恩也同意。对克莱因来说，驱力是关系性的。她把幻想看作本能的表征，它努力想要接触客体。人格基本上由内在客体关系的相关幻想组成。这一观点的最终结果是模糊了自我和本我之间的区别，以及倾向于将两者视为同一个心理机构的不同方面。弗洛伊德明确地区分了自我和本我。对他来说，心理冲突来自本我的本能对自我的威胁，因此冲突只有在本我和自我分化以后才会发生。（这可能发生在两三岁左右，接近俄狄浦斯期的开始。）克莱因不太强调本我这一结构，她更强调幻想。她认为幻想似乎结合了本我和自我，它们分别是同一心理机构的两个方面。于是，她得出结论：在生命最初的发展阶段，冲突就可能存在了（Grotstein, 1982a, p. 488）。克莱因提出，生命初期就有一个带有防御的功能性自我，这意味着在此阶段婴儿的心理组织和结构程度要高于弗洛伊德所描述的状态。

克莱因模糊了本能能量和结构的区别，这一点与费尔贝恩一致。其结果是人格被视为内在客体的体验和幻想的最终结果。不过克莱因与费尔贝恩的不同之处在于，她认为好乳房和坏乳房都是内摄的；而费尔贝恩认为没有必要内化好乳房，只需要内化坏乳房。他的理由是内摄过程是一种防御，只有威胁性的坏客体需要被防御，而好客体则不需要，它可以被允许留在外部现实中。

但克莱因认为，内化的好乳房作为生命的来源，是自我的一个重要组成部分。克莱因认为，婴儿内化好乳房是获得强大的好客体或理想客体，并将其保留在自体中的一种方式——这些好客体能够保护自己，并且给予自己生命。将理想化客体保存在内部是必要的，也是对婴儿内在死本能的重要防护。这些形成超我的内在客体与形成自我的内在客体相比，在自体体验中有着更加独立、更为外在的品质。

两个发展心位

弗洛伊德把发展理解为本能能量在身体的显现，如口欲期或肛欲期。克莱因（1946/1975f, 1952/1975h）则从关系的角度看待发展。

克莱因用心位（position）这个术语描述儿童体验与关联内化客体和外在客体的不同方式。这两个心位表明了在儿童最初的几年里反复发生的特定心理机制、与客体关联的方式，以及独特的焦虑和防御方式（Klein, 1932/1975k, p. xiii; 1935/1975a）。例如，在最初的四五个月里，婴儿的自我主要与部分客体有关联，然后逐渐与完整客体建立联系。从部分客体到完整客体关系的转变代表着从偏执－分裂心位到抑郁心位的转变。

第一个心位是偏执－分裂心位（paranoid-schizoid position），它指的是这一时期独特的体验和防御机制。在生命最初的几个月里（大约从出生到第四个月），婴儿的焦虑是一种偏执的、关于自我保护的焦虑。自我害怕被毁灭；破坏性冲动、迫害和施虐的焦虑占据了内心。这一时期对挫折的容忍度很低，情绪反应则是极端的好与坏。为了保护自己需要的客体好的一面，婴儿通过投射自己的恨和恐惧来驱逐其坏的一面——也就是以偏执的方式分裂这些感受。因此，婴儿认为这个世界和他自己一样都具有破坏性的、无所不能的特质。这有点像卡夫卡（Kafka）描述的那样，模糊而强大的敌人"在那里"威胁着无助的自体（Dicks, 1972, p. 26）。分裂防御很常见，目的是消灭迫害者——无论是内在的还是外部的。因此，当婴儿对一个客体感到愤怒或沮丧时，这个客体就不再被体验为原来的客体，而像是一个新的客体。这一时期的体验是自体与客体的不连续性（Ogden, 1989, p. 13）。

在这个心位时，需求和挫折在最原始的水平，而且婴儿对客体（母亲的乳房）有着暴力的幻想。婴儿既不能区分内外客体，也不能区分挫折的来源。这一时期有着关于口腔、尿道和肛门的幻想与欲望。在与母亲乳房的关联中，婴儿幻想着攻击乳房，要吸干、抢劫母亲体内的好东西。在与肛门和尿道相关的冲动中，婴儿以幻想的形式排出危险的物质和有害的排泄物。

第二个发展阶段是抑郁心位（depressive position），以这一时期体验到的主要感受为名。这是心理组织的一种成熟形式，将在一生中持续发展。这一时期开始于第五个月左右，此时婴儿更能与完整或整个客体建立联系。由于更稳定的自体体验，婴儿更能够整合，并能以更现实的角度看待世界。婴儿逐渐认识到他爱的客体是在自体之外的。这一时期的中心任务是在自我的核心建立一个好的、安全的、完整的内在客体。在偏执-分裂心位时，婴儿害怕自己被毁灭，而现在她担心的是好客体处于危险之中。

在抑郁心位时，发展性自我对其所关联的完整客体有着更复杂、矛盾的感受和抑郁性焦虑。婴儿对于先前攻击其爱的客体而感到内疚，现在想要为之前的攻击对客体做出补偿。婴儿渴望着关心他所爱和需要的客体。现在，对好客体的保护与婴儿自我的生存紧密联系在一起。随着婴儿的自我更加认同好客体，它变得更能意识到无法保护自己免受内化的迫害性客体的伤害，并对于拥有内化的好客体而感到被威胁。焦虑于好客体的死亡或消失，婴儿用否认和无所不能的躁狂的防御方式来防御内疚、绝望和被毁灭的感受。此阶段甚至可能会有一种更成熟的意识，即其他人也是主体（可能受到伤害或者被关爱），而不仅仅是客体（可能被损坏或能够用价值衡量）。

克莱因将俄狄浦斯情结与抑郁心位联系起来。在抑郁心位上对失去好客体的恐惧，是最痛苦的俄狄浦斯冲突的根源。当婴儿挣扎于整合爱与恨时，俄狄浦斯欲望与抑郁性焦虑交织在一起。为了修复攻击性造成的影响，性冲动和性幻想就出现了。

这些发展心位是正常的，但未能掌握和修通这些早期阶段可能会导致不同程度的障碍。例如，英国心理学家亨利·迪克斯（Henry Dicks, 1972）就对被定罪的纳粹大屠杀凶手应用了克莱因的这些概念。他采访了那些因在集中营犯有暴行而被定罪的人，发现他们的社会适应水平十分粗浅，且在情感上仍然幼稚如同婴儿。他们接受的训练和他们的上级重新激活了他们早期阶段潜在的杀戮和施虐幻想。社会环境和压力促进了不成熟的防御的解体，并促使他们把残忍的冲动付诸行动。这些残忍之人表现出原始的客体关系，以及对假想或投射的"坏客体"的原始恨意。特别是其中一个狱警，他感觉到被无情而凶残的人物包围，而他的好爸爸却不在身边帮他。作为一个孩子，他需要父母的爱。他以一种替代和偏执的方式通过暴行来付诸行动，这是对威胁性"坏客体"的被压抑的残暴恨意。

精神病理与治疗

对克莱因来说，心理危险来自内心。死本能导致了儿童内心的焦虑与受迫害的恐惧（Klein, 1950/1975, p. 48）。对不同客体的破坏性感受引发了儿童对报复的恐惧。内心的现实塑造了儿童感知外部现实的方式，因此挫折和不适感就像是敌对的攻击力量。这些早期的焦虑影响了后来的客体关系。克莱因并没有给环境及其中的好客体的修正作用留多少空间。她强调的是以幻想和内在客体的形式表现出来的本能。

治疗的任务就是减轻这些焦虑，以及修正内化客体和内在迫害者的严酷程度。治疗的过程就是分析和诠释移情。

治疗中的移情是过去关系经验中涉及的幻想、恐惧和感受的新版本。在这个过程中，病人将与过去的人物或者关系相关的感受和幻想应用在治疗师身上。从生命刚开始时，儿童就有客体关系，和各类人物的关系中包含着爱与恨、焦虑与防御。因为移情开始于这些客体关系的早期经验，分析移情能让治疗师和病人探索这些早期关系及其相关的感受。

当治疗过程触及并揭示出各类关系涉及的幻想和感受的本能基础时，抑郁性焦虑和受迫害的罪疚感将被减轻，早期痛苦的模式和感觉状态可以被削弱。通过分析移情，以及将当前的感受和态度与最早期的客体关系联系起来，治疗性改变就能发生。

治疗师可以代表来访者最早期生活中的各种不同人物，无论是父亲还是母亲，或父亲、母亲的某些方面，甚至是该个体的超我或本我的一部分。虽然早期生活中的人物相对较少，但婴儿仍然发展了许多不同的客体，因为其内心世界表征了父母的不同方面或不同角色。这些内在人物或客体，或完整、或部分，都会被转移到治疗师身上，并需要修通。

在这种治疗情境中，移情可能会根据治疗中发生的情况发生快速变化。治疗师可能被快速且连续地感知为"敌人""帮手""坏妈妈"或者"好妈妈"（即让人受挫或令人满足）。

根据克莱因（1929/1975j）的说法，治疗，尤其是游戏治疗，可以促进儿童早期内摄的人物和客体的再外化。它可以促进内心世界和内心冲突的外化，将儿童的内心世界转移到外部世界。例如，克莱因举了一个5岁男孩的例子。这个孩子假装自己有野生动物——大象、豹子和狼——帮他对抗敌人。在她的分析和治疗性解释中，克莱因发现这些动物代表了孩子自己的施虐冲动：大象象征着他践踏、踩踏的施虐冲动，豹子象征着他撕咬的欲望，狼则代表着来自他内心的破坏性排泄物和毁灭性特质。这个男孩害怕这些暂时被驯服的动物会反过来对抗自己，害怕受到自己的破坏性和内部迫害者的威胁（Klein, 1948/1975g）。治疗师可以扮演诸如其中一种动物、驯兽师或仙女教母等角色，这些都代表了孩子心中的过去人物或者其本我或超我的某些方面。

案例研究：无法入睡的孩子

1924年，梅兰妮·克莱因在德国维尔茨堡举行的第一届德国精神分析师会议上展示了她与6岁女孩埃尔娜（Erna）的工作。她的论文在1932年出版的《儿童精神分析》（*The Psychoanalysis of Children*）中作为其中一个章节发表（Klein, 1950/1975）。在这个详尽的案例中，克莱因阐释了她如何使用游戏治疗作为幼儿自由联想的形式，并且使用驱力解释作为治疗干预的主要模式。

当埃尔娜第一次被带到克莱因这里接受治疗时，她表现出许多严重的症状。她焦虑不安，强迫性地吸吮拇指、摇摆、撞头和手淫。她的焦虑和强迫症状终日困扰着她,并导致她晚上睡不着觉。她对母亲的需求也极大,母亲觉得自己被埃尔娜的爱与恨"吞噬"了。她有严重的学习抑制症状,这非常影响她的学业。埃尔娜也觉得自己生病了。克莱因报告,"在治疗刚开始的时候,她恳求我帮助她"(p. 36)——这也是克莱因觉得对治疗起到很大促进作用的地方。

埃尔娜开始了她的游戏,她在小桌子上的玩具中拿了一辆小马车,并把它往我这边推。她说她是来接我的。但她在车厢里放了一个玩具女人,又放了一个玩具男人。这两个人彼此相爱,互相亲吻,并且一直坐着车来来回回。接着,另一辆马车里的一个玩具人与他们相撞,从他们身上碾过,杀死了他们,并将他们烤着吃了。还有一次打斗有着不一样的结局。发起攻击的玩具人被打倒了,但是玩具女人却帮助他、安慰他。她和第一任丈夫离婚,并嫁给了这个玩具人。这个第三人在埃尔娜的游戏中扮演了最多样化的角色。例如,原来的那个男人和他的妻子在一所房子里,他们正在防备一个窃贼。这个第三人就是窃贼,他溜了进来,烧毁了房子。男人和女人都被烧死了,剩下的只有第三人。还有一次,第三人是前来拜访的兄弟,但在拥抱女人的时候,他咬掉了她的鼻子。这个第三人,就是埃尔娜自己。(p. 36)

在游戏中,埃尔娜重复着切割和破坏的主题,她认为这是对人体的攻击,有时是对治疗师身体的攻击。当她把纸切成碎片的时候,她告诉克莱因她正在做"杂拌菜"并生产血液,或者她在做"眼睛沙拉"。她再次对克莱因说"想咬掉我的鼻子,这个在治疗开始的第一个小时她就已经说过了(事实上,她确实多次尝试实现这一想法)"(p. 37)。

克莱因逐渐理解到，埃尔娜的症状是一种主动的尝试，为了逃避现实，为了维持她幻想的理想世界并生活在其中。克莱因得出结论，埃尔娜逃避的是对母亲非同寻常的恐惧，这种恐惧促使埃尔娜产生了对母亲和其他成年人的攻击性幻想与行为。

克莱因解释说，埃尔娜的强迫症是由于幻想对父母进行口欲攻击而导致的，通过"吮吸、咬和吞噬父亲的阴茎与母亲的乳房"这些意象来表征（p. 37）。她撞头的行为重现了她在学步期观察到的父母之间的性行为。埃尔娜说，如果她停止撞头，她会害怕强盗在晚上进入她的房间。因此，根据克莱因的说法，埃尔娜自己主动做出令人害怕的行为来摆脱恐惧感。

克莱因对埃尔娜的幻想的处理是诠释其意义。她就这样咄咄逼人地试图把埃尔娜拉回现实中。对于幻想生活受到的入侵，埃尔娜的反应是暴怒、抑郁，以及用一些身体刺激让克莱因远离她。她会退回到卫生间响亮地排尿、排便。她在治疗室里手淫、"狂热地"吮吸拇指、挖鼻孔，从而试图逃避克莱因的诠释（p. 44）。尽管如此，克莱因注意到埃尔娜逐渐发展出了一种更现实的观点。她变得不那么害怕母亲了，开始更加公开地批评母亲本人，并且她和母亲的实际关系也有所改善（p. 46）。克莱因指出，她与埃尔娜的工作强调了"即使是最小的儿童，也要让他们完全接触现实"的重要性（p. 47）。

克莱因关于和埃尔娜工作的描述表明了其理论和技术中的几个核心要点。首先，对克莱因来说，儿童的游戏就是自由联想。她尽最大可能接受儿童分配给她的任何角色，以促进这种联想。经典的中立态度拓展到她在儿童对分析空间的使用的限制性设置方面表现出极大的包容度，并且她告诫分析师在面对儿童的表达时应该保持非情绪化的态度。至于由此引起的对她办公室的破坏，克莱因在著作的脚注中强调："我认为在儿童分析中绝对有必要让治疗室装饰成儿童可以自由发泄的样子。对家具、地板等的损坏在一定程度上必须被接受"（p. 54）。

这种分析的态度有助于聚焦在儿童的内心生活上，以及聚焦在儿童游戏中有所体现的幻想上。克莱因强调了这种游戏中的性欲和攻击性内容，这和驱力理论的核心假设保持一致，即人格和精神病理是由性驱力和攻击驱力在遇到现实后的变形所构成的。

克莱因主要通过诠释来回应儿童的表达。她诠释儿童的防御：例如，在刚刚的例子中，埃尔娜希望逃避现实并继续沉浸在幻想中。克莱因诠释了联想的内容：埃尔娜的撞头象征着性交中阴茎的运动，这是埃尔娜在很小的时候就观察到的。

当代读者可能会试图将埃尔娜具有性挑逗意味的行为和性攻击游戏解读为实际性创伤的暗示。克莱因似乎并不考虑这样的解读。她将埃尔娜的游戏理解为埃尔娜与生活中的重要客体（母亲和父亲）相关的驱力动机和冲突的幻想作品。

埃尔娜对克莱因干预的回应似乎支持了克莱因的观点：克莱因指出，埃尔娜在分析中自由而强势地表达她的性冲动和破坏冲动；与此同时，这些冲动在她实际的生活中有所减少，尤其是她与母亲的关系还得到了改善。克莱因不留情面地解读埃尔娜的防御，这似乎帮助了这个孩子在现实中做出更恰当的适应。而这正是克莱因的主要目标。正如她所说，对幻想资料的分析是为了提高孩子在现实世界中的适应能力。

对克莱因的评价与批判

克莱因使用了弗洛伊德的术语和概念，但她又超越了弗洛伊德。她的工作对客体关系理论的发展做出了实质性贡献。克莱因保留了弗洛伊德对本能的强调，但认为本能与客体有着内在联系，因此驱力是关系性的。从生命之初，冲动就发生在客体关系情境中（Grotstein, 1981a, p. 380），并且指向客体。婴儿寻找哺育和乳房，这不仅仅是为了释放本能。克莱因对本能驱力和客体关系的强调与弗洛伊德有很大不同，弗洛伊德认为驱力基本上是无客体的。

克莱因没有像弗洛伊德那样区分本我与自我、能量与结构。她将幻想用作本能，不同于弗洛伊德学派将幻想看成本能的变形。这种模糊的区别暗示了一点——后来费尔贝恩明确指出了这点，即本我和自我是同一心理机构的不同方面，而不是独立的结构。本我是自体的初始方面，努力获取所在世界的哺育（Grotstein, 1981a, p. 388; 1982b）。克莱因对早期、前语言时期的心理生活的理解，将内在心理的发展往前推到了比弗洛伊德能想到的更早的阶段。她假定出生时就存在自我，以及早期俄狄浦斯冲突将导致超我的形成。

关于儿童神奇而可怕的心理世界，克莱因有很多东西要传授。她对儿童客体关系内在世界的理解是她最大的成就。她对早期心理机制的见解促使精神分析研究从三元俄狄浦斯关系扩展到更早期的二元母婴关系。她把精神分析的概念应用到游戏治疗中，但她的某些治疗技巧（如早期诠释）引起了争议（Kernberg, 1980, p. 48）。她的发展概念尽管受到一些批评（Brody, 1982; Jacobson, 1964, p. 106; Kernberg, 1980），但仍然对严重障碍和关系冲突提供了一些洞察。她提出了内在客体（部分客体和完整客体）的术语，其工作为英国客体关系学派奠定了基础。

克莱因理解的心智是流动的，她将早期内心世界表述为像万花筒一样千变万化和破碎——有些人可能会赞许地称之为现代的，甚至是后现代的方式（Mitchell & Black, 1995, p. 111）。

学习问题

1. 时至今日半个世纪过去了,梅兰妮·克莱因的工作有什么创新的、有洞察力的地方?
2. 克莱因的理论有哪些要素似乎过时或与当前经验不一致?
3. 克莱因如何在弗洛伊德的基础上建立理论?她为后来的客体关系理论所构建的桥梁是什么?
4. 讨论克莱因对术语"内在客体"的使用。儿童的内在客体与其所处世界中的真实人物之间是什么关系?
5. 克莱因的死本能概念如何影响她的客体关系理论?

参 考 文 献

Bacal, H. A., & Newman, K. M. (1990). *Theories of object relations: Bridges to Self Psychology.* New York: Columbia University Press.

Brody, S. (1982). Psychoanalytic theories of infant development. *Psychoanalytic Quarterly, 51*, 526–597.

Dicks, H. V. (1972). *Licensed mass murder: A socio-psychological study of some SS killers.* New York: Basic Books.

Greenberg, J. R., & Mitchell, S. A. (1983). *Object relations in psychoanalytic theory.* Cambridge, MA: Harvard University Press.

Grotstein, J. (1981a). The significance of Kleinian contributions to psychoanalysis. I: Kleinian instinct theory. *International Journal of Psychoanalytic Psychotherapy, 8*, 375–392.

Grotstein, J. (1981b). The significance of Kleinian contributions to psychoanalysis. II: Freudian and Kleinian conceptions of early mental development. *International Journal of Psychoanalytic Psychotherapy, 8*, 393–428.

Grotstein, J. (1982a). The significance of Kleinian contributions to psychoanalysis. III: The Kleinian theory of ego psychology and object relations. *International*

Journal of Psychoanalytic Psychotherapy, 9, 487–510.

Grotstein, J. (1982b). The significance of Kleinian contributions to psychoanalysis. IV: Critiques of Klein. *International Journal of Psychoanalytic Psychotherapy, 9*, 511–536.

Jacobson, E. (1964). *The self and the object world.* New York: International Universities Press.

Kernberg, O. (1980). *Internal world and external reality.* New York: Aronson.

Klein, M. (1950/1975). An obsessional neurosis in a six-year-old girl. In *The psychoanalysis of children* (pp. 35–57). London: Hogarth Press. (Original work published in 1932)

Klein, M. (1975a). A contribution to the psychogenesis of manic–depressive states. In *Love, guilt and reparation and other works, 1921–1945* (pp. 262–289). New York: Delta. (Original work published 1935)

Klein, M. (1975b). Criminal tendencies in normal children. In *Love, guilt and reparation and other works, 1921–1945* (pp. 170–185). New York: Delta. (Original work published 1927)

Klein, M. (1975c). The early development of conscience in the child. In *Love, guilt and reparation and other works, 1921–1945* (pp. 248–257). New York: Delta. (Original work published 1933)

Klein, M. (1975d). Early stages of the Oedipus complex. In *Love, guilt and reparation and other works, 1921–1945* (pp. 186–198). New York: Delta. (Original work published 1928)

Klein, M. (1975e). The mutual influences in the development of ego and id. In *Envy and gratitude and other works, 1946–1963* (pp. 57–60). New York: Delta. (Original work published 1952)

Klein, M. (1975f). Notes on some schizoid mechanisms. In *Envy and gratitude and other works, 1946–1963* (pp. 1–24). New York: Delta. (Original work published 1946)

Klein, M. (1975g). On the theory of anxiety and guilt. In *Envy and gratitude and other works, 1946–1963* (pp. 25–42). New York: Delta. (Original work published 1948)

Klein, M. (1975h). The origins of transference. In *Envy and gratitude and other works, 1946–1963* (pp. 48–56). New York: Delta. (Original work published 1952)

Klein, M. (1975i). Our adult world and its roots in infancy. In *Envy and gratitude and other works, 1946–1963* (pp. 247–263). New York: Delta. (Original work published 1959)

Klein, M. (1975j). Personification in the play of children. In *Love, guilt and reparation and other works, 1921–1945* (pp. 199–209). New York: Delta. (Original work published 1929)

Klein, M. (1975k). *The psychoanalysis of children.* New York: Delta. (Original work published 1932)

Klein, M. (1975l). The psychoanalytic play technique: Its history and significance. In *Envy and gratitude and other works, 1946–1963* (pp. 122–140). New York: Delta. (Original work published 1955)

Klein, M. (1975m). Weaning. In *Love, guilt and reparation and other works, 1921–1945* (pp. 290–305). New York: Delta. (Original work published 1936)

Mitchell, S. A., & Black, M. J. (1995). Melanie Klein and contemporary Kleinian theory. In *Freud and beyond: A history of modern psychoanalytic thought* (pp. 85–111). New York: Basic Books.

Ogden, T. H. (1983). The concept of internal object relations. *International Journal of Psycho-Analysis, 64*, 227–241.

Ogden, T. H. (1989). *The primitive edge of experience.* Northvale, NJ: Aronson.

Segal, H. (1964). *Introduction to the work of Melanie Klein.* New York: Basic Books.

第四章
W. R. D. 费尔贝恩：一个"纯粹的"客体关系模型

在第一次世界大战期间服役于皇家炮兵部队后，W. R. D. 费尔贝恩于1926年完成了他的医学和精神病学训练。他大部分的职业生涯都在苏格兰的爱丁堡度过。他积极参与英国精神分析学会（British Psychoanalytic Society）的活动，这一定程度上弥补了他在职业方面的相对隔绝（Fairbairn, 1994）。梅兰妮·克莱因的思想给他留下了深刻的印象，不过他自己通过与分裂样患者进行工作，在20世纪30年代末到50年代初的著作中也提出了独特而大胆的原创见解（Grotstein & Rinsley, 2000; 参阅 Guntrip, 1996）。

在所有讨论客体关系的学者中，费尔贝恩创立了最"纯粹"的客体关系模型，即不强调生物因素、纯粹心理学的模型，与弗洛伊德的动机和人格模型有着非常大的区别。他的著作讨论的是早期阶段，此阶段中，内化的客体关系在培育一个萌发自体，该自体很大程度上独立于没有情感色彩的本能。对内在客体提出创新想法的梅兰妮·克莱因保留了弗洛伊德对本能驱力和生物因素的强调，而费尔贝恩坚决反对这一论调。他宣称自己在发展一个有关人格的真正的心理学模型，并且在修正和完善弗洛伊德开创的理论（参阅 Guntrip, 1971）。后来的理论家放弃了费尔贝恩的纯粹客体关系模型，如伊迪丝·雅各布森和奥托·科恩伯格等尝试重新建立客体关系和经典本能模型之间的联系。

本章将强调费尔贝恩与弗洛伊德的不同之处，包括以下内容：关键术语和概念、人格结构、发展阶段、病理学与内化客体、费尔贝恩理论在分析治疗中的应用、一个案例研究，以及对费尔贝恩贡献的看法与评价。

关 键 概 念

动机与客体的本质

费尔贝恩写道，人类有着与他人建立联系的基本驱力。力比多寻求客体，并且具有高度的定向能力，而客体总是某一个人。他以某个患者大喊着提出异议的内容来举例说明，这个患者说："你总是在讨论我想要满足这个或那个欲望，但我真正想要的是一个父亲"（Fairbairn, 1946/1954b, p. 137）。费尔贝恩因此认为驱力是自我在寻求与客体的关系，而不仅仅是寻求满足。由于经典驱力理论中的驱力在寻求减少张力，力比多在寻求快感，所以客体不过是达到这些目的的手段。任何事物或任何人，只要能减少张力或带来满足，都可以成为驱力的客体。但是费尔贝恩反对"驱力只指向满足"这一说法。

结构

通过观察不得不应对困难生活情境的儿童的经历，费尔贝恩开始探讨自我的内在结构。比如父母中的某一方让儿童受到挫败，或有施虐问题，那么在这个环境下，儿童改变或改善糟糕问题的唯一力量就是改变自己。她在心里将客体分裂成好坏两个方面，并纳入或内化坏的方面，以此尝试在自己的世界里控制这个令人讨厌的客体。这样做的结果是把环境或客体变好了，而孩子却变坏了。被打、被虐待的孩子将虐待自己的父母视为好的，而自己是坏的、活该被打。

纳入内心的客体变成了动态结构。由于自我在本质上与客体紧密相连，因此自我和客体是不可分离的。为了对自我有重要的情感价值，客体就必须带有自我的一部分。费尔贝恩讨论的客体是内在客体。内在客体是结构，它们作为结构是动态变化的，即能够在心智中作为独立的机构进行活动（Fairbairn, 1944/1954a, p. 132; Ogden, 1983, pp. 213, 230）。因此，费尔贝恩认为客体不仅仅是内在人物形象或心理表征，而是能够进行心理活动的机构。被虐待的儿童可能会依赖施虐者，但会主动讨厌自己。在以后的生活中，他们可能会寻找让自己再次成为受害者的关系。

费尔贝恩的心理学探索了自我的不同部分与不同内化客体之间的内在关系，以及这些内在关系在个体与外在客体（即人）的关系中主动发挥作用和呈现的方式。一个内在客体关系的简单例子是，一个吮吸拇指的人是用拇指来替代一段缺失或不能让其满意的客体关系；或者一个手淫的人由于一段并不让其满意的与外部世界的关系（或根本没有建立关系），而转向内化的或幻想的客体。

费尔贝恩改变了弗洛伊德理论中的驱力能量的本质和位置。他将力比多定位在自我，创造了一个拥有自己的能量的自我，而非弗洛伊德模型所认为的——自我从其他心理结构或本我中获得能量。将力比多定位在自我，并认为它是指向关系的驱力，这消除了本我，并改变了超我的概念，当然也彻底改变了自我。自我变成了一个动态的结构，即一个可以主动对某人或某事物做些什么的心理结构。

内在心理情境

费尔贝恩关注自我的关系，而非自我与冲动之间的斗争。自我寻求与真实的外部的人建立关系。如果这些关系是让人满意的，自我则保持完整。但是，不能让人满意的关系会导致一些重要的事情发生：在人格内建立代偿外部坏客体的内在客体。建立这些内在的主动客体会导致自我联合体的分裂，因为自我的不同部分如今与不同的内在客体相关联。无论何时，当客体分裂了，自我也会分裂，并与客体的不同部分建立联系。简而言之，自我与客体之间的挫败关系会被内化，而这些内在客体会变成心灵的主动结构。就好像有不同种类的自我在彼此交战。内在心理情境（endopsychic situation）指的是这些与内化客体相关联的自我结构（Fairbairn, 1944/1954a, p. 112; 参阅 Rinsley, 2000, p. 336）。

例如，这些互相冲突的内在结构的结果可能会出现在一场糟糕的婚姻中。这些恼人的内在客体中的某些在关系中外化。在情感层面上，丈夫可能有时候感觉他不是他自己，而是其他某个人，或某个人的一部分——通常是一个过去客体关系中的人物。他的妻子可能在情感上代表着他的父母，在婚姻中他可能会感觉自己是个小男孩，而非工作中或和朋友在一起时的那种正常的成年人。他可能感觉妻子既是一个可恨的母亲，也是一个自己渴望的母亲。当妻子尝试靠近丈夫却被推开时，她可能会很疑惑。此时丈夫只是对她的某一部分做出反应，即她未意识到的可恨的部分（Dicks, 1963）。

与弗洛伊德的不同之处

基于驱力模型的不足之处，费尔贝恩建立了自己的理论。他的理论与弗洛伊德的根本区别在于动机的本质。对费尔贝恩来说，动机不再来自致力于满足身体冲动的自我，而来自努力与客体建立关系的自我。这一根本区别影响了费尔贝恩心理学的其他所有方面——他如何看待驱力、客体的本质和冲突的本质。

弗洛伊德强调驱力是人类的基本动机，费尔贝恩反对这一点，并建立了自己的心理学理论。他批评了弗洛伊德基于当时的科学水平所提出的假设，即心理能量与心理结构是有区别的。主导了维多利亚时代晚期科学的赫尔曼·冯·亥姆霍兹（Hermann von Helmholtz）声称，宇宙由惰性、不变、不可分割的粒子聚合物所组成，这些粒子的运动由自身分离出来的固定量的能量所驱使。弗洛伊德分离了能量和结构，由此形成了一个假设存在冲动和本能的模型，他认为这些东西影响着人格的被动结构。费尔贝恩（1946/1954b, p. 150）嘲笑了这个观念，他认为这几乎就像在说，冲动出乎意料地踢了自我一脚，让自我感到惊讶甚至痛苦。弗洛伊德将能量与结构分离开的结果就是，力比多本质上是没有指向的，它只关心寻求快乐和从自身的张力中解脱出来。

费尔贝恩（1944/1954a, p. 84）指出了弗洛伊德的冲动模型中另一个关键的局限之处：尽管治疗师会帮助患者认识到他的冲动是什么，但弗洛伊德的模型并没有表明要对这些冲动做些什么，或者如何处理它们。例如，尽管一个患者可能被引导着意识到，冲动张力导致了一些不被接受的行为，但他仍然不清楚要做些什么来摆脱这些冲动。

在拒绝弗洛伊德提出的动机概念和驱力生物学的同时，费尔贝恩发展了他所认为的真正的心理学模型，这个模型完善了弗洛伊德开创的理论。他的模型是有关客体关系的心理学模型，聚焦于通过心理表征而被纳入内心，并在内心与自我的不同部分建立联系的客体。他研究了自我的这些内在关系：在关系中它们如何被内化，以及它们如何与彼此产生冲突。

弗洛伊德的概念起始于和费尔贝恩的病人完全不同的一群患者。弗洛伊德早期与癔症病人（如安娜·O）的治疗工作，使得他建立的模型强调冲动的作用，以及冲动与自我之间的冲突的作用。经典精神分析认为，神经症是本我与自我结构之间的冲突。弗洛伊德一开始认为，对快乐的追求塑造了一个人的活动和行为。费尔贝恩与分裂样病人工作，这些病人的问题处在发展的更早期，且更多是关系问题，而非与冲动相关的问题。通过改变动机的本质，费尔贝恩改变了心理结构和心理冲突的本质。心灵的结构是一个被赋予能量、动态变化的自我；冲突并非发生在自我和本我冲动之间，而是在自我的不同部分与自我的内在客体之间。

人格结构

尽管费尔贝恩似乎只是在修正弗洛伊德的自我概念，但他实际上从根本上重新定义了自我概念。他认为自我是原初的心理自体，是单一和完整的自我，且带有自己的力比多能量（Greenberg & Mitchell, 1983, p. 163）。自我分裂成三个不同的部分，每个部分都与客体的不同部分相关联。费尔贝恩将自我的不同动态亚组织称为内在心理情境（1944/1954a, p. 112）。

婴儿正常的心理情境迫使内在结构发展，挫败感在建立这些内在结构的过程中发挥着基础性作用。婴儿不可能一直待在完美、不受挫的安全状态中。不完美的生活状态扰乱了婴儿与母亲的力比多关系，促使婴儿使用不同的防御机制来应对，而这些防御机制则促进了内在结构的建立。不同的个体受挫的程度不同，但正是受挫的体验引起了婴儿对其力比多客体（母亲和她的哺育乳房）的攻击。

从情感的角度来看，当婴儿感到缺少母亲的爱，甚至是遭到母亲的拒绝时，就会体验到挫败感。这样一来，孩子向母亲表达敌意的行为是危险的，因为这会让母亲更加拒绝孩子。但孩子同样不能表现出需要母亲，因为这可能会招致对自身感受的羞辱和贬低。孩子对挫败感的反应就是变得具有攻击性，并纳入或内化这个有问题的客体。对一个旁观者而言，攻击性使得孩子看起来很矛盾，或者用分裂的态度对待客体；而从孩子的主观视角来看，矛盾的是母亲——一个既好又坏、既让自己满意又让自己不满的内在客体。不成熟的人格无法忍受一个好客体同时也是一个坏客体,所以孩子会尝试通过几个步骤来缓解这个让人无法忍受的情境,从而形成了内在结构。

　　正常来说,如果可以,孩子会拒绝外部世界中令其受挫的坏客体。但是她并没有机会这样做。无论多么想要拒绝坏客体(例如,惩罚、虐待、争吵或打架的坏父母),孩子都无法远离他们。她需要并依赖于父母,父母对孩子有支配的权力。因此,为了控制父母,孩子必须内化他们。将他们纳入自己是摆脱他们的唯一方式。一旦被内化,这些客体就保持着对孩子内在世界的支配权。孩子感受到被他们支配,就像被恶灵支配一样(Fairbairn, 1943/1954c, p. 67)。

　　孩子尝试防御或压抑这些糟糕的感受、糟糕的体验和坏客体(Fairbairn, 1944/1954a, p. 89)。真正的压抑并非压抑冲动,而是压抑内在坏客体(也是部分客体),以及与这些部分客体相关联的自我的部分。这些内在的坏客体和自我的部分是内在心理结构,而非自我的结构(用费尔贝恩的话来说就是中心自我)。中心自我关联着外部世界中真实的人。

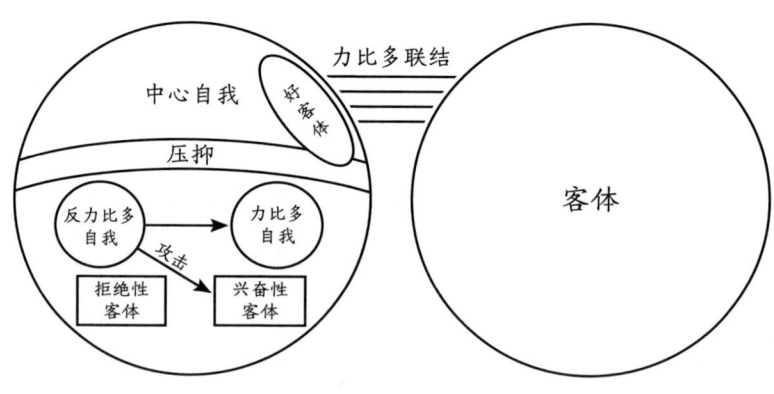

图 4.1　内在心理情境

图 4.1 尝试以图形来说明费尔贝恩关于婴儿如何建立内在结构的观点。婴儿将坏的、有害的客体带入自己的内在世界。但是内在坏客体仍旧具有吸引力——即便它让人挫败；婴儿仍然需要这个客体，因此将这个内在坏客体分裂为一个兴奋性客体（或被需要的客体）和一个让人挫败的客体（或拒绝性客体）。然后婴儿会压抑这两个客体。

与这两个内在客体相关联的是自我中分裂的、压抑的部分，即力比多自我和攻击性自我（或内在破坏者）。力比多自我是自我中有需求的部分，被兴奋性客体吸引；攻击性自我则是认同或关联拒绝性客体的那部分自我。内在破坏者发挥功能的方式与弗洛伊德的超我类似，具有侵略性和攻击性，尤其是指向自体中有情感需要的部分（力比多自我）。

婴儿的内心结构（见图 4.1）是这样建立起来的。

1. 首先，婴儿将母亲分裂或在心理上分离为两个部分客体。当她满足婴儿的时候，她是好的；当她不能满足婴儿的时候，她就是坏客体。婴儿由于没有力量改变外部现实中的情境，因此只能尝试改变内在现实，也就是婴儿唯一拥有资源的地方。

2. 然后，婴儿尝试将情境中的创伤因素转化为他自己的内在现实，这里面的情境似乎更多地在婴儿的掌控之下。这意味着婴儿将母亲内化为一个坏客体。（费尔贝恩坚持认为，只有坏客体或令人不满的客体才会被内化，因为婴儿没有理由内化他在外部现实中能够接触到的好客体。梅兰妮·克莱因则相反，她谈论的内化既包括好客体也包括坏客体。）然而，问题并不能简单地通过内化过程解决，因为令人不满的客体持续地令人不满。也就是说，除了问题或讨厌的客体的位置，没有什么发生了真正的变化。

3. 这个内在的、令人不满的客体有两个方面。它让人受挫，同时又散发诱惑和魅力。实际上，它的"坏"准确来说存在于诱惑和挫败的结合中；婴儿仍然需要这个客体。即使在内化之后，诱惑和挫败的双重特质也仍然存在。因此，在尝试将这个令人不满的客体纳入内心来控制他时，婴儿让自己背负了一个使自己受挫又刺激自己需求的客体。婴儿对这个内在坏客体的处理类似于对原始的外部母亲客体的处理，即将其分裂为好客体和坏客体。现在，婴儿将这个内在坏客体分裂为兴奋性客体（或被需要的客体）和令人受挫的客体（或拒绝性客体）。

4. 随后，婴儿通过攻击性压抑来压抑这两个客体。与这两个内在客体相联系的是自我中分裂了的、被压抑的部分，即力比多自我和攻击性自我（也被称为内在破坏者）。力比多自我是自我中有需求的部分，被兴奋性客体吸引；内在破坏者则是认同并关联拒绝性客体的那部分自我。

自我结构被分裂为三个不同的部分，每个部分与客体的不同部分相关联。中心自我，即"我"，与环境关联，包含意识和无意识元素。中心自我攻击性十足地从自己中分割出附属的自我部分，并且为了防御而压抑它们。两个附属自我分别是力比多自我和内在破坏者。力比多自我是自体中有情感需求的部分，同时会感到被攻击或者被迫害。内在破坏者（反力比多自我或攻击性自我）发挥功能的方式与超我类似，具有侵略性和攻击性，尤其是指向自体中有情感需求的部分（力比多自我）。这些附属自我的每个方面都与客体的一个内化的方面相关联。所以内在的兴奋性客体引发力比多自我的需求部分，而拒绝性客体则与内在破坏者相关联——内在破坏者认同拒绝性客体并与之结合，以一种惩罚的方式攻击力比多自我。

费尔贝恩试图用这些主动的内在客体来解释动机和行为。有过错的、行为不端的儿童可能有"坏"父母，但这样的儿童从来不会说她的父母是坏人。费尔贝恩说，在这样的情况下，儿童的坏客体已经被内化并压抑了。这个孩子宁愿自己是坏人，也不愿意拥有一个坏客体，或者处于一个糟糕的环境中。儿童自己变坏或者行为不良的可能动机是让客体成为"好"的那个。在变坏的过程中，儿童实际上负担了似乎存在于客体身上的坏。通过这样的方法，儿童试图清除客体身上的坏（Fairbairn, 1943/1954c, p. 65）。以内在安全感为代价来内化坏客体，才能获得好客体的环境所带来的外在安全感。自我受制于内在破坏者，因此必须建立防御方式来抵抗。自我以防御、压抑的方式将内在坏客体驱逐到无意识中。但是被压抑的内在坏客体不断活动着，并引发关于自体的坏行为或坏感受。

关于该过程的一个更极端的例子可以用身体虐待或性虐待的受害者来说明。在遭受身体虐待或性虐待后，孩子经常会觉得自己很糟糕，但对虐待自己的父母仍然持有好的感受。她自己是那个坏人，而施虐者是并不恶毒的好父母。孩子认为自己活该受虐，或是自己招致了受虐。孩子认同了这些内化的坏客体后，她就会觉得自己很糟糕——这会让尝试帮助她、想要让她相信自己无辜的人感到惊愕。在其他的关系中，这个孩子可能会将部分的坏客体投射到某个人身上，并以受害者的身份与其建立关系。也就是说，她的内在破坏者会严厉批评和攻击她那个需要某人来爱自己的力比多自体。

如果自我通过压抑这些客体及与之相关联的自我部分来保护自己，那么自我是否在压抑自己呢？费尔贝恩回答说，自我不可能整体上压抑自己，但是自我的某个动态运行的部分可以压抑另一个动态运行的部分（Fairbairn, 1944/1954a, p. 90）。这意味着内在破坏者压抑力比多自我，而中心自我同时压抑具有攻击性的内在破坏者和力比多自我。的确，弗洛伊德曾假设存在一个负责压抑冲动的结构（超我），但费尔贝恩关注的是被压抑的结构，而非冲动。

发展阶段与客体关系

在讨论发展时，费尔贝恩（1941/1954d, p. 46ff.; 1946/1954b, p. 144ff.）检验了客体关系的发展，即个体在不同发展水平上寻求的客体的特征变化。

和一个人（客体）的关系包含了对某些东西的依赖。费尔贝恩的发展模型讨论的是个体对其内在客体的依赖的特征。发展始于婴儿对部分客体（母亲的乳房）的依赖，然后是对完整客体（一个拥有性特征的完整的人）的成熟依赖。成长是从婴儿化的索取态度开始，发展为两个差异化的个体之间更成熟的、互相给予和接受的态度。

经典的弗洛伊德发展模型建立在力比多目标的本质上，即一个人如何获得满足，以及力比多如何在身体的性欲区显现。费尔贝恩强调客体的本质，以及客体关系的特征，而不是冲动显现的身体区域。经典精神分析模型对发展阶段的讨论是基于个体使用的技术，而非关系所涉及的特定客体。因此弗洛伊德讨论的是口欲期而非乳房期，是肛欲期而非排泄物期。费尔贝恩似乎在暗指，弗洛伊德更关注吸吮行为作为一种力比多的显现，而不是这种口腔纳入的动作所体验到的关系的特征。所以，弗洛伊德强调力比多在特定性欲区的显现，而费尔贝恩强调关系的特征，其次才是关系如何以力比多的形式显现。

简而言之，与弗洛伊德强调的婴儿期性欲相反，费尔贝恩确立了婴儿依赖于父母的概念，这预示了约翰·鲍尔比（John Bowlby）的依恋研究（Grotstein & Rinsley, 2000, p. 5）。

费尔贝恩假设在客体关系的发展过程中有三个阶段。阶段1是婴儿依赖阶段，也就是对客体的初始认同。阶段2是过渡阶段。阶段3是成熟依赖阶段，此阶段说明了两个独立、彼此完全差异化的人之间存在的关系。

第一阶段是婴儿依赖阶段，特征是认同客体，以及吞并或摄取的口欲态度。吞并是吸收客体的最早方式，而个体认同的客体变得等同于一个被吞并的客体。被吞并的客体与可观察客体（如乳房和母亲）形成对比，由于受挫、客体缺席等原因可以替代可观察客体。因此，吮吸拇指替代了缺失的乳房带来的快乐。由于这个模型考虑的是客体寻求行为的发展，所以婴儿用他的嘴寻找乳房是次要的事情；此阶段的问题是要找到一个可以被摄取和吞并的客体。

费尔贝恩的阶段1还包括肛欲期。在这个阶段，区分客体的任务倾向于转化为排泄的问题被解决——而这是肛欲期的问题。当一个人有处理排泄物的先占观念时，他就是肛欲期人格。这个阶段也发生了心理内化和将客体纳入心理结构的过程。这种内化过程标志着基本的内在心理情境（Fairbairn, 1946/1954b, p. 147）。

在第二阶段，即过渡阶段，孩子与客体的关系进一步扩展。然而孩子体验到了冲突：进步的渴望（progressive urge）想要放弃认同客体的幼稚态度，而退行的渴望（regressive urge）则想要坚持这种态度。这种冲突有时表现为排泄的欲望和保留排泄物的欲望（一种强迫的态度）。只要这种冲突没有解决，孩子就会发展出防御技巧来处理它。费尔贝恩注意到，他的分裂样患者在他们的关系中挣扎于这种未解决的冲突；他们有着婴儿化的依赖，但又渴望放弃这种依赖的感觉。

在第三阶段，即成熟关系阶段，给予的能力占主导地位。按照费尔贝恩的观点，一段成熟的关系包括两个差异化的人之间的相互给予和接受，他们可以通过性来表达他们的关系。关系的质量是首要的；这种关系如何在性或性欲方面表现出来，只是次要的。

总而言之，费尔贝恩的发展模型展示了这样的变化：从一个基于认同的婴儿化的客体关系（变得像客体，并且完全未与客体分化），到与一个完整的、已分化的客体之间的成熟客体关系。发展的过程意味着个体与客体的日益分化。随着不断地分化，个体对客体的认同会逐渐减少。力比多目标或获得满足的方式也发生了变化，从索取的姿态转变为给予的姿态。

关于发展，费尔贝恩对关系的强调不同于弗洛伊德对本能驱力的强调。经典的弗洛伊德发展模型建立在力比多目标的本质上，也就是一个人如何获得满足，以及力比多如何在身体的性欲区表现出来。弗洛伊德强调力比多在特定性欲区的显现，而费尔贝恩强调关系的质量，其次才是关系如何通过力比多表现。费尔贝恩强调的是客体的本质及客体关系的特征，而非表现冲动的身体区域。

从费尔贝恩的观点来看，经典精神分析模型过分强调了满足驱力的身体部位，而不是客体的特征。例如，经典模型解释说，吮吸拇指是因为口腔就是一个性欲区，吮吸能带来力比多快感。但为什么是拇指呢？为什么是这个客体被用来获得满足？费尔贝恩可能会回答说，婴儿必须有一个力比多客体，而拇指是乳房的替代品。他强调的不是口腔和吮吸的技术，而是与一个可以吞并的客体建立关联的需求。

仅仅是生理能力达到了能够加以表达的生殖器水平（性交），并不一定意味着客体关系也令人满意或达到了成熟。一段痴情的青春期恋情或许可以说明这一点。两个有许多需求的青少年可能会寻求彼此，因为他们对家庭的强烈反应是相似的，对支持的需求也是相似的。他们可能会从对方身上获得很多东西，并通过性关系来表达他们的需求。但是这样的关系不像两个解决了身份认同和与家庭分离的议题后更成熟的成人之间的关系，缺乏给予和成熟的特征。

病理学与内化客体

弗洛伊德对精神病理学的理解是，自我与被压抑的冲动相冲突。费尔贝恩从关系的角度理解病理学，即从破坏自我的内在坏客体的角度。这些与自我的不同部分相关联的内在坏客体被压抑着，是人内在的"坏"。

如前所述，自我保护是费尔贝恩对精神病理学的理解的一个基本要素。"儿童接受环境中有害客体的坏"这一过程是补偿性的。儿童通过内化这些坏客体让自己变坏，以此控制这些坏的部分，而不愿意让自己的环境中存在坏客体。这种分裂和内化的过程常常会使环境变好，但现在儿童自己的体内却有了内化的坏客体。

儿童进一步通过压抑来抵御这些内在坏客体或迫害者，将这些坏客体驱逐到无意识中。如果这些内化的坏客体被充分投注，并且压抑失败，那么它们可能会以各种方式引起心理问题。这些客体坏的强度、能量投注的强度，以及自我认同它们的程度，都是这些内化的坏客体产生神经症和精神病理症状的各个因素。冲突的特定发展阶段以及自我为了保护自己免受这些坏客体的伤害而建立的各种防御机制，进一步塑造了症状和反应。

孩子最大的需求是得到这样的保证：父母会把自己作为一个人来爱，以及父母真诚地接受孩子的爱。这种保证决定了与客体之间的依赖关系的冲突是成功还是失败。冲突的一方面是想要与客体结合并认同客体的退行冲动，另一方面是想要分离并转向与更分化的、真实的客体建立安全关系的进步渴望。费尔贝恩（1941/1954d, p. 39）描述道，分裂样患者的行为就像胆小的老鼠，从洞里爬出来窥视外在客体世界，然后又寻找安全的退路。这种态度展示了他们想要摆脱婴儿依赖状态和处理分离焦虑的尝试。

替代满足弥补了与外在客体建立情感关系的失败。这些替代满足代表了与内化客体的关系；个体转向这些替代满足，而不是与外部世界的客体建立安全的、令人满意的关系。自慰、虐待、受虐等都是一些替代满足。

自我的感受很矛盾，既想接纳内化客体，又想拒绝。从婴儿依赖期向成熟依赖期过渡的过程中，儿童发展出不同的方法或技术来处理或调节与内化客体的关系。例如，恐惧技术包括外化被拒绝的客体并回避它。偏执技术包括外化内在的被拒绝的客体，并将其视为主动的坏客体。癔症的神经症性技术包括拒绝被吞并的客体而不将其外化，但它也高估了已经被外化的被接纳的客体的价值。癔症病人在亲密的爱情关系中表现出这种模式：他们因为自己对内化客体的过度认同而不喜欢自己，同时又追求被高估的外化客体。

治 疗

根据费尔贝恩（Greenberg & Mitchell, 1983, p. 156）的说法，病理学包含了人际关系的紊乱，因此治疗需要恢复个体与他人直接并充分接触的能力。治疗的目标是从无意识中释放坏客体（Fairbairn, 1943/1954c, p. 69ff.）。只有当这些内化的坏客体从无意识中释放出来时，它们的情感贯注或情感力量才能被解除。这些客体被内化是因为它们曾经似乎不可或缺，而它们被压抑是因为个体无法忍受它们（Fairbairn, 1943/1954c, p. 74）。为了帮助释放坏客体，治疗师必须提供一个安全的环境，以成为一个足够好的客体。

治疗师必须小心避免强化病人的内疚感，或看起来与病人的超我（反力比多自我或内部破坏者）站在同一边，因为内疚感会加强阻抗并压抑坏客体（内疚感是一种会促进阻抗的防御）。产生阻抗的是对于从无意识中释放坏客体的恐惧。这样的释放会使病人的世界变成一个糟糕的世界或环境，"到处都是恶魔，对他来说太可怕了，因此他无法面对"（Fairbairn, 1943/1954c, p. 69）。曾经，个体需要这些坏客体（拥有他们以使自己的世界变得更美好），这种需求以某种方式继续存在。正是对这些客体的需求赋予了它们继续存在和压抑的力量。对于一些病人来说，如果放弃自己的坏客体，他们就会失去自己的身份认同，因为他们已经非常熟悉并依赖于他们互动和感受的神经症模式。

正是压抑和内疚的防御失败，才会让这些坏客体部分回归。被压抑的客体再次回归通常是许多症状背后的原因。当这些坏客体在无意识中部分逃脱了压抑的束缚时，它们会使某些情况变得可怕。移情情境就是一个例子。在一些移情情境中，病人再次面对曾经需要通过内化和压抑的方式处理的坏客体。某些创伤情境也会激发这些坏客体的释放（例如，被抛弃的经历、被怪物攻击的梦等）。理解可怕的坏客体为何再次出现，可以让我们深入了解一个受困扰的人杀死另一个人的现象，因为他认为这个被杀的受害者是一个可怕的威胁。

案例研究：战争神经症

在费尔贝恩的主要著作《人格的精神分析研究》（*Psychoanalytic*

Studies of the Personality）再版的导言中，沙夫和伯特尔斯（Scharff & Birtles, 1990）评论道："费尔贝恩对临床的关注并不集中于预先设定的结构的展开，而是更多地集中在治疗中家庭经历传达个人叙事意义的方式上——也许比弗洛伊德本人以外的任何其他早期作家都要多。"（p. ix）

费尔贝恩（1952/1990）对战争神经症的思考很好地说明了这一点。第二次世界大战期间，费尔贝恩在苏格兰的紧急医疗服务中心担任访问精神科医生，治疗患有与战争相关的精神问题的士兵。他提供了许多简短的片段来支持一个论点，即战争神经症反映出先前就已存在的精神病理被刺激出来，并且这种病理从根本上来说存在于未解决的分离焦虑中："分离焦虑不仅总是出现在战争神经症患者身上，而且它是唯一普遍存在的单一症状"（p. 265）。

费尔贝恩描述了一个 27 岁男人"W.I."的案例。此人是一名炮手，他所在的油轮在一次空袭中被烧毁并沉没。W.I. 获救后因急性焦虑状态而住院。

> 在事故发生的过程中，他面临了一系列危险的情况——被轰炸、被困在燃烧的船上、发现最有希望的逃生方式（救生艇）只是对他生命的另一个威胁、在游泳时被燃烧的石油追赶，以及最后面临淹死的危险。从表面上看，以上任何一种情况本身都可能造成一种创伤经历……（p. 258）

但实际上，逃跑过程中的某一个时刻尤其折磨这个士兵。

> ……正当他觉得自己在与追赶的火焰的赛跑中取得了一些进展时，他发现自己被一名溺水的船员抓住并拉了下去。在拼死努力进

行自我防卫时,他朝那名船员的头上打了一拳,并看着他沉回水底。正是这一个特定情境构成了他的创伤经历。而这之所以是一段创伤经历,是因为正如调查显示的那样,这段经历将他对父亲长期以来的强烈恨意带入了这一次"谋杀"行为中。以前,这种恨意由于焦虑和内疚而被深深压抑。这段经历使他获得了弑父的全部情感意义,同时激发了与其仇恨父亲相关的所有潜在的焦虑和罪恶感,也激活了各种精神病理性防御——在他心里,这些防御已经准备好应对可能会发生的弑父事件。(p. 258)

费尔贝恩将分离焦虑归因于孩子最初完全依赖父母的现实:"无须再强调童年特有的全方面依赖的特征。这是一个生物学事实,与人类婴儿刚出生时的极度无助有关……"除了身体上的依赖,父母也成了婴儿情感生活的中心,"因为父母不仅是他最初的爱的客体,也是他最初的恨的客体,以及他最初的恐惧和焦虑所依附的客体"(p. 259)。因此,对于所有的孩子来说,在摆脱因依赖父母而被施加的约束这种"进步的"渴望,与"紧抓"这种依赖所带来的"好处"的"退行的"渴望之间存在着冲突(p. 260)。

在战时,没有充分"摆脱"这种冲突性依赖的神经质士兵(p. 267)将遭受强烈的分离焦虑和痛苦。未充分成熟的适应使得年轻人紧密依赖于父母,这将阻止他发展对其军事单位的持续依恋(p. 281)。费尔贝恩认为,"就神经质的士兵而言,事实似乎是,与其说他渴望回家是因为他生病了,不如说他生病是因为他渴望回家"(p. 266)。这种疾病可能表现为对父母或父母化客体(祖父母或配偶)的直接依赖或亲近,但也可能表现为在兵役压力下崩溃的伪独立状态。

费尔贝恩对W.I.的焦虑的临床"调查"揭示了这名士兵与父亲的关

系中被压抑的冲突，这与费尔贝恩关于内在心理结构分裂和压抑的理论一致。对于依赖父亲的孩子而言，对父亲的恨意和弑父冲动太过强烈而无法直接体验，孩子会为了减轻难以忍受的内疚与焦虑而压抑恨意和弑父冲动。当 W.I. 身处战时情境，不得不牺牲别人的生命来保护自己的生命时，他被迫将这些压抑的感受和冲动付诸行动。这打破了他的防御机制，因而潜在的内疚和焦虑浮现出来，并导致了他后来呈现的症状。不幸的是，费尔贝恩没有报告他对这些情感的调查是否成功地减轻了士兵因创伤暴露所释放的焦虑。

值得注意的是，费尔贝恩做过描述但又放弃了的这个理论——战争创伤是观察到的精神症状的直接和充分原因——更符合如今的创伤理论。费尔贝恩将早期客体困难作为导致分离焦虑的一个中介变量来介绍，从而能够保留经典理论中对心理内部结构的关注，同时将经典理论中对驱力释放的强调替代为对客体寻求和联结纽带的强调。

对费尔贝恩的评价与批判

费尔贝恩明确说明了许多克莱因曾暗示过的概念。虽然克莱因试图与弗洛伊德保持概念上的联系，但她是第一个将儿童的内在客体世界概念化的人，即认为儿童的内在客体世界是围绕内在客体关系组织起来的。费尔贝恩明确拒绝了弗洛伊德的本能和驱力动机概念，而是形成了截然不同的客体、结构和发展的概念。

在反对本能模型中的机械和非个人特质时，费尔贝恩（也许过于强烈地）否定了弗洛伊德的快乐原则和本能能量的概念。他用动态的客体寻求结构替代了这些概念——也就是说，人们生来就以他人为导向（见 Robbins, 1980, p. 482）。费尔贝恩认为弗洛伊德的本我是没有结构的能量，而弗洛伊德的自我是没有能量的结构（见 Ogden, 1983, p. 230）。这种传统的自我有功能，但没有自己的能量或动机。动态结构的概念将本我和自我的元素结合成一个结构，即一个原初自体。这个自体寻求客体，而不仅仅是满足；费尔贝恩的模型解释了这个原初自体或自我的发展。

这个原初自我在出生时是完整的，费尔贝恩认为结构化始于与坏客体的经验以及分裂过程。也就是说，与父母相处的困难会导致心理问题，并有助于正常的结构化过程。不满意的关系导致原初自我分化为三个动态结构（Robbins, 1980, p. 483）。

费尔贝恩认为，儿童在发展和结构化的过程中内化了坏客体。儿童内化的不仅仅是客体，还有客体关系。自我的某个方面被分离出来，并认同某一个客体表征，这改变了个人对自己的思考和体验（Ogden, 1983, p. 234）。因此，费尔贝恩将内在关系中的自体与客体成分视为主动的机构和动态的结构。

费尔贝恩和克莱因一样，把所有的发展精简为一个非常早期和短暂的时期（Kernberg, 1980, p. 82）。他也像克莱因一样忽略了早期自体表征和客体表征之间的区分（Kernberg, 1980, p. 82）。费尔贝恩认为早期的自我是完整但未分化的。伊迪丝·雅各布森后来解决了这个问题，她找到了一个更好地反映早期结构发展和分化过程并保留三元模型的解决方案（见第七章）。

费尔贝恩完成了几件事。他能够描述早期冲突的主观意识。他通过再次确认与母亲的真实关系，以及为克莱因的自由浮动、多重的内在自我和客体提供更多的结构框架，推进了克莱因的创新努力（Kernberg, 1980, p. 83）。他的总体贡献在于他阐明了一个早期阶段——在此阶段，内化的客体关系培育了一个萌发自体，这个自体并非源于无情感色彩的本能和性欲。

尽管一些治疗师基于费尔贝恩的观点开展工作,但费尔贝恩的工作仍然缺乏一个综合模型,无法既描述经验,又为早期经验提供有条理的概念性解释(Scharff & Scharff, 1987, 1991)。

> **学习问题** >>>>
>
> 1. 费尔贝恩用"自我"这个词来说明的意思与弗洛伊德和后来的理论家十分不同。讨论不同理论家对"自我"一词的不同(且常令人困惑的)用法。
> 2. 描述挫折对内在心理结构发展的作用。
> 3. 客体关系视角下的发展有哪些关键要素?
> 4. "纯粹"的人格模型是否可能存在,即一种不强调生物学因素而"纯粹"以心理学为重点的人格模型?

参 考 文 献

Dicks, H. V. (1963). Object relations theory and marital studies. *British Journal of Medical Psychology, 36*, 125–129.

Fairbairn, W. R. D. (1953/1990). The war neuroses—their nature and significance. In *Psychoanalytic studies of the personality.* London and New York: Routledge Kegan Paul. (Original work published 1943)

Fairbairn, W. R. D. (1954a). Endopsychic structure considered in terms of object relationships. In *An object-relations theory of the personality* (pp. 82–136). New York: Basic Books. (Original work published 1944)

Fairbairn, W. R. D. (1954b). Object-relationships and dynamic structure. In *An object relations theory of the personality* (pp. 137–161). New York: Basic Books. (Original work published 1946)

Fairbairn, W. R. D. (1954c). The repression and the return of bad objects (with special reference to the "war neuroses"). In *An object-relations theory of the personality* (pp. 59–81). New York: Basic Books. (Original work published 1943)

Fairbairn, W. R. D. (1954d). A revised psychopathology of the psychoses and psychoneuroses. In *An object-relations theory of the personality* (pp. 28–58). New York: Basic Books. (Original work published 1941)

Fairbairn, W. R. D. (1994). Autobiographical note. In D. E. Scharff & E. F. Birtles (Eds.), *From instinct to self: Selected papers of W. R. D. Fairbairn* (Vol. 2, pp. 462–464). Northvale, NJ: Aronson. (Original work published in 1963)

Greenberg, J. R., & Mitchell, S. A. (1983). *Object relations in psychoanalytic theory.* Cambridge, MA: Harvard University Press.

Grotstein, J. J., & Rinsley, D. B. (Eds.). (2000). *Fairbairn and the origins of object relations.* New York: Guilford.

Guntrip, H. (1971). *Psychoanalytic theory, therapy and the self.* New York: Basic Books.

Guntrip, H. (1996). My experience of analysis with Fairbairn and Winnicott. *International Journal of Psycho-Analysis, 77,* 739–754. (Originally published in *International Review of Psychoanalysis* [1975], *2,* 145–159)

Kernberg, O. (1980). Fairbairn's theory and challenge. In *Internal world and external reality* (pp. 57–84). New York: Aronson.

Ogden, T. H. (1983). The concept of internal object relations. *International Journal of Psycho-Analysis, 64,* 227–241.

Rinsley, D. B. (2000). Fairbairn's concepts and terminology. In J. J. Grotstein & D. B. Rinsley (Eds.), *Fairbairn and the origins of object relations* (Appendix III, pp. 335–339). New York: Guilford.

Robbins, M. (1980). Current controversy in object-relations theory as outgrowth of a schism between Klein and Fairbairn. *International Journal of Psycho-Analysis, 61,* 477–491.

Scharff, D. E., & Scharff, J. S. (1987). *Object relations family therapy.* Northvale, NJ: Aronson.

Scharff, D. E., & Scharff, J. S. (1991). *Object relations couple therapy.* Northvale, NJ: Aronson.

Scharff, D. E., & Birtles, E. F. (1990). Introduction. In W. R. D. Fairbairn, *Psychoanalytic studies of the personality* (Scharff, D. E., & Birtles, E. F., Eds.) (pp. ix–xxi). London & New York: Routledge.

第五章
D. W. 温尼科特：拥有独特视角的儿科医生

唐纳德·W. 温尼科特（Donald W. Winnicott）在英国精神分析学界中的发声十分新颖、极具创新性，他强调了环境与发展中的自体之间的微妙平衡。他提出的关于自体发展的观点独特而富有创造力，持续启发着治疗师们，并且是海因茨·科胡特的一些思想的概念先驱。

温尼科特是一名英国的儿科医生，在 20 世纪 30 年代至 1971 年间写作。他最不适合被归入客体关系理论家的范畴。他的许多著作和理论都是从电台谈话或专业讲座开始的，因此带有闲聊、不正式的口吻。虽然并没有用太多专业术语，但他的风格有时可能不太精确，令人困惑。他有时会借用梅兰妮·克莱因的术语，但也会创造新词并按照自己的意思使用，比如"足够好的母亲""抱持性环境"和"涂鸦游戏"（Abram, 1997）。温尼科特在著作和临床逸事中表现出来的是一个和蔼可亲、热情周到甚至很好玩的人，人们对他的评价很好。

温尼科特于 1971 年去世，享年 74 岁。他是一名儿科医生和精神分析师，在伦敦帕丁顿格林儿童医院（Paddington Green Children's Hospital）工作了 40 年。他在 20 世纪 30 年代接受了分析，并受到当时担任顾问的梅兰妮·克莱因的影响（Kahr, 1996）。在作为儿科医生和精神分析师的忙碌职业生涯中，温尼科特照顾了成千上万的母亲和她们的孩子。他说，在第二次世界大战期间，他"几乎没有注意到大规模的空袭，因为他一直投入在对精神病患者的分析中"（1945/1958g, p. 145）。

温尼科特没有建立一个正式的体系，但他主要关注儿童发展领域，尤其是母亲与孩子的互动。本章将考察温尼科特的术语和概念,以及他关于父母养育、发展过程、精神疾病和治疗的理论。随后将有一个案例研究和对温尼科特的工作的评论。

关 键 概 念

环境与本能

温尼科特强调父母环境在自体形成过程中的作用。他认为,足够好的环境会促进婴儿的成熟过程。婴儿依赖于环境的供养,而环境(以母亲为例)会根据婴儿不断变化的需求进行自我调整。随着成长的进行,婴儿对环境和母亲的依赖则会逐渐减少。

温尼科特虽然没有否定弗洛伊德关于个体本能和内在动力的观点,但他改变了相应的视角,把重点放在了儿童与环境的互动上。这种视角将本能发展置于社会和互动的背景下,因此他几乎完全根据孩子与母亲的关系来理解年幼儿童的情感发展,而非从本能的角度进行理解。这种对相互关系和环境重要性的关注与弗洛伊德对本能发展的强调截然不同。成长是走向社会性的成熟(即根据关系来定义的成熟),而不仅仅是本能的成熟。

促进性环境

环境条件无论是否良好,都会塑造婴儿的发展。环境中的关键因素是母亲的照顾。"一开始,母亲自己就是促进性环境"(Winnicott, 1963/1965g, p. 85)。如果身处促进性环境中,婴儿将在成熟的过程中成长并取得成功(Winnicott, 1963/1965i, p. 239)。促进性环境的特征是适应。温尼科特用这个词描述环境对婴儿需求的适应。婴儿的需求和成熟过程是核心，而父母有责任去适应它们。也就是说，母亲一开始完全给出自己来照顾婴儿，然后逐渐适应，并再次主张自己的独立性。

换句话说，促进性环境让婴儿体验到了全能感。婴儿开始与主观客体产生联系——也就是幻想或心理客体。然后，婴儿经历了一个艰难的过渡，并开始通过对客体的心理创造和再创造过程，与"被客观感知到的客体"建立联系。一个好客体必须是由于婴儿需要而被创造出来的。当对客体的感知从主观转变为客观时，儿童就逐渐离开了全能的阶段（Winnicott, 1963/1965d, pp. 180–182; 参阅 Fromm & Smith, 1989）。

全能幻想

在成长的最初阶段，婴儿对现实没有真实的感知，只能用很少的资源来创造世界。婴儿唯一可用的资源是其幻想的主观体验。由于饥饿等本能的张力，婴儿愿意相信某些东西可能存在，因此婴儿会幻想出一个客体，并像期待魔法一样地期待某种客体。好母亲会带着她的乳房来，这样婴儿就能找到它。

在婴儿与外部现实形成最初的、原初的关系这一关键时期中，就好像有两条线（婴儿的需要和环境的供养）从相反的方向出发，并彼此靠近。如果这些线有一些重叠或交汇，婴儿就会产生一瞬间的错觉，这种体验会被婴儿当作一种错觉或者是属于外部现实的东西。母亲允许婴儿来主导一切，而且如果一切顺利，婴儿主观上的客体将叠加在被客观感知的乳房上。这些过程顺利和健康地进行则意味着母亲适应了婴儿的冲动，且允许婴儿产生错觉，认为面前的东西（例如，乳房或给予抚慰的手）是婴儿自己创造的。从全能的幻想中将发展出一个健康或真实的自体。

足够好的母亲

温尼科特创造了一个引人注目的术语——足够好的母亲（good-enough mother）(1962/1965f, p. 57)，以此描述父母给予孩子充足的供养，让他们有一个良好的生命开端。温尼科特强调环境和父母需要适应婴儿及其需求，这是弗洛伊德没怎么提到的。弗洛伊德没有忽视父母的作用，但更倾向于强调婴儿的内心世界和本能需求。

在孩子与母亲的关系中，一个足够好的母亲会为孩子充分提供他在特定发展阶段所需要的东西。母亲根据孩子不断变化的需求进行适应和改变，而不断成长的孩子将逐渐减少对母亲的依赖。为了强调母亲需要做出的改变，温尼科特使用原初母性贯注（primary maternal preoccupation; 1963/1965g, p. 85）一词以描述母亲对婴儿需求的全神贯注的关注，仿佛婴儿一开始是母亲自己的一部分。儿童的成长往往与母亲恢复自己的独立性相对应（1963/1965g, p. 87）。渐渐地，随着婴儿的成长和发展，其人际关系也发生了变化，对母亲的需求越来越少，变得更加独立。

在成功适应婴儿的过程中，足够好的母亲会满足并培养婴儿的全能感。母亲成功并反复地满足婴儿自发的示意动作，或使婴儿在感觉上的幻觉成为现实（1960/1965e, p. 145）。这培养了婴儿的全能感，婴儿开始相信外部的现实会像魔法一样出现，其行为表现就好像外部现实都在他的掌控之下（因为母亲成功地适应了婴儿的示意动作和需要）。

婴儿逐渐发展起想象创造出实际上真正可获得之物的能力，而足够好的母亲必须不断提供这种体验来滋养婴儿自恋性的全能感。然后，婴儿可以平静地享受创造和控制的全能幻想。这一过程中不仅有本能满足的生理体验，而且情感上体验到了融合，婴儿开始对现实有一些信念——那是可以产生幻想的对象。现在可以进行最后的步骤，即当婴儿开始认识到虚幻的元素，并与现实建立联系时，她逐渐放弃全能感，并逐渐不再抱有幻想（Winnicott, 1948/1958f, p. 163）。

真实自体与虚假自体

在讨论环境适应对婴儿的重要性时，温尼科特讨论了真实自体与虚假自体的概念，它们都是在儿童与环境的互动中发展起来的。在放弃全能感和幻想的过程中，婴儿的自体会发生什么？通过婴儿的冲动（被母亲满足和确认以后），婴儿发现了环境、"非我"的世界以及"我"的确立（Winnicott, 1950/1958a, p. 216; Richards, 1996）。当母亲让婴儿找到并接受客体（例如，乳房、奶瓶等）时，客体关联就产生了。真实自体存在清晰确立的"我"和"非我"。

体贴的母亲还必须保护婴儿免受其不理解的世界的复杂性和冲击的影响。如果环境不安全，婴儿可能会屈从地做出回应。这种屈从可能导致婴儿与其自然的、充满生命力的核心隔离开来（Winnicott, 1948/1958f, p. 171）。虚假自体发展于客体关系的最早阶段，此时没有足够好的养育，母亲并没有满足和实现婴儿的全能感。如果婴儿的示意动作一再被忽略，取而代之的就是母亲自己的示意动作，而婴儿则会屈从于母亲的动作（Winnicott, 1960/1965e, p. 145）。

当母亲的适应不够好时，对外在客体的精神贯注就不会被启动，婴儿就会保持隔绝的状态，虚假地生活着。一个虚假自体会对环境的要求做出屈从的反应，并建立一套虚假的关系。虚假自体隐藏了真实自体，无法自发、自然地行动。只有真实自体才能自发活动，并感受到真实或真诚。虚假自体的存在会让个体感到不真实、无价值，无法在人际关系中表现真诚。

客体

虽然温尼科特借用了梅兰妮·克莱因的术语和概念（如客体），但他倾向于对其赋予自己的解释和意义。因此，他使用了"主观构想客体（subjectively conceived object）"一词（1960/1965j, p. 45），这与克莱因的"内在客体"概念相似（Winnicott, 1951/1958i, p. 237），与"客观感知客体（object objectively perceived）"（Winnicott, 1960/1965j, p. 45）相对。后者是外在客体或实际的人。

温尼科特认为，婴儿从与主观客体的关系发展到逐渐能够与客观感知客体建立关联（1963/1965h, p. 224）。足够好的照顾，尤其是抱持，可以让婴儿从与母亲融合、混合的状态过渡到与母亲分离的状态，并能够建立客体关系（Winnicott, 1960/1965j, p. 45）。关于客体关系，温尼科特指的是与独立存在的外在客体建立关系，且这些外在客体不受个体的主观和幻想的全能感控制（Winnicott, 1963/1965h, p. 224）。在成熟的过程中，个体逐渐能够确确实实地与客体建立关联，与现实发生重要的接触，感到真实而有活力，在世界上体验到真实感，并且感觉世界是真实而实在的。

早期发展阶段存在二元关系。而在后来的俄狄浦斯时期，三元关系占主导地位（Winnicott, 1958/1965b, p. 29）。原来的二元关系是由婴儿与母亲（或母亲替代者）构成的。温尼科特认为，在最早的阶段不可能存在一元关系，因为独处的能力是一种非常复杂的现象，只有在建立了三元关系之后才会出现。能够独处有赖于个体的心理现实中存在一个好客体（Winnicott, 1958/1965b, p. 32）。

在描述这个好的内在客体时，温尼科特使用了梅兰妮·克莱因的语言。好的内在客体可以指好乳房或好的内在关系。拥有好的内在客体、对内在关系有信心，这使得个体在即使没有外在客体和刺激的情况下也能获得满足。"获得成熟、能够独处意味着个体曾经有机会通过足够好的母亲来建立对良性环境的信任"（Winnicott, 1958/1965b, p. 32）。

对现实的全能控制意味着对现实抱有幻想，是一种尝试应对内心现实或从内心现实逃离到外部现实的方式。事实上，个体通过全能幻想到达外部现实，这些幻想是为了摆脱内心现实而精心设计的（Winnicott, 1935/1958c, p. 130）。温尼科特举了几个例子。一个孩子可能会对内在父母产生无意识的虐待幻想，同时又以保护的方式对待外在父母。一个外向的冒险家其实可能拥有一个逃避内心抑郁的肤浅人格。一个国王可能会得到很多外在的尊重，因为在许多人的内心现实中，内在的父亲正在被杀害和切碎，而这个被内化的男性被人格化为人们可以尊重和侍奉的真正的人（Winnicott, 1935/1958c, p. 131）。

过渡性客体

温尼科特对客体关系理论做出的最显著的贡献之一是提出了过渡性客体（transitional object）的概念，即主观客体和真实客体关系之间的中间经验领域。过渡性客体既不是一个内在的或主观的客体，也不仅仅是一个外在的客体；它是第一个"非我"的所有物。常见的过渡性客体是柔软的毯子［这很容易让人想到漫画《花生》（*Peanuts*）中卡通人物莱纳斯的安全毯］，或一块柔软的布。过渡现象包括婴儿的咿呀学语、某种特定举止，或者孩子自己身体的某些尚未被认为属于外部现实的部分。对婴儿重要的是，这个东西或声音可以在他们入睡时起到安慰作用，也可以保护他们免于焦虑或孤独。

过渡性客体和过渡现象（一个比过渡性客体更宽泛、更包容的术语）属于内部现实和外部生活共同贡献的中间经验领域。婴儿正从全能控制（幻想）过渡到身体操纵的控制（现实检验）。在这个过程中，孩子需要幻想来创造一个部分主观、部分现实导向的中间情境。因此，毯子是一个真实的、能被客观感知到的东西，但它的作用就像是在婴儿的控制下发挥安慰作用的乳房。过渡性客体既不像内在的主观客体（例如，婴儿视乳房为自己的一部分的错觉）那样在婴儿神奇的、全能的控制之下，也不像真实的、外在的母亲那样受外部的控制（Winnicott, 1951/1958i, p. 237; 见 Grolnick & Barkin, 1995）。

发展过程与父母养育

温尼科特写了大量关于亲子互动的文章，并对儿童的发展过程提出了有价值的见解。温尼科特的讨论集中在母亲和孩子身上，他四处走动，从不同的角度或视角审视这幅图景。然而，他的著作并没有将这些不同的观点整合成一个精心设计的、连贯的体系。但他确实研究了一些相互关联的过程，强调儿童的发展与母子关系交织在一起。他最重要的主题是环境对儿童发展的贡献，而且他根据儿童与环境（即父母）的关系来定义发展——对温尼科特来说，"父母"总是指"母亲"。

当温尼科特戏剧性地说"从来没有'婴儿'这回事"（1952/1958b, p. 99）时，他的意思是，每当你遇到一个婴儿，你还会遇到一个在旁边照顾他的母亲。没有母亲的照顾，就没有婴儿（Winnicott, 1960/1965j, p. 39）。婴儿不是一个孤立的个体，而是养育配对中的一个重要组成部分。婴儿的发展与母亲的照顾有着千丝万缕的联系："婴儿与母亲的照顾共同构成一个单元"（1960/1965j, pp. 39, 43）。因此温尼科特强调，情感成长与其说是个体本能生命的发展，不如说是人际关系从依赖到独立的成长。"描述婴儿早期阶段时需要将其与母亲的功能联系在一起，否则没有任何价值。"他写道（1962/1965f, p. 57）。事实上，温尼科特对待不同的发展阶段有些随意，认为"不同的阶段是人为划分的，这样仅仅是为了方便"（1960/1965j, p. 44）。

儿童在足够好的母亲照顾环境中成长，从最初的非整合状态发展到结构化的整合状态，具有建立客体关系和"共同生活"的能力，即建立与完整的外在客体的关系（Winnicott, 1960/1965j, p. 44）。婴儿从绝对依赖，到相对依赖，再到独立，这三种依赖状态与父母照顾的三个相互重叠的阶段大致相关："抱持""母亲和婴儿共同生活"，最后是"母亲、婴儿和父亲共同生活"（Winnicott, 1960/1965j, p. 43）。

发展

温尼科特对发展过程的讨论包括成熟过程、父母照顾的种类、成熟过程与父母照顾之间的联系、依赖的种类，以及自我的发展。

成熟过程 成熟过程或发展阶段与父母的照顾密切相关，是儿童向前发展的遗传倾向。这些过程包括整合、人格化以及客体关联（Winnicott, 1945/1958g, p. 145; 1952/1958b, p. 226; 1962/1965f, p. 60）。

整合（integration）意味着将个体组织成一个整体，因为人格一开始并非一个完整的整体。人格化（personification）指的是个体的心灵在身体中定位的方式。对温尼科特来说，客体关联（object relating）与感觉到真实以及与环境中真实的人物和确切的客体建立关联有关。当然，这不同于通常所说的作为一种内在过程的客体关系。

父母照顾的种类 孩子的成熟过程是由父母的照顾促进的。环境以父母照顾、提供抱持、照料及客体呈现的形式存在（Winnicott, 1962/1965f, p. 60）。

抱持既是一种环境滋养，也是父母照顾的一个时期或阶段。因此，抱持不仅指对婴儿身体的抱持动作，还指整个环境——在"共同生活"的概念（和阶段）出现之前促进婴儿的成长。在抱持期间，婴儿与母亲融合在一起，还没有能力将客体视为自体以外的存在（Winnicott, 1960/1965j, p. 44）。逐渐地，婴儿从未整合状态转变为结构化的整合状态。婴儿成为一个整体，一个人，一个独立的个体，拥有内在和外在，拥有"我"和"非我"（1960/1965j, pp. 43, 45）。婴儿进一步发展建立客体关系的能力，从与主观构想客体之间的关系转变为与客观感知客体之间的关系。这种发展与从母婴融合到母婴分离（或者是婴儿与分离的、非我的母亲相关联）的转变密切相关。这一阶段成功完成后，婴儿就能从抱持阶段来到与母亲共同生活的阶段（Winnicott, 1960/1965j, p. 45）。共同生活是一个发展阶段。在这个阶段中，孩子作为一个个体与母亲建立关联时，母亲是一个真实的外部客体，且与孩子的自体是相分离的。

成熟过程与父母照顾之间的联系 婴儿的成熟过程与父母滋养的种类和质量密切相关。因此，整合与抱持紧密相连，人格化与照料紧密相连，客体关联与客体呈现紧密相连。

整合与抱持 整合与环境的抱持功能密切相关（Winnicott, 1962/1965f, p. 61）。抱持包括全天的日常照料，特别是对婴儿身体的抱持，这是一种爱的形式。一些成年人不知道如何抱婴儿，婴儿会因此感到不安全并经常哭泣（Winnicott, 1960/1965j, p. 49）。抱持促进了整合，这使婴儿成为一个单元或单元自体，一个活在身体里的完整的人。整合将婴儿的心理碎片集合在一起，是心理破碎和解体的对立面。

抱持环境的主要功能是将婴儿无法控制或导致其自闭、感到被消灭的冲击减少到最低限度。一个成功的抱持环境能让婴儿内心建立起切实、真实的积极感觉。简而言之，良好的母亲照顾能使婴儿进入作为一个人的存在状态（Winnicott, 1960/1965j, pp. 47, 49）。

温尼科特认为，母亲有时通过镜映婴儿来唤起婴儿的存在感。（这个概念会让人想起科胡特所说的镜映环境,也许科胡特借鉴了温尼科特的想法。)当婴儿看着母亲的脸,他看到的是自己。因为当母亲看着婴儿时,她所表现的样子与她在婴儿身上看到的样子有关(例如,她因孩子而感到的快乐反映在她的脸上,婴儿看到这种快乐并感到自己是快乐、良好的状态)。母亲把婴儿的自体返回给婴儿。这就好像婴儿通过看母亲的脸来照镜子并看到了自己。"当我看的时候,我被看见,所以我存在"(Winnicott, 1971a, p. 114)。因此,在情感发展的早期阶段,环境起着至关重要的作用。实际上,这一阶段的婴儿还没有将环境与自己区分开。

人格化与照料 环境的滋养是父母照顾的一种形式,它促进了婴儿自我和身体的牢固结合。当父母触碰并温柔地抚摸婴儿的身体时,婴儿的"人"就在体内建立起来,并培养了一个作为婴儿自我基础的身体自我。身体上的抚摸以一种舒适和熟悉的方式将自我、婴儿的人与身体、身体功能和感觉联系起来。温尼科特用"人格化(personalization)"一词来描述这个过程,这个过程将自我与身体以及各种本我驱力和满足联系起来。如果失去了自我和身体之间的牢固联系,就会产生一种奇怪的不真实感,以及脱离自体、远离自己身体的感觉。温尼科特使用"人格解体(depersonalization)"一词指代失去自我和身体的结合的状态,尽管这个术语在精神病学中有一个稍微不同且更复杂的含义(1962/1965f, p. 59)。

客体关联与客体呈现 这种形式的父母照顾涉及母亲以一种影响婴儿如何与外在现实和外在客体建立关联的方式呈现客体(乳房、奶瓶等)(Winnicott, 1945/1958g, p. 152)。婴儿产生了一种源于某种需要的模糊期望。足够好的母亲为婴儿提供满足其需要的客体,因此婴儿开始需要母亲正好能提供的东西。例如,母亲有一个充满乳汁的乳房,她希望饥饿的婴儿在她的乳房上吃奶。母亲需要影响婴儿对待这个外在客体的方式。此时需要有一种错觉，即婴儿既可以把乳房当作他自己的幻想，也可以把它当作属于外部现实的东西。婴儿需要在兴奋和准备好的时候来到乳房面前，因此当真正的乳头出现时，那就是婴儿幻想中的乳头。通过这种方式，婴儿开始建立一种想象实际可用之物的能力。母亲需要继续为婴儿提供这种类型的经验，让婴儿感到自己似乎创造了客体，并积极参与自己的本能满足，而不是把这些本能满足强加给婴儿（Winnicott, 1945/1958g, p. 153; 1962/1965f, p. 60）。

在这个时期，一些不满对婴儿的情感成长是有帮助的。当孩子仍然处于和母亲融合的状态时，本能的满足对定位或安置客体几乎没有什么作用，而不满足则将客体安置在其所在的原处。也就是说，挫折会引发攻击性，这有助于将客体放置在与自体分离的地方。挫折有助于教育孩子关于"非我"世界的存在。例如，令人满意的喂养似乎使客体因为缺乏客体投注而消失，因为尽管本能获得满足是好的，但无助于放置客体，因此婴儿继续处于融合状态（Winnicott, 1963/1965d, p. 181）。

温尼科特将婴儿与母亲的关系称为"自我关联性（ego-relatedness）"（Winnicott, 1958/1965b, p. 33）。他认为，这是建立友谊的材料，也是移情的基础。婴儿自我的不成熟由母亲提供的自我支持所平衡（Winnicott, 1958/1965b, p. 32）。只有当有人陪伴在婴儿身边，且不提出任何要求时，婴儿才能发现自己的个人生活（而非虚假自体），才能感受到真实，并且发展独处的能力。随着内在心理现实中逐渐建立起对好客体的体验，婴儿拥有了独处的能力，在没有外在客体的情况下也能获得满足。

依赖　温尼科特解释发展的另一种方式是根据孩子对母亲的依赖程度。幼儿的发展阶段与母亲照顾的种类和质量密不可分。依赖的三种类型分别是绝对依赖、相对依赖和走向独立。

绝对依赖　在婴儿情感发展的最初阶段，母亲就是促进性环境。她处于"原初母性贯注"的状态（Winnicott, 1963/1965, p. 85）。在婴儿生命的最初几周，母亲全神贯注地照顾她的孩子，仿佛孩子是她自己的一部分。婴儿完全依赖于母亲，甚至没有意识到母亲的照顾。在许多方面，母亲因为与孩子的密切联系也处于依赖状态中。她提供食物，测试洗澡水的温度，并为婴儿提供他需要的环境。她保护婴儿避免受到现实的冲击。

在这段绝对依赖期，母亲（或母亲替代者）需要全心全意地照顾婴儿。当母亲适应婴儿的成长时，她会逐渐恢复自己的生活和独立，因为她的孩子也越来越独立。

相对依赖　在相对依赖的状态下，孩子开始意识到他对母亲的依赖，由此产生焦虑。此阶段中，母亲逐渐回归到"做自己"或婴儿出生前的样子，对婴儿的适应能力有所减弱（Winnicott, 1963/1965g, p. 88）。早期理智上的理解使饥饿的婴儿能够延迟满足，并知道厨房的声音表明食物马上就来了。孩子现在还知道母亲是必需的；孩子现在是有意识地需要她。这个阶段大约从第六个月持续到第二年。

婴儿逐渐实现整合，这使婴儿成为一个单元或单元自体，一个完整的人，有内在也有外在，是一个生活在身体中的人。个人的心理现实处于其内在，而外在则意味着"非我的"（Winnicott, 1963/1965g, p. 91）。"我"的确立意味着"其他一切都不是我"（Winnicott, 1962/1965f, p. 61）。环境的抱持功能促进了整合，并且有一种"我的存在被某人看到或理解"的感觉，还有"我得到了我需要的证据（在镜子中看到一张脸），证明我的存在已经被承认"（Winnicott, 1962/1965f, p. 61）。

这是科胡特的"镜映"概念的惊人预兆。正常的婴儿在很长一段时间内并不在意她是由许多部分组成还是一个完整的个体，也不在意她是生活在母亲的脸上还是自己的身体里。渐渐地，通常会有一个人帮婴儿在自体整合的过程中收集其心理碎片（Winnicott, 1945/1958g, p. 150）。

温尼科特谈到一个成年病人，他以一种未整合的方式说出了他一周中日常生活的每一个细节。如果所有的事情都说了，他就会感到满足。而分析师则认为此过程没有完成任何治疗工作，只是病人需要一个人——分析师——来了解他所有的零星细节。

当然，整合是分裂和解体的反面。在绝对依赖阶段，未能获得抱持会导致婴儿产生无法思考的焦虑，此时又缺乏母亲提供的自我支持，那么解体作为一种防御手段是这种混乱情形的主动产物（Winnicott, 1962/1965f, p. 61）。

走向独立　婴儿在没有实际照顾的情况下发展出自己的行为方式。儿童发展心理机制和理智上的理解，更多地参与社会，在不断扩大的社会生活圈子中发展出带有个人存在的真正的独立性。这一阶段描述了幼儿的努力，并持续到青春期和青少年期（Winnicott, 1963/1965, p. 91）。

自我的发展　温尼科特研究发展的另一种方式是考虑自我的发展。他认为自我的发展受到环境的影响。他有时谈论婴儿的发展，有时又谈论自我的发展。在温尼科特的使用情境中，自我一词描述的是"成长中的人格在适当的条件下能够整合为一个单元的部分"（1962/1965f, p. 56）。

与弗洛伊德设想的"自我从本我中产生"的观点不同，温尼科特认为在自我之前没有本我。早在"自体"这个词在相关情境中使用之前，"自我"一词就已经在研究中出现了，而"自体"出现在"自我"之后。在回答自我是否从一开始就存在的问题时，温尼科特说，一切起始于自我开始的时候（1962/1965f, p. 56）。

心 理 疾 病

温尼科特在一段时间内从不同的角度研究心理疾病，强调很难将一个复杂的主题简化为简单的术语。在他的早期作品中,温尼科特的分析接近弗洛伊德和克莱因,但他逐渐发展出自己的方法,强调儿童环境的缺陷。由于儿童照料的失败,儿童的自体可能不真实、不自然、不整合,儿童会充满各种焦虑。

总的来说,温尼科特强调,任何分类都应该基于环境扭曲和缺陷的程度与质量。他从婴儿早期成熟的过程来理解心理疾病,但以一个相反的方向(1963/1965i, p. 241)——也就是说,环境中的某些因素阻碍了婴儿的正常生长。在他后来的著作中,他将心理疾病分为三类:心理神经症、中间型疾病(反社会或少年犯)和精神病。

心理神经症

心理神经症(psychoneurosis)这一术语描述的是已经到达俄狄浦斯情结阶段的人的疾病。情感发展和情感力量达到这个水平时,个体拥有完整的人格和能力来体验三个完整的人之间的关系,而不仅仅是二元关系。温尼科特假设这些个体是相对正常的,环境滋养已经足够好,所以他们的人格已被充分地组织,能够抵御焦虑和冲突。

温尼科特将这一心理障碍领域视为正统弗洛伊德分析的领域,而他自己的专业领域则是精神病领域(1960/1965j, p. 218)。

中间型疾病

中间型疾病(intermediate illness)或心理障碍是由一开始很好但后来失效的环境滋养导致的。它的成功之处在于它允许儿童发展出一个自我组织,但在个体能够建立一个内部环境(即变得独立)之前,成长就停止了。这种剥夺产生了社会病态、犯罪或反社会的个体。这些人表现出来的态度是社会(环境)欠他们某些东西。

精神病

温尼科特认为，精神病（psychosis）是由于早期环境的匮乏或失败造成的。这种环境滋养的失败干扰了成熟过程，以至于儿童无法完成整合、人格化和客体关联的关键成熟过程。

环境可能无法发挥其促进成熟过程的功能。生命的最初阶段为一个人的心理健康奠定了基础。环境不会使个人成长，但如果环境足够好，它会促进个人的成熟过程。为了促进这些成长过程，环境必须以足够好的方式适应成长中的儿童不断变化的需求（Winnicott, 1963/1965h, p. 223），并促进某些成熟过程。环境不能适应儿童的需要会导致正常的成长过程受到干扰，而正常的成长能够建立一个持续存在的自体（整合），与身体达到一种舒适的和谐状态（人格化），并发展与客体关联的能力（客体关联）（Winnicott, 1963/1965h, p. 227）。

解体是整合的反面，较小程度的解体就是分裂。身体和心灵之间的联系被打破，就造成人格解体或某种心身障碍。成功的客体关联意味着将客体的概念与对母亲整个人的感知结合起来。这·成功意味着感到真实、感到在世界上的真实，以及感到世界是真实的。与成功的客体关联相反的是现实解体（derealization），或是不真实的感觉，以及与社会现实失去联系。

治 疗

如果精神疾病与早期环境的失败有关，而这种失败导致了无价值感和虚假自体的发展，那么治疗则是将其逆转过来。治疗重新创造了早期的母亲照顾过程，以产生一个健康的真实自体。温尼科特的治疗概念与他对环境的理解密切相关——环境必须为正在成熟的孩子提供某些基本要素。

治疗师应该了解作为来访者的感受。治疗师接受成为来访者生活中的主观客体，这可能包括成为来访者爱的客体而不付诸行动，或者成为来访者恨的客体而不报复。为了协助退行，治疗师必须容忍来访者的不合逻辑、混乱和恶意（Winnicott, 1963/1965h, p. 229）。

治疗是一个被控制的退行过程。也就是说，治疗的条件、专业设置、治疗师的耐心和可靠性促使患者发生退行。退行是有组织地回到早期的依赖状态和环境失败的阶段。它不是回到本能生活中的某个早期时间点，而是一种重新建立依赖的倾向（Winnicott, 1959/1965c, p. 127）。

治疗中的治愈不是治疗师要做的事情，而是来访者所达成的。来访者处于依赖关系中，通过自我疗愈达到治愈。治疗的目标是通过提供早期自恋或全能的成功体验来"解冻（unfreeze）"早期的情感失败。在治疗中，当创伤性早期因素以来访者自己的方式进入治疗素材时，个体的全能感就会发生改变。环境中最初失败的某些方面得以恢复，这一次环境的滋养获得了成功而没有失败，促进了成长和成熟的遗传倾向（1959/1965c, p. 128）。

治疗师促进来访者的退行，使其能够重温早期的婴儿经历并矫正发展缺陷。个体对治疗师有信心，因为治疗师以可靠和耐心的方式提供了正确的环境和必要的环境滋养（Winnicott, 1960/1965j, pp. 37–38）。当独立性增加，进步也随之发生。治疗师帮助个体的真实自体来应对有限的环境失败，而没有组织以虚假自体保护真实自体的防御（Winnicott, 1954/1958d, pp. 286–287）。所有这些都必须一遍又一遍地重复，就像一个足够好的母亲必须为婴儿重复好的体验一样。

温尼科特举了一个例子，关于他如何试图回应一个青少年来访者的婴儿化需求。这位不情愿的来访者打电话问温尼科特能否在第二天（也就是周六）见他。对这位著名而忙碌的儿科医生来说，这是一个有点神奇而不切实际的要求。然而，温尼科特知道他必须努力满足这个要求，因为这是来自来访者作为小男孩的一个暗示，而温尼科特想要适应他，就像成功的父母适应婴儿的需要一样（1948/1958f, p. 168）。温尼科特试图营造一种治疗氛围，即来访者来创造他所需要的治疗师，而治疗师尝试通过适应这个角色来促进来访者退行——至少在治疗的早期阶段。

涂鸦游戏

温尼科特发明了一种绘画技术，并将其用于儿童的诊断和治疗工作。他称之为"涂鸦游戏"（1971b），并将其作为一种与儿童建立联系和交流的有趣方式。

这个游戏基于温尼科特对发展和环境作用的理解。温尼科特拿着纸和铅笔跟孩子坐在一起。他会闭着眼在纸上画几条线，或者在纸上乱涂乱画，而孩子必须把这些线变成某些东西——一只兔子、一座房子或者任何东西。然后孩子在纸上涂鸦，而温尼科特把这些涂鸦画成某些东西。温尼科特表示，孩子们会逐渐通过绘画来表征他们的人格和关注点。

温尼科特注意到，孩子们在第一次来他办公室会诊的前一天晚上经常梦见他。他认为这个想象中的梦代表了孩子们对他的态度。他适应了主观客体的角色；也就是说，在最初的两三次治疗中，他变成了孩子们需要的样子，以这种方式接触他们的内心世界，就像母亲对婴儿自发的姿态的适应一样。孩子们相信自己可以被理解和帮助，而温尼科特进入孩子们的世界后加强了这种信念。被理解的感觉可以让孩子在解开情感发展的紧结方面取得巨大进步。

在描述使用这种技术的各种案例研究时，温尼科特传达了他与孩子们一起工作时有趣而好玩的特点。基于他在儿童治疗方面的长期努力，温尼科特用一个可爱的形象描述他对儿童运用的，似乎毫不费力、更靠直觉的治疗技巧：在治疗中，他更像是在演奏音乐，而非努力使用技术。

案例研究：一个男孩

温尼科特（1992）在1947年首次提交给英国精神分析学会的一篇名为"反移情中的恨（Hate in the Countertransference）"的论文中讨论了在与"精神病"患者的临床工作中产生的强烈反移情感受。这篇论文后来经常被引用。温尼科特所说的"精神病"形容的是那些在早期阶段经历过严重剥夺或冲击的患者。这些患者没有得到发展一个坚强和真实的自体所需要的养育，在功能上表现出严重的困难。他们受苦于极度的焦虑，并经常在他们的分析师身上也引起类似或互补的焦虑。温尼科特的论文探讨了分析师"容忍"（涵容）这种强烈感受的需要。但他也考虑到，为了提供客体关系的修复体验，分析师有时可能需要向患者表达自己的感受。

温尼科特通过描述一个他在第二次世界大战期间接诊过的9岁男孩来说明这一点。这个男孩来到了一家收容所，这里专门接收从伦敦疏散而来的儿童。但这个男孩不是因为轰炸而被送到这里，而是因为逃学。温尼科特希望男孩在收容所期间能和自己一起工作。不幸的是，这个男孩的症状"赢了"，他逃跑了，就像6岁第一次离家出走以后从每个所待的地方离开一样。

然而，我在一次访谈中与他建立了联系。通过他的一幅画，我能看出一些东西并做出诠释：通过逃跑，他在无意识地拯救家的内部,并且保护母亲不受攻击,同时试图逃离自己充满迫害者的内心世界。

温尼科特讲述了这个男孩是如何出现在当地警察局的。温尼科特的妻子收留了这个男孩,照顾了他三个月——"地狱般的三个月。他是最可爱的孩子,也是最让人抓狂的孩子,经常处于完全疯狂的状态。"然而,温尼科特说,他和妻子对于会发生什么有所了解。他们在第一阶段给这个男孩完全的自由,并在他外出时给他一先令。男孩只需要给他们打个电话,温尼科特或妻子就会去关押男孩的警察局接他。

很快,预期的转变发生了,逃学症状出现了好转,男孩开始将内心的攻击戏剧化。这对我们两个人来说真的是一份全职工作。当我不在的时候,最糟糕的事情发生了。

无论白天黑夜,任何时刻都必须做出诠释。在危机中的唯一解决办法往往是做出正确的诠释,就好像这个男孩在精神分析中一样。他最看重的是正确的诠释。

这篇论文的重点在于这个男孩性格的演变如何引起我的憎恨,以及我对此做了什么。

我打他了吗?答案是没有,我从没有打过他。但是,如果我没有完全了解我的恨,如果我没有让他也知道我的恨,我就不得不这样做了。在危急时刻,我会用身体的力量拉住他,不生气也不责备他,把他关在大门外,不管天气如何,也不管是白天还是晚上。他可以按一个特殊的铃,他知道如果按了这个铃,他就会被重新放进来,且没有人会讨论已经过去的事。当他从疯狂的攻击中恢复过来的时候,他就会按这个铃。

重要的是，我每次把他赶出门外时都会告诉他一些事情；我会说，刚刚发生的事让我很讨厌他。这很容易，因为事实确实如此。

从他的进步来看，我认为这些话很重要，但它们的重要性主要是能让我容忍这种情况，而不是发脾气，或者偶尔想要杀了他。［来自《从儿科学到精神分析》（*Through Paediatrics to Psycho-analysis*），第一版，D. W. 温尼科特著，pp. 199–200。版权所有©1992。经劳特利奇公司（泰勒弗朗西斯集团旗下）许可复制。］

温尼科特没有讲述这个男孩的全部故事，只是说他后来去了一所工读学校。这个男孩与温尼科特及其妻子的深厚关系是他生命中为数不多的稳定存在之一。温尼科特费尽心思地指出，这段来自日常生活的插曲如何能够说明"恨是个通常性的主题且在当下是合理的；这区别于一种恨，即只有在另一种情况下才合理且被病人的某些行为所利用的恨"（Winnicott, 1992, p. 200）。

这个案例可能会让当代读者感到吃惊，因为我们已经习惯了仔细遵守治疗框架的结构和边界的那种心理治疗。然而，它为温尼科特临床工作的一些更重要的原则提供了一个很好的例子，说明了他与他的经典前辈们有何共同之处，也说明了他在哪里偏离了这些前辈。首先，像克莱因一样，他从根本上关注病人"对现实的适应"（p. 196），他充分而有力地使用诠释来实现这一目标。此外，像克莱因一样，他为病人提供了相当大的自由，让他们表达自己的需求和病态。在这一方面，他明确地说：他和妻子给了这个孩子"完全的自由"。但除了完全的自由之外，他们还给了他一条回家的路："……每次他出去都给他一先令。他只需要打个电话，我们就能把他接回来……"克莱因通过扮演分配给她的角色而消失在病人的幻想里，只出现在诠释性的评论中；而温尼科特建立了一个具体存在的外部现实，一个可以回去的家。

在这方面，温尼科特具体化了他的信念，即客体关系在精神病理的发病和治疗中都很重要。他认为，有些人的环境被剥夺或受到侵扰，因此阻碍了他们的发展，这需要通过治疗来修复。"精神分析师必须成为病人生命中第一个提供某些环境要素的人"（p.198）。

温尼科特认为，许多严重的心理障碍患者会在他们的精神分析师心中激起恨意，而在大多数情况下，精神分析师必须为了患者而允许、识别并涵容这种感受；这些患者还没有准备好，也可能永远不会准备好认识到自己对他人的影响。然而，"在这个前提下，患者可能需要的一件事就是能够知道分析师的感受"。

这种说法将治疗具体地定位在关系空间中：在分析师和病人之间的客体关系的展开中。在这种情况下，男孩需要两种诠释："他最看重的是正确的诠释"，以及对客体关联的真实情感特征的直接、活化的体验。当温尼科特把男孩关在门外时，他在将自己的恨付诸行动，这让男孩有可能体验到在父母之爱的背景下真实的仇恨感。"在我看来，一个孩子在成长过程中能否在柔情的环境下忍受自己的全部恨意，这是值得怀疑的。他需要有恨才能去恨（he needs hate to hate）。如果真的是这样，那就不能期望精神病患者在分析中能容忍他对分析师的恨，除非分析师能够反过来恨患者"（p.202）。

这篇论文对后来的理论家探讨反移情的情感和自我暴露的使用具有重要意义。但对温尼科特来说，对经典理论的根本性背离是：对主体的内部经验和发展的出现而言，客体的在场被赋予首要地位。通过体验温尼科特直接表达的恨，这个男孩有机会发现自己的自体：这种情感的提供对心理结构的发展至关重要。在这里，温尼科特从根本上背离了克莱因和弗洛伊德，开始向当代理论过渡。

对温尼科特的评价与批判

虽然弗洛伊德和克莱因的理论丰富了温尼科特的早期职业发展，但温尼科特后来的著作具有原创性，为对人的研究做出了重大贡献。虽然他的观点并不构成一个系统，但为儿童的发展提供了独到的见解。温尼科特对母子之间的相互作用如何促进或阻碍孩子真实自体的发展提供了一个独特的视角。

将温尼科特的观点与其他人的概念联系起来并不总是那么容易，因为他的思想不断成长和变化，也因为他有时对理论表现出一种漫不经心的态度，这可能会让读者感到震惊或新奇。比如，他对克莱因认为至关重要的一点不屑一顾，说"但这有什么关系？"（Winnicott, 1962/1965a, p. 176）。哈里·冈特里普（Harry Guntrip, 1976）声称温尼科特在使用弗洛伊德的一些术语时，"不再真正相信这些术语，尤其是'本我'，这在他的观点中毫无意义……这（使用这个词语）仅仅是习惯"（p. 361）。温尼科特还歪曲了经典的弗洛伊德概念，以使其适合他自己对心理疾病的分类。例如，他说经典弗洛伊德概念中的神经症不一定是一种疾病（Winnicott, 1956/1958e, p. 319）。

虽然温尼科特和费尔贝恩一样对弗洛伊德有很多不满，但温尼科特强烈批评了费尔贝恩试图取代弗洛伊德理论的行为（Winnicott & Khan, 1953）。温尼科特进一步指责费尔贝恩没有将他的思想融入精神分析理论的发展体系中。这很奇怪，因为温尼科特无论如何都不是正统的弗洛伊德学派，尽管他与精神分析流派的联系对他来说确实很重要。

温尼科特以各种方式丰富了这一思想流派：他创造性的儿童治疗工作，以及他对发展的原创观点——超越了弗洛伊德对本能的强调，并预见了科胡特的"健康自恋"和"自体的重要性"的概念。

学习问题

1. 温尼科特的工作有什么创新和让人耳目一新的地方？
2. 关系的概念如何贯穿于他的理论之中？
3. 什么是"促进性环境"和"足够好的"母亲？
4. 解释温尼科特的虚假自体概念。
5. 过渡性客体对发展中的儿童有什么功能？
6. 温尼科特是否有一个连贯的模型，还是说他的著作只是一些概念和深刻见解的组合？

参 考 文 献

Abram, J. (1997). *The language of Winnicott: A dictionary and guide to understanding his work.* Northvale, NJ: Aronson.

Fromm, M. G., & Smith, B. L. (Eds.). (1989). *The facilitating environment: Clinical applications of Winnicott's theory.* Madison, CT: International Universities Press.

Grolnick, S., & Barkin, S. (Eds.). (1995). *Between reality and fantasy: Winnicott's concepts of transitional objects and phenomena.* Northvale, NJ: Aronson.

Guntrip, H. (1976). In A. M. Mendez & H. J. Fine, A short history of the British school of object relations and ego psychology. *Bulletin of the Menninger Clinic, 40,* 357–382.

Kahr, B. (1996). *D. W. Winnicott: A biographical portrait.* London: Karnac.

Richards, V. (Ed.). (1996). *The person who is me: Contemporary perspectives on the true and false self.* London: Karnac.

Winnicott, D. W. (1958a). Aggression in relation to emotional development. In *Collected papers: Through pediatrics to psychoanalysis* (pp. 204–218). London: Tavistock. (Original work published 1950)

Winnicott, D. W. (1958b). Anxiety associated with insecurity. In *Collected papers: Through pediatrics to psychoanalysis* (pp. 97–100). London: Tavistock. (Original work published 1952)

Winnicott, D. W. (1958c). The manic defense. In *Collected papers: Through pediatrics to psychoanalysis* (pp. 129–144). London: Tavistock. (Original work published 1935)

Winnicott, D. W. (1958d). Metapsychological and clinical aspects of regression within the psychoanalytical setup. In *Collected papers: Through pediatrics to psychoanalysis* (pp. 278–294). London: Tavistock. (Original work published 1954)

Winnicott, D. W. (1958e). Pediatrics and childhood neurosis. In *Collected papers: Through pediatrics to psychoanalysis* (pp. 316–321). London: Tavistock. (Original work published 1956)

Winnicott, D. W. (1958f). Pediatrics and psychiatry. In *Collected papers: Through pediatrics to psychoanalysis* (pp. 157–173). London: Tavistock. (Original work published 1948)

Winnicott, D. W. (1958g). Primitive emotional development. In *Collected papers: Through pediatrics to psychoanalysis* (pp. 145–156). London: Tavistock. (Original work published 1945)

Winnicott, D. W. (1958h). Psychoses and child care. In *Collected papers: Through pediatrics to psychoanalysis* (pp. 219–228). London: Tavistock. (Original work published 1952)

Winnicott, D. W. (1958i). Transitional objects and transitional phenomena. In *Collected papers: Through pediatrics to psychoanalysis* (pp. 229–242). London: Tavistock. (Original work published 1951)

Winnicott, D. (1958j). Hate in the countertransference. In *Collected papers: Through pediatrics to psychoanalysis* (pp. 194–203). NY: Basic Books. (Original work published in 1947)

Winnicott, D. W. (1965a). A personal view of the Kleinian contribution. In *The maturational processes and the facilitating environment* (pp. 171–178). New York: International Universities Press. (Original work published 1962)

Winnicott, D. W. (1965b). The capacity to be alone. In *The maturational processes and the facilitating environment* (pp. 29–36). New York: International Universities Press. (Original work published 1958)

Winnicott, D. W. (1965c). Classification: Is there a psychoanalytic contribution to psychiatric classification? In *The maturational processes and the facilitating environment* (pp. 124–139). New York: International Universities Press. (Original work published 1959)

Winnicott, D. W. (1965d). Communicating and not communicating leading to a study of certain opposites. In *The maturational processes and the facilitating environment* (pp. 179–192). New York: International Universities Press. (Original work published 1963)

Winnicott, D. W. (1965e). Ego distortion in terms of true and false self. In *The maturational processes and the facilitating environment* (pp. 140–152). New York: International Universities Press. (Original work published 1960)

Winnicott, D. W. (1965f). Ego integration in child development. In *The maturational processes and the facilitating environment* (pp. 56–63). New York: International Universities Press. (Original work published 1962)

Winnicott, D. W. (1965g). From dependence to independence in the development of the individual. In *The maturational processes and the facilitating environment* (pp. 83–99). New York: International Universities Press. (Original work published 1963)

Winnicott, D. W. (1965h). The mentally ill in your caseload. In *The maturational processes and the facilitating environment* (pp. 217–229). New York: International Universities Press. (Original work published 1963)

Winnicott, D. W. (1965i). Psychiatric disorders in terms of infantile maturational processes. In *The maturational processes and the facilitating environment* (pp. 230–241). New York: International Universities Press. (Original work published 1963)

Winnicott, D. W. (1965j). The theory of the parent-infant relationship. In *The maturational processes and the facilitating environment* (pp. 37–55). New York: International Universities Press. (Original work published 1960)

Winnicott, D. W. (1971a). Mirror-role of mother and family in child development. In *Playing and reality* (pp. 111–118). New York: Basic Books.

Winnicott, D. W. (1971b). *Therapeutic consultations in child psychiatry.* New York: Basic Books.

Winnicott, D. W. (1992). Hate in the countertransference. In *Through pediatrics to psychoanalysis: Collected papers* (pp. 194–204). New York: Brunner/Mazel. (Originally published 1947)

Winnicott, D. W., & Khan, M. M. R.(1953). Book review of Fairbairn's *Psychoanalytic studies of the personality. International Journal of Psycho-Analysis, 34,* 329–332.

第六章
玛格丽特·S.马勒：个体的心理诞生

玛格丽特·S.马勒是一名医生和精神分析师，20世纪30年代在维也纳开始了她的儿童分析师职业。1938年，她从维也纳搬到纽约，成为纽约州立精神病学研究所（New York State Psychiatric Institute）的儿童服务咨询医生。在20世纪50年代，马勒在纽约的大师儿童中心（Masters Children's Center）开始了她的观察研究。

马勒从精神分析的视角出发，开启了对童年精神病进行概念化的先驱任务。接着她扩大了研究范围，开始观察正常的婴儿及其母亲（Mahler & Furer, 1968, p. 13）。她的方法学基于对母婴互动的观察。通过观察母婴互动中重复、明显的行为，马勒推测出在儿童内心发生的前语言心理过程。她对生命前三年的内心事件进行描述和构建，为心理发展和客体关系的研究做出了重要贡献。

从概念上，马勒谨慎地将自己的工作和传统的本能模型，以及梅兰妮·克莱因、D. W. 温尼科特、勒内·斯皮茨（René Spitz）等人的工作联系在一起。尽管她与这些精神分析家有着联系，从传统本能理论家到自我心理学家均有，但马勒本人并不能方便地被归入某个分类中。也许对她的最好描述是发展主义者，因为她和她团队里的研究者（Mahler, Pine, & Bergman, 1975, pp. 5, 6）使用客体关系的概念来关注一个人的心理诞生。

心理上的诞生与生理上的诞生不同。生理的诞生是可以看见的、戏剧性的，而心理诞生是逐渐进行的，涉及那些只能部分呈现于可观察行为中的心理过程（Mahler et al., 1975, p. 3）。心理诞生是婴儿通过与母亲分离、逐渐个体化而成为一个个体的过程。这个分离与个体化的过程大约从四五个月开始，直至 30 个月或 36 个月。

尽管马勒的受训背景是正统的精神病学与精神分析理论，但她的发展模型与传统的弗洛伊德本能发展模型不同。她认为自体是通过共生、分离与分化的过程而逐渐组织起来的。马勒相信人类的人格始于和另一个人类的心理融合状态，并经历一个逐渐走向分离的心理过程。马勒的模型具有吸引力，因其表明人类最早期的存在状态是联结、依恋和附属。然而，在这一方面，她的模型与丹尼尔·斯特恩（Daniel Stern, 1985）和其他依恋理论家（参阅 Ainsworth, Blehar, Waters, & Wall, 1978; Ainsworth & Bowlby, 1991; Bowlby, 1980）的不同——这些理论家认为人类的联结感是在婴儿发展过程结束时获得的，而非在马勒所说的发展起点。

马勒认为，早期共生阶段未解决的危机和残留物，以及分离与个体化的过程，将影响个体终身的关系。马勒聚焦于这些临床议题，认为它们能够预测成年期的心理病理；但这有时候也会掩盖纯粹的发展议题。

本章将集中讨论马勒使用的术语和概念、她提出的有关发展阶段和亚阶段的理论、精神病理和治疗。本章还包含了一个案例研究，以及丹尼尔·斯特恩（1985）对马勒的评价。

关 键 概 念

共生

共生是马勒从生物学借来的术语，以比喻的方式描述婴儿尚未与母亲分化的内心体验。在一个原始的认知和情感水平上，婴儿体验到与母亲的融合，以及与母亲同为一体的意象（Mahler et al., 1975, p. 8）。

分离与个体化

分离指的是儿童获得与母亲分开的内心感觉。分离感包含一个关于自体的清晰的心理表征，此表征有别于客体世界与客体的表征。

个体化与身份认同不一样，但又与其有关。身份认同的完整感受将在稍晚的时候出现，在儿童成功度过分离与个体化的早期过程以后。个体化完成后的感觉是一种对"我是一个独立存在的实体"的早期意识；而身份认同则是后来意识到"我是谁"（Mahler et al., 1975, p. 8）。

分离与个体化有着两个缠绕的、互补的路径。个体化的路径包括内在心理自主性的发展，儿童在这一过程中呈现出作为他自己的个体的特征。分离的路径则包括儿童从与母亲的共生融合状态中出来的过程，并因此与母亲分化、脱离。分离与个体化的过程都会建立起清晰分化的、区别于客体表征的自体表征（Mahler et al., 1975, p. 63）。这些内在的发展会通过外在行为和互动表现出来。

个体化与身份认同的形成以自我的结构化和驱力的中和为前提。刺激必须不那么强烈，才不会阻碍结构的形成。在缺乏内在组织者的情况下，母亲不得不作为一个缓冲者来抵御内在和外在的刺激。

结构化被一系列的满足和受挫促进。母亲作为婴儿的辅助自我，满足其需求，防止其过于受挫。她各种各样的抱持行为使得紧张和挫败感不至于太强烈，防止婴儿过早地发展使用自己的资源。当婴儿实际上接管了母亲正在执行的功能时，其自我就会过早地开始发展；用 D. W. 温尼科特的话来说，这样的结果就是形成一个假性自体，或发展出"好像如此（as if）"的防御机制（Mahler & Furer, 1968, pp. 11, 16）。当需求不是那么迫切，婴儿能够在一定程度上暂时容纳紧张状态，并且能够等待满足、自信地期待满足时，自我的结构就会开始形成。简单来说，一些可以应对的受挫能够帮助婴儿发展，而受挫太多则会阻碍其发展。

客体关系

根据弗洛伊德的观点，客体关系通常是指"一个人将客体力比多赋予另一个人"（Mahler & Furer, 1968, p. 52）。在这个意义上，客体关系一方面是评估心理健康的最可靠的手段，另一方面为治疗提供了可能性。与客体关系的这种意义相反的是自恋关系。在自恋关系中，能量投注在自体身上，个体与另一个人没有真正的关系。

精神病性客体关系则是温尼科特也描述过的互动。使用无生命的过渡性客体的最佳效果促进了儿童自我的自主性发展，而过于死板地使用过渡性客体来替代人际关系则可能是后期障碍的可靠迹象。精神病患者模糊了人类客体世界与无生命世界，且无法区分二者，这就使得人类客体世界失去生机，而无生命世界则生机勃勃（Mahler, 1960, p. 548; Mahler & Furer, 1968, p. 54）。

互相提示

互相提示是母亲与孩子进行互动的一种形式，并且会发展为相互的言语交流。婴儿给出需求、快乐和紧张的相关线索，而母亲则只是选择性地对其中某些线索进行回应。婴儿在回应母亲的选择性回应时也逐渐地改变自己的行为。母亲的无意识需求激活了婴儿的潜在特征，使婴儿成为这个母亲的独特的孩子（Mahler & Furer, 1968, p. 19）。母亲向儿童的原始自体所调整的行为提供了镜映的参考框架。从这些循环的互动中，孩子的人格特征逐渐显现出来（Mahler & Furer, 1968, p. 18）。如果母亲的镜映是不可预测的或充满敌意的,那么孩子的参考框架就不可靠。这会损害孩子的自尊。

发 展 阶 段

马勒描述了三个发展阶段:(1)正常自闭阶段;(2)正常共生阶段;(3)分离与个体化阶段。分离与个体化阶段有四个亚阶段。这些不同的发展阶段有相当多的重叠,并且没有一个阶段是完全被下一个阶段取代的(参阅图 6.1)。

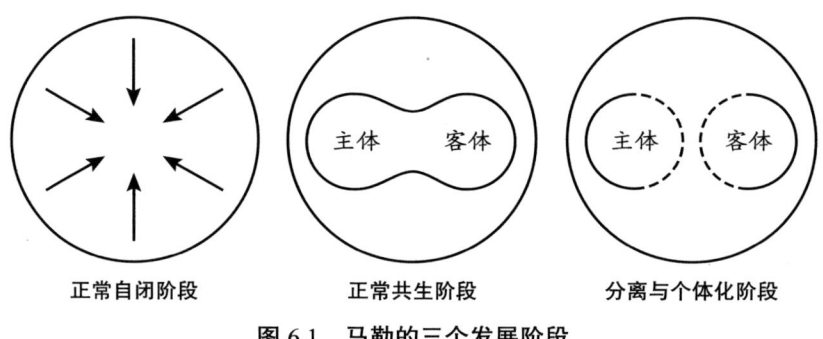

图 6.1　马勒的三个发展阶段

图 6.1 试图从视觉上展示马勒对发展的理解:(1)正常自闭阶段(此时婴儿的内心世界中没有自体或客体的感觉,所有的能量都指向身体的感觉);(2)正常共生阶段(处于和关键客体——母亲的心理融合状态中);(3)分离－个体化阶段(此时既有区别于关键客体的自体意识的发展,也有成为一个个体的意识)。马勒认为,最后的这个阶段将分四个亚阶段完成:分化、实践、和解与客体恒常性。

正常自闭阶段

正常自闭阶段从出生开始，持续一个月左右。在此期间，婴儿大部分时间都在睡觉，似乎处于一种原始的、幻觉的失序状态。马勒用鸟蛋的意象作为婴儿封闭心理系统的模型。这一阶段的任务是让新生儿达到平衡状态，即一个处于子宫外的机体的稳态平衡（Mahler et al., 1975, p. 43）。在这个早期阶段，婴儿无法区分她自己想要减轻张力的尝试（通过排尿、吐奶、扭动身体）和母亲减轻其饥饿、其他张力以及需求的行为（Mahler & Furer, 1968, p. 7）。这是一个真正的未分化阶段（Mahler et al., 1975, p. 48）。

就客体关系而言，第一阶段是无客体的。马勒保留了弗洛伊德的原始自恋概念，正常自闭期是绝对的原始自恋期。婴儿逐渐获得了一种模糊的意识，即需求的满足不能靠自己完成，必须来自自体以外的某个地方。

正常共生阶段

在生命的第二个月左右，自闭的外壳开始破裂，另一种积极的心理外壳或膜开始形成。这层保护膜在心理上将母亲和孩子作为二元整体的共生轨道包围起来。从第二个月开始，婴儿模糊地觉察到满足其需要的客体。这就是正常共生阶段的开始。在此期间，婴儿的功能和行为表现得就好像他和母亲是一个全能的系统，一个二元的统一体（Mahler & Furer, 1968, p. 35; Mahler et al., 1975, p.44）。在共同边界内，婴儿可能有一种无边无际的海洋感，这种状态类似于科胡特等人描述的早期自恋的原始状态。

共生的本质特征是与母亲的表征产生幻想或错觉式的全能融合，特别是婴儿幻想着与母亲有共同的边界。患有严重障碍的儿童正是退行到了这种融合的精神状态中（Mahler & Furer, 1968, p. 9）。

好的母亲照料会将婴儿从消极退行的倾向中拉出来，使其更有对环境的感觉意识（Mahler & Furer, 1968, p. 10）。力比多贯注从身体内部，特别是腹部器官，向外周转移（Mahler et al., 1975, p. 52）。这种从身体内部（通过排尿、呕吐等方式释放张力的体验）到身体外周（具有更强的触觉、近视觉和听觉意识）的转变发生在生命的第三周或第四周（Mahler et al., 1975, pp. 291–292）。

婴儿逐渐区分出愉快的、好的体验和痛苦的、不好的体验。子宫外的生活首先要定向的是愉悦的好刺激或痛苦的坏刺激。年幼的婴儿经历着"需求、紧张和饥饿"的有节律的模式。这些内在需要只能在有限的程度内得到缓解，除非有来自自体外的满足。反复体验满足需求的、外在的好资源后，婴儿最终获得了自体与非自体之间模糊的情感区分。对于来自外部或内部的"坏"刺激，婴儿的反应是攻击和排出机制。

对于来自内部或外部的"好"刺激，婴儿的反应是感到幸福并迎接（Mahler & Furer, 1968, p. 45）。在这种分化水平上，主要的好记忆岛或焦点被分配给自体，而主要的坏记忆片段被分配给非自体——尽管这一点并不容易被证明。母亲与给予快乐或引发痛苦的特征联系在一起。此外，原始记忆岛通过婴儿身体内愉快和不愉快的感觉形成，充当客体和身体自体的部分意象（Mahler & Furer, 1968, p. 44; Mahler & Gosliner, 1955, p. 198）。在这一发育时期，婴儿倾向于用嘴巴尽可能多地吸纳外在客体，这一行为与排出、摆脱的倾向交替发生。

爱之客体（love object）的意象以及身体和心理自体的意象，从不断增加的愉快（好的）和不愉快（坏的）的本能与情感体验的记忆痕迹中浮现出来（Mahler & Gosliner, 1955; Mahler et al., 1975, p. 48）。婴儿逐渐形成了身体意象，而内心的感觉形成了自体的核心。这些感觉仍然是自体感受的结晶点，身份认同感将围绕其形成（Mahler & Furer, 1968, p. 11）。从生物学到心理生物学的转变可能发生在第三个月，此时记忆痕迹的存在允许学习开始以心理的形式进行，而不仅仅是条件反射。

在这个早期阶段，还没有内在的、外在的自体和他者的区分。"我"还没有与"非我"区分开。客体关系的水平是"前客体的"，但在模糊的二元统一体中对母亲的投注是后续所有人际关系形成的关键点；这一阶段的痕迹在整个生命周期中一直伴随着我们（Mahler et al., 1975, p. 48）。

以微笑回应母亲，是孩子与母亲之间建立了特定联系的重要标志。在第一年的下半年，婴儿不再可能更换共生客体，因为婴儿已经与母亲建立了特定的共生关系（Mahler & Furer, 1968, p. 13; Mahler et al., 1975, p. 52）。

如果婴儿在与母亲的共生结合中获得了最佳体验，那么婴儿就可以顺利地完成心理分化，脱离与母亲的共生状态，进一步地进行心理扩展。

分离与个体化阶段

这一阶段有两条并行的发展路径。一条是个体化的发展轨迹，个体化即不断发展的内在心理自主性。另一条轨迹是分离，包括与母亲的心理分化、疏远和脱离（Mahler et al., 1975, p. 63）。

分离与个体化的过程涉及孩子在母亲在场且能够提供情感支持的情况下获得分离的功能。孩子在分离功能中获得的快乐使其能够克服后续分离功能的新步骤可能产生的分离焦虑（Mahler & Furer, 1968, p. 20）。这一时期婴儿的任务是增强自体与他人的分离意识，这与自体意识、真正的客体关系以及对外部世界的现实意识的起源是同时发生的。在这个过程中，自我作为一个基本的结构发展出来（Mahler et al., 1975, p. 48）。

分离与个体化的四个发展亚阶段

亚阶段1：分化期与身体意象

在大约四五个月大的时候，在共生的高峰期，婴儿做出一些表明分离–个体化过程开始的行为。在第一个阶段，婴儿会稍微远离母亲的身体，并开始发展运动技能，从母亲的腿上滑下来，在母亲的脚附近玩耍，以此脱离母亲。

从七八个月左右开始，婴儿表现出一种视觉上"回头确认"母亲的模式，这是一个定位点，是开始与母亲在身体和精神上进行分化的重要标志。婴儿似乎在视觉上扫描他人，并对比母亲与其他人，将熟悉的人与不熟悉的人进行比较。婴儿会检查哪些东西属于母亲的身体、哪些东西不属于，比如眼镜、耳环、衣服等（Mahler et al., 1975, p. 55）。

马勒用孵化一词描述朝内的注意转变为朝外的注意和警觉的过程（Mahler & Furer, 1968, p. 16; Mahler et al., 1975, p. 54）。孵化可能会延迟或过早发生。共生关系紧密但不舒服的孩子可能会早早孵化，迅速进入分化阶段，以此摆脱不舒服的共生关系（Mahler et al., 1975, p. 59）。马勒描述了一个没有得到足够的共生情感滋养的小男孩，他似乎能够延长这种共生关系，让自己和母亲有时间能跟上进度。如果共生期太令人窒息或太具有侵入性，那么分化就会表现出不同形式的障碍。有个男孩发现母亲与自己的共生关系太过封闭，他看起来就比其他孩子更积极地推开她，更早地与她保持距离（Mahler et al., 1975, p. 60）。

亚阶段2：实践期

实践期与分化期有重叠，是孵化的高峰期。早期实践阶段的特点是婴儿能够通过爬行和站立来离开母亲的身体，同时仍旧抓着母亲的手。

实践期从自由的直立行走开始。

　　孩子越来越敢于远离母亲，全神贯注于自己的活动，似乎忘记了母亲的存在。孩子会定期回到母亲身边，通过身体或情感上的接触进行情感上的"加油"。有些母亲和她们的孩子似乎很看重独立发挥功能，可以远距离地"加油"；也就是说，他们通过语言来保持联系（Mahler et al., 1975, p. 68）。

　　如果母亲能够为婴儿的需求给予最佳的滋养，孩子将能够从共生轨道中孵化出来，而不会耗尽自己的资源。孩子将更有能力从先前融合的自体客体表征中分离和分化自体表征（Mahler & Furer, 1968, p. 18）。但是自体表征还没有牢固地建立起来，也并没有作为一个完整的自体表征整合起来。

　　爬行和行走的能力，以及身体上离开母亲的能力，对于形成有关"我"的清晰的心理表征起到了至关重要的作用。身体上与母亲分离的能力可能与心理上为分离所做的情感准备不匹配（Mahler & Furer, 1968, p. 41）。一些无法与共生搭档分开并发挥功能的孩子可能会试图重新进入与全能母亲合二为一的幻想中，并强迫她充当自己自体的延伸（Mahler & Furer, 1968, p. 42）。

　　实践期在大约第二年中期婴儿能够自由行走的时候达到高潮。这一时期的幼儿似乎正处于全能信念的顶峰，该信念源于他们感觉到自己共享了母亲的神奇力量（Mahler & Furer, 1968, p. 20）。16—18个月这一阶段是幼儿发展的一个节点，此时幼儿处于自体理想状态的顶峰。共生的二元统一体中的自体和母亲的情感表征给幼儿提供了一种膨胀的全能感，因为幼儿感受到了自己的魔力，而这是发展自主功能的结果（Mahler & Furer, 1968, p. 22）。

　　独立地直立行走是人类个体化进程中最伟大的一步。直立的姿势让孩子对世界有了全新的看法，大约10—18个月的时间是孩子个人历史上的宝贵时期。此时的孩子对世界有一种迷恋，似乎陶醉其中。自恋正在峰值水平，但很容易泄气。在这一时期，儿童的特点是自恋地投注在自己的功能上，投注于对不断扩展的世界的探索，以及对跌倒和失败的不屑一顾（Mahler & Gosliner, 1955, p.71）。脱离于与母亲的融合和吞没也会带来快乐。跑开和被抱起来似乎是学步期儿童锻炼自主性的一种方式，也是一种再次确认妈妈仍然想要抓住孩子的方式。

违拗的阶段，即说"不"的时期，是个体化或脱离母子共生过程中相应出现的行为反应。对重新被吞没的恐惧威胁着刚刚开始的分化（Mahler & Furer, 1968, p. 42; Mahler & Gosliner, 1955）。共生阶段越不令人满意或越具有寄生性质，违拗反应（对独立的宣扬）就会越夸张。

母亲们对孩子逐渐增加的独立性有各种各样的反应。母亲的态度很重要，能够帮助正常的孩子感受到鼓励，并逐渐将神奇的全能感转化为分离和自主的快乐。这个时期有利于共生关系紧密但不舒服的孩子。然而，虽然现在共生关系结束了，有些母亲却希望她们的孩子已经长大了。这些母亲的孩子很难与母亲分离，并主动要求亲近母亲（Mahler et al., 1975, p. 66）。有些母亲从孩子的走路活动中看到了"他现在长大了"的证据，尽管孩子从内在心理的角度来看还没有完成孵化。有些母亲让孩子感到很挫败，她们过早地把孩子抛弃给学步车之类的设备；而另一些母亲则很难放弃她们的共生抱持行为（Mahler & Furer, 1968, p. 22）。还有一些母亲让毫无经验的幼儿失望，因为她们很难在给予支持和仅仅从远处观察之间取得平衡。有一个名叫马克的男孩，其母亲似乎避免与他进行亲密的身体接触，而有时又会打断他的活动来拥抱他——当她需要的时候，而不是当孩子需要的时候（Mahler et al., 1975, p. 70）。

亚阶段 3：和解期

在第二年的下半年，学步期儿童的成熟自我认识到了他与母亲是分离的，以及他没有母亲就无法真正独处。全能感的下降和依赖感的上升使其回到母亲身边。

在实践期间，幼儿会更加意识到与母亲在身体上的分离，对挫折的敏感度会上升，以前对母亲的存在的无视也会减少。幼儿现在回到了母亲身边（Mahler & Furer, 1968, p.23）。在经历了认知能力的增长和情感生活的分化之后，幼儿现在体验到越来越多的分离焦虑。当孩子意识到他独立的自体时，他会再一次更加需要寻求与母亲的亲近，而这种对亲密的需求在实践亚阶段被搁置了（Mahler, 1971, p. 410）。马勒称这一新时期为和解期（rapprochement）。

在和解亚阶段中，幼儿希望与母亲分享每一项自己新获得的技能和经验（Mahler et al., 1975, pp. 76, 77）。在此期间，我们可以注意到一个学步期儿童不断地把东西带给母亲，并放在她的腿上。此时从情感方面来看，重要的是孩子需要与母亲分享这些东西。幼儿意识到他需要妈妈的爱。同时，孩子渴望扩大自主性，但通过对母亲的否定态度来保护这种自主性。幼儿可能会向父亲伸出手，父亲既不完全处于共生联盟之外，也不完全是共生联盟的一部分（Mahler et al., 1975, p. 91）。

早期的和解大约在 17 或 18 个月时达到顶峰，幼儿接受身体上的分离，并乐于和母亲分享活动。对分离的觉察带来了自主的乐趣，幼儿发现可以要求他人满足他的愿望（"饼干"），或者可以引起母亲的注意（"看，妈妈"），或者可以发现其他人并表达看到他们的喜悦（"嗨"）（Mahler et al., 1975, p. 94）。但是此阶段的幼儿面临着一个重要的情感转折点——分离的痛苦方面开始向他显现。

学步期儿童在征服世界的过程中遇到了障碍，这是他们在活力十足的实践期没有经历过的。他们越发感到自己无助、渺小和独自一人（Mahler & Furer, 1968）。仅仅感觉到需求并不足以让其得到解脱。儿童的全能感和自尊受到打击。对母亲的寻求和对失去客体之爱的恐惧（不同于对失去客体的恐惧）越来越明显。在其内心，客体表征与自体表征越来越明显地区分开。

和解危机是指幼儿所经历的和解冲突：幼儿在保护自身自主性的同时，设法处理对母亲的增多的需求。幼儿一方面逐渐痛苦地放弃有关自己的伟大的妄想，另一方面体验着持续的个体化和分离的感觉。内在的张力常常表现在与母亲的斗争中。这种冲突表现为强烈要求全能的控制、偶尔出现的极度分离焦虑，以及在亲密和自主性方面提出（对成年人来说）变化过于快速的要求。

跟随与猛冲的行为开始变得明显。学步期儿童跟在妈妈的身后，不停地观察和模仿妈妈的一举一动。他们从妈妈身边猛冲而过，期待被妈妈追赶，然后扑进妈妈的怀里。这些模式表明了儿童希望再次与爱之客体融合，又恐惧于再次被其吞噬。通过说"不"，以及肛欲期不断增加的攻击性和违拗反应，这个年龄段的幼儿持续保护着自己的自主性（Mahler, 1971, p. 411）。

和解危机大约发生在 18—24 个月之间。这个年龄的孩子不希望被别人提醒他们不能靠自己处理事情。他们陷入了冲突之中，一方面是自己的分离、夸大和自主，另一方面是希望母亲神奇地满足自己的需求而自己不需要承认这个帮助。有些孩子会固着在这个阶段，执着于使用分裂机制。孩子有时会把母亲作为自体的延伸，比如不带感情地使用母亲的手去拿某些东西（Mahler et al., 1975, p. 95）。

和解期的特点是对陌生人的焦虑反应、冲突的愿望表现出来的犹豫不决、父母离开所导致的不断增加的问题，以及对母亲的依赖。孩子会创造各种方法来应对母亲不在的情况，例如使用过渡性客体、内化过程，以及自我向父母的认同（Mahler et al., 1975, pp. 92, 100）。

从19—36个月，自体的理想状态必须逐渐去除幻想和全能的元素。因此，孩子生命中的第二个18个月是一段脆弱的时期。在这段时间里，孩子的自尊水平可能会降低，因为她逐渐放弃了对自身全能的某些幻想性高估。在这个脆弱的时期，母亲能够提供情感支持对孩子来说是非常重要的，因为这允许孩子的自主性自我达到最佳功能状态。母亲的情感支持使得孩子能够模仿和认同她。孩子内化了良好的母子关系，这就能够减少神奇的全能感。母亲的情感支持必须与她放手让孩子独立的意愿相平衡。就像鸟妈妈一样，她需要温柔地推动孩子，鼓励孩子走向独立（Mahler et al., 1975, p. 79）。

当孩子们努力寻找关于发展挑战的个人解决方案时，他们经常出现短暂的发展偏差，可能是试图通过过度发展其他行为以纠正某个领域或阶段的发展不平衡。因此，特别敏锐的分离意识会导致孩子过度关注母亲的去向，孩子可能会依赖母亲，或表现出强烈的分离焦虑。

巴尼（Barney）的例子展示了个体化的发展落后于分离的情况。巴尼是一个男孩，在实践期中过早地发展出行走技能。他9个月时走路会经常摔倒受伤，但他对此表现出并不受影响的反应。他不能正确地评估自己的身体壮举的潜在危险。但到了第十一个月的月底，他明显感到困惑，因为他发现母亲并不总是在身边救他。当男孩意识到自己与母亲的分离时，他对于摔倒的平静而接受的态度消失了。在和解期，他开始表现出危险和夸张的猛冲行为，期望母亲会把他抱在怀里，从而消除身体上的分离。他在实践期过早发育的身体成熟似乎导致了他在和解期的过度猛冲行为，后者是一种发展性的矫正；他在和解期的其他方面都很正常。他经常把玩具放在母亲的腿上，或者站在她身边玩拼图游戏

（Mahler et al., 1975, pp. 80–81）。

有些母亲无法接受孩子在这段时间的要求。相较而言，有的人无法面对与孩子逐渐分离的事实，也就是孩子越来越独立于他们。有些母亲因为自己的共生和寄生的需求而焦虑不安。她们徘徊在孩子身边，与孩子形影不离。这种亲密可能会驱使孩子更加坚决地与母亲分开。

若母亲不能提供支持，则孩子的实践和探索活动会变得短暂而克制。一个全心全意关注母亲是否能提供支持的孩子无法将精力投入到自己的环境和其他重要技能的发展中，并且会经常回到母亲身边，想要努力吸引她（Mahler et al., 1975, pp. 80, 81）。孩子可能会变得固执，甚至不顾一切地试图求得母亲的爱。这种绝望耗尽了自我的能量，孩子可能会回归到早期的分裂机制上；发展受到严重的抑制则会导致病理性自恋和边缘现象。

亚阶段 4：情感客体恒常性与个体性

分离-个体化阶段的第四个亚阶段主要发生在生命的第三年，这一阶段没有明显的终点。这一时期的两个主要任务是获得一定程度的客体恒常性以及巩固个体性（Mahler et al., 1975, p. 109）。

情感客体恒常性（emotional object constancy）的建立需要内化母亲积极的内在意象。当母亲不在的时候，这个意象可以为孩子提供安抚，并允许孩子独立发挥功能（Mahler et al., 1975, pp. 109, 118）。马勒描述的情绪或情感客体恒常性与让·皮亚杰（Jean Piaget）的客体永久性（object permanency）不同，后者发生在 18—20 个月左右。马勒所说的客体具体是指母亲，被孩子以积极的情感能量贯注；而不是无生命的物体，如拨浪鼓——这些物体只是短暂地被贯注，但皮亚杰认为它是永久的客体（Mahler et al., 1975, p. 111）。母亲的意象来源于客体的

"好""坏"两方面逐渐统一为一个内在的整体表征,这是一个长期的过程。随着一个完整客体表征的形成,孩子继续发展一个基于真实自我认同的统一的自体意象。

在这一客体恒常性亚阶段中,复杂认知功能得到了发展,语言交流逐渐取代了其他交流方式。超我的先兆开始出现,自我及其功能也有相当大的发展。发展性自我最重要的任务之一就是学会处理攻击驱力。现实原则逐渐取代快乐原则,自我能够进行更多的现实检验(Mahler et al., 1975, p. 226)。至于性欲区域的发展,儿童仍主要处于肛欲期和性器期的早期阶段(Mahler et al., 1975, p. 116)。

有些孩子更积极地寻求与父亲的联系,可能是出于对母亲重新吞噬他们的恐惧。心理上与母亲分离的过程仍在继续。无论存在什么样的违拗,这对于孩子持续发展身份认同感似乎都是必要的。

病 理 学

马勒关于心理障碍和治疗应对的观点建立在她对发展任务的理解之上。每个发展阶段都有特定的任务、挑战和风险。在某个发展阶段受到精神创伤或未完成某些任务会导致严重的心理障碍。发展障碍几乎总是涉及孩子和父母(或父母替代者)之间的关系。在早期发展阶段,特别是自闭和共生阶段,正常的孩子需要一个能够提供其力比多的母亲,以允许先天潜能的展现。在自闭、共生或分离 - 个体化阶段,亲子关系的破坏会导致不同程度的严重病理。

治疗为发展的失败提供了一种矫正。治疗师是父母的替代,也是辅助自我,为有障碍的儿童或成人执行某些功能。

如果在最脆弱的自闭和共生期发生了一些严重的创伤,那么可能会导致精神病（Mahler & Furer, 1968, p. 48）。在婴儿精神病中，共生关系是扭曲或缺失的。这种障碍的核心似乎涉及儿童的内在心理在共生期对母亲使用不足或使用上有缺陷。儿童由于无法内化母亲，所以无法把自体从与部分客体的融合中分化出来。因此，精神病通常意味着错误或失败的个体化，精神病儿童无法获得个体的身份认同感（Mahler & Furer, 1968, pp. 32, 35）。

边缘型和自恋型障碍似乎是由分离-个体化阶段的创伤和发展过程的障碍造成的。自恋和边缘病理的一些症状包括全能感、分裂和夸大，这些都是发展任务被干扰或未完成的行为表现。

有些冲突是特定的发展阶段所特有的，马勒强调实践与和解亚阶段的心理脆弱性。在实践的顶峰期，当儿童处于对自身的全能幻想的顶峰时，正常的自恋非常容易受到"瘪掉"的危险（Mahler et al., 1975, p. 228）。在和解亚阶段，儿童越来越意识到自己与父母之间的分离，并使用各种机制否认这种分离。他们放弃了夸大的幻想和认为父母全能的信念，这导致了分离焦虑的增加。儿童迅速成熟的自我认识到了分离，但他们还不能忍受独处（Mahler et al., 1975, p. 229）。

临床工作者和理论家采用马勒的发展类别来试图理解严重的障碍。奥尔西娅·霍纳（Althea Horner, 1979, p. 282）认为自恋型人格障碍出现于实践期（夸大的自体）与和解亚阶段（无助的自体）的交汇处。对一些儿童来说，和解危机导致了巨大的矛盾心理，并将客体分裂为"好"与"坏"两方面。奥托·科恩伯格（1980，p. 24）与马勒的观点一致，他将边缘型人格的特征——缺乏整合以及分裂机制——归因于和解期。在强调和解期对理解边缘现象的重要性时，也需要谨慎地避免过于简单地将特定的某个亚阶段与特定障碍联系起来。

治 疗

根据马勒的说法，无论患者是儿童还是成人，治疗都必须基于其发展需要。因此，通过使患者重新体验发展的早期阶段，治疗可以帮助患者达到更高层次的客体关系水平（Mahler & Furer, 1968, p. 167, n. 3）。儿童患者需要在其缺失的发展阶段再次取得进展，而治疗师将作为其替代母亲以提供帮助（Mahler & Furer, 1968，p. 184）。治疗师也作为一个辅助自我，提供孩子还没有获得的自我功能。这些功能可能包括充当一个刺激屏障，保护儿童免受内部或外部的过度刺激（Mahler & Furer, 1968, p. 174）。有些儿童患者无法沟通，但治疗师可以帮助他们将初级过程的体验转化为语言。治疗师还可以促进整合和综合的过程，并在自体和外部世界之间建立边界。随着时间的推移和治疗的努力，儿童将逐渐接管这些被替代的自我功能。

在自闭精神病性障碍中，孩子似乎从未与母亲或其他任何人建立共生关系。没有共生的体验就不可能有进一步发展。对自闭精神病儿童的治疗包含与爱之客体接触（Mahler & Furer, 1968, p. 166）。治疗师必须用音乐和有节奏的活动"引诱"孩子走出自闭的外壳，因其不能忍受与人的直接接触（Mahler & Furer, 1968, p. 168）。

相较而言，共生精神病儿童无法解决分离和个体化问题，并退行到共生的惊恐状态中（Mahler & Furer, 1968, p. 166）。共生精神病儿童对任何分离都会有惊恐反应，并害怕由于共生的寄生融合而失去自体。这种恐慌是无法忍受的，所以儿童会退行，进入自闭状态。

治疗必须提供一种矫正性的共生体验（Mahler & Furer, 1968, p. 167）。这种矫正性的早期体验需要治疗师花费时间和耐心，他必须允许儿童按照自己的步调前进。例如，一些共生精神病儿童在肛欲期之前就接受过如厕训练，但从未体验过力比多满足和掌控感。治疗师通过恰当的替代性体验，如玩黏土或手指画，鼓励儿童经历和修通这个错过的发展阶段（Mahler & Furer, 1968, pp. 171, 174）。

案例研究：特迪

在本书中，玛格丽特·马勒的工作是独特的，她在研究设置下进行观察。马勒和她的同事们观察了从出生到3岁的婴儿，观察他们和母亲在一起时，以及和其他孩子、老师在一起时的情况，以便在早期客体关系的背景下绘制发展图景。在马勒最著名的著作《婴儿的心理诞生》（*The Psychological Birth of the Human Infant*）中，马勒、派因和伯格曼（Mahler, Pine, & Bergman, 1975）一同呈现了几个案例来说明这一研究。

这些案例研究旨在充实和支持马勒的理论，即儿童的心理生活始于对母亲的共生依恋，并在生命的前三年有序地向分离与个体化发展。她通过一系列的亚阶段来追踪婴儿的发展，总是关注母亲和孩子的关系，以此阐明她所认为的一种普遍发展——这种发展受到儿童实际客体关系的特殊性的影响。在最初的几个月和几年里，心理发展沿着两个相交的维度进行。首先，婴儿必须依恋母亲并与母亲分离。这可以从婴儿对母亲在场和不在场时的情绪反应，以及婴儿靠近和离开母亲的身体动作中得到证明。其次，通过技能的习得和对自己日益增长的掌控能力的宣告，婴儿发展了一种个人的身份认同感。

特迪的案例是这本书中最具临床意义的例子。在马勒的评估中，由于家庭的困难，特迪一出生就遭遇不顺。特迪出生后不久，母亲深爱的父亲就去世了。其后不到一个月，略年长于他的哥哥出了事故并住院了。特迪的母亲经常无法照顾他，而当她回来时，她既疲惫又沮丧。特迪与母亲最早的交往特点是双方都无精打采。特迪的母亲抱着他的姿势使两人无法进行眼神接触,特迪自己也显得非常内向,对周围的世界不感兴趣。马勒把特迪的毫无活力归因于其母亲早年无法提供支持且抑郁的状态。

马勒认为特迪在早期依恋和分离的"亚阶段"中的发展是古怪但又具有适应性的努力,是在非常积极地对其早期客体关系的挑战进行反应。

根据马勒的观点,孩子的第一个任务是将母亲视为一个独立的客体,他会对母亲表达一种"偏好的依恋"。这通常发生在五六个月左右。一旦孩子明白母亲和他是两个存在而非一个,他就通常会在母亲旁边表现出一种特别的快乐,而在与母亲分开时则会感到害怕和不快乐。

在五六个月大的时候,特迪并没有表现出对母亲的偏好依恋。虽然他的早期运动技能发育正常,但他也没有表现出婴儿通常对这些技能所表现出的兴高采烈和愉悦。然而,母亲对特迪不断发展的技能感到兴奋,这在他们俩之间创造了能量,随后特迪自己也变得更有活力了。

当特迪开始发声时,妈妈让他玩咕咕叫的游戏,这再次增加了他们之间接触的数量和强度。特迪变得更机敏了,更有兴趣地看着妈妈,并开始和她玩游戏。大约8个月大的时候,他第一次露出了对母亲特有的微笑。大约在同一时间,他开始表现出对陌生人的焦虑。

从8—11个月,特迪逐渐发展出更多的运动技能:爬行、站立,并开始扶着东西走路。在这个阶段,他开始看起来更像其他婴儿了。他心情愉悦,能够去找母亲,也能暂时离开她。虽然他对其他成年人有反应,但他更喜欢母亲,当有陌生人时他会退回母亲身边。

11个月大的时候,特迪因不明原因的高烧住院了一段时间。他表现出强烈的分离焦虑,有时会以攻击性的方式试图引起母亲的注意。后来,在"实践"阶段——幼儿在这一阶段应该对自己和自己发展的技能感到非常高兴——特迪变得喜怒无常，需要大量来自母亲和其他成年人的关注。他似乎已经准备好走路了，但真正的走路却推迟了好几个月。据马勒说："他能走，但他不能放手。他必须抓着些什么！"（Mahler et al., p. 173）

当特迪 15 个月大、开始走路时，他表现出了学步期儿童的典型活力：他"活跃、外向、自信"（Mahler et al., p. 173）。此时，他急切地寻求日托中心的几位替代母亲的关注，"好像他需要额外的滋养来弥补他早期生活中母亲养育的不足"（Mahler et al., p. 174）。2 岁时，当他无法获得母亲或这些替代母亲的关注时，他继续表现出无精打采的状态。

马勒得出的结论是，特迪比普通儿童更长时间地停留在依恋的共生阶段，以弥补他需要但又缺失的早期滋养。"实践亚阶段"被推迟了，因为特迪在需要母亲的身体支持的那段学步时期结束后依然"抓着"母亲——既有字面上的意思，也有比喻的含义。

特迪并没有表现出特定的"和解期"，也就是幼儿离开母亲去探索世界，并经常回到母亲身边重建安全基地的那段时期。马勒认为，这是因为母亲把特迪和他的哥哥当作双胞胎对待，而特迪依赖于恒定不变的哥哥的存在，视其为母亲的替身和他自己的延伸。后来，当哥哥被转到一所新的幼儿园时，特迪似乎迷失了自我。

这一转变发生在"第四亚阶段"，此时儿童通常会建立个人的身份认同。特迪仍然很友好，对人们很感兴趣，但他不让人们靠得太近，也拒绝眼神交流。他似乎全神贯注于自己的阴茎和手淫，玩精心设计的躲猫猫游戏。马勒认为这两种行为都是为了应对失去哥哥而产生的防御。

在大多数儿童都在建立个人的身份认同时，特迪实际上第一次面临着分离与个体化的真正任务，这个任务此前被他对哥哥的强烈认同掩盖。在与老师的互动中，他很明显地对依恋需要产生了矛盾的情绪：他会挑起争吵，接着哭泣，然后拒绝老师安慰他的尝试，一边打她、踢她，一边又试图紧抱她。与母亲的分离对他来说仍然很困难。他会抗拒她的离开，或者如果他允许她离开，当她不在时他会表现出明显的紧张。母亲不在的时候，他积极地寻求老师的关注。而当他独自一人时，他看起来很悲伤，坐在那里发呆——

> ……仿佛他需要回忆起善良的"共生母亲"的内在意象……他继续努力控制自己的感受，并开始和观察者玩许多躲猫猫、打招呼的游戏。他喜欢扮演离去之人的角色，随手关上门，说："我会回来的。"……（Mahler et al., p. 181）

> 重聚时，特迪常常并不直接去找母亲。他的快乐只表现在情绪的好转上。当他真的走到她身边时，他高兴地把头靠在她的腿上，或者试图挤进她椅子旁边的一个狭小的地方。（Mahler et al., p. 182）

尽管有这些明显的困难，并且特迪在通过这些发展的亚阶段时采取的方式有些不同寻常，但马勒认为他到3岁时已经成功地建立了自体感，能够与母亲分离并适当地个体化。她总结道：

> 在特迪的案例中我们看到，一个有着早期创伤的孩子——经历了由于不良的家庭环境而导致的母亲剥夺——似乎能够应对这样的情境，首先是通过比一般的儿童更长久地停留在共生轨道上的半幻想的模糊状态，然后是通过发展出一种精巧的本能敏感，知道何时以及如何从母亲那里获取每一份情感滋养，最后是通过发起游戏、炫耀等行为主动吸引母亲的注意。因此，某些行为表面上看起来可能会被理解为适应不良的行为，比如他相对较晚发展起来的对母亲

的特殊依恋（通过延长的共生阶段来补偿），或者他后来过度扮小丑的行为，但这些行为明确地适应了他在特定情况下的特殊需要。（Mahler et al., p. 169）

马勒想要在客体关系理论的背景下，沿着心理发展的普遍维度追踪儿童的发展。正如马勒所阐述的那样，客体关系理论提出，孩子将经历分离、依恋和个体化的几个阶段，发展的方式一方面是有序、可预测的，另一方面则受特定环境的影响。从她的研究中观察到的应该是这种有序的发展，或者当情况偏离时，也应该与母子两人之间可观察到的细节相匹配。

特迪的例子很好地说明了马勒在这方面的尝试。马勒和她的团队在观察特迪的成长时，注意到特迪与母亲、其他成年人和其他孩子相处方式的变化，以及他自己新发展的能力的变化。这些标志着特迪渡过了共生依恋阶段，开始分离与和解，最后能够分离和主张个体的身份认同。马勒将特迪的发展描绘为非典型的，并通过解释其发展偏差的意义将其与假设的标准模式联系起来。特别是，母亲抑郁且因此无法在特迪出生后照顾他这一点，可以解释他对母亲表现出来的毫无活力、延迟的依恋。而一旦特迪发现了母亲，他就不愿让她离开。后来，他没能进入和解阶段，原因是他与略年长一些的哥哥太亲近了，他们俩就像双胞胎一样，这让特迪无法应对分离与个体化的感觉。

然而，总的来说，马勒的案例研究并不能被视为很好的研究。她的"观察"深植于理论解释之中。例如，在前面的引文中，马勒的解释是，特迪的发呆是在想象不在场的母亲，而没有区分观察（凝视母亲）和推断（想象母亲）。仔细阅读这些案例就会发现，许多观察到的行为实际上并不支持马勒有关普遍发展阶段的主张。她的"正常"儿童的成长并不像她期望的那样典型，其团队对此明显感到惊愕。例如，有个叫唐娜的孩子在气质和关系方面看起来是拥有足够资源的，马勒的团队努力为她预测一个积极的结果，但她在经历这些阶段时却表现出了相当大的困难。同样，对于特迪，马勒的评价是他在3岁时成功（虽然有些古怪）地完成了分离与个体化的任务，但这似乎与其持续脆弱的适应能力以及面对外部挑战时频繁表现出的攻击或抑郁行为相矛盾。

尽管存在缺陷，但马勒的研究仍具有创造性。婴儿观察研究（Stern, 1985）和依恋研究（Ainsworth & Bowlby, 1991）都得益于她对婴儿的前瞻性研究以及对家庭背景的关注。她提出的依恋与分离的逐步循环理论，尤其是她对幼儿和解期的阐述，一直是许多父母和临床工作者都认为很有说服力也很有用的一种发展叙事。

对马勒的评价与批判

马勒认为，一个人的生命开始于和母亲之间未分化的融合状态。渐渐地，婴儿在心理上从这种共生的结合中脱离出来，开始发展一个独立的、分化的自体。马勒进一步认为，后期客体关系的建立是基于早期的母子关系，以及孩子在与母亲分离后寻求的与母亲的重新联系。这种早期发展模式在几十年里对精神分析思想产生了强烈影响。

马勒和她的同事试图通过观察的方法阐明前俄狄浦斯期的发展，这种方法可以被重复，并与精神分析的重构法不同。她的研究以精神分析传统为基础，并且她为心理障碍（例如，不同形式的儿童精神病和各种边缘与自恋现象）的成因寻求概念和实验的基础。

马勒的共生、分离与个体化的概念为人格发展的早期阶段提供了临床思想。她关于早期未分化阶段的观点与其他客体关系和自体心理学理论有些相似。虽然一些自体心理学家（Shane & Shane, 1980）试图在马勒和海因茨·科胡特的工作之间建立密切的联系，但科胡特本人强调他的方法与马勒的方法之间存在区别。科胡特（1980, p. 452）强调，他通过童年早期经历在移情中的再现来重构童年的内心生活，而马勒则直接观察童年时期的行为。他不否认两者有相似之处，但也不试图将自己与马勒的工作联系起来。

丹尼尔·斯特恩（1985, p. 13ff.）的实验结果为马勒的工作提供了令人信服的批判。斯特恩同时探讨了"被观察的婴儿"（即可观察的行为和实验研究的领域）和"临床婴儿"（关注婴儿体验的主观世界并推测成人病理的起源）。斯特恩在这两种方法之间保持平衡，将婴儿对自体和他人的感觉经验的结构作为发展的组织原则。这就产生了自体的不同感觉（萌芽的自体、核心的自体、主观的自体和言语的自体）。它们不是连续的阶段，一旦形成就会在整个人生中持续活跃并发挥作用。斯特恩（p. 10）质疑了发展阶段的概念，这些概念被专门用于诸如共生、自主性和信任等的"临床议题"。马勒和其他人认为这些临床议题是特定年龄阶段的发展任务，而斯特恩认为这些临床议题在整个生命周期中、在每一个发展阶段都在基本相同的水平上运作。此外，斯特恩（p. 23）坚持认为，马勒的理论缺乏纵向研究支持其对后期精神病理的预测，而精神分析一直希望这样做。

斯特恩认为，马勒的发展序列过于关注特定的时间框架，而生命的基本临床议题就在时间框架内分别有序开展，比如共生期、分离期等。更准确地说，临床议题一直在讨论协商中，某个特定临床议题（如共生）的相对突出性，要么是错构的，要么是由于文化压力或某些理论或方法上的偏见而导致的。斯特恩认为，选出一个基本的生命议题，并把发展的方法作为其决定性的解决办法，这种做法是为发展的过程提供一种失真的描绘。斯特恩（1985，p. 23）确信，在对婴儿的观察中，基本临床议题没有理由作为定义发展阶段或时期的充分依据。

因此，对于斯特恩（p. 240）来说，婴儿主观上体验到与母亲合并和二元融合体的未分化时期——马勒所说的共生期——这一构想是非常有问题的。但斯特恩承认，从相关性的角度来看，婴儿生命的第二个月到第七个月（也就是马勒的共生期）确实充满了联结感和人际幸福感。斯特恩也认可这些感觉确实是人类联结的情感储存库。斯特恩与马勒的不同之处在于，他认为婴儿在这些早期过程中不是被动的，而是积极地构建与能够给他带来自我调节的他人之间的互动的表征。斯特恩认为，马勒的正常共生期和分离-个体化期的第一阶段中的发展任务同时发生在他所称的核心关联阶段。

斯特恩的核心自体意识的概念朝着主体间相关性的发展方向转变，这与马勒的观点不同。他赞同依恋理论的观点，即早期的心理发展使获得人类联结的基本意识成了长期主动发展的终点，而不是起点——这种主动的发展涉及预设行为和习得行为之间的相互作用。斯特恩（1985）总结道："对马勒来说，联结是分化失败的结果；对我来说，这是心理功能的成功"（p. 241）。

至于婴儿研究对马勒的正常自闭期概念的影响，斯特恩澄清道，婴儿并不是对刺激缺乏兴趣，实际上他们注意到了刺激——就这一点而言，婴儿并不"自闭"。"婴儿深度参与社会刺激并与之建立关联"（1985，p. 234）。斯特恩（pp. 21–22）通过对婴儿的注视进行的实证研究表明，婴儿在令人惊讶的很早期的阶段就开始变得活跃，并能够区分自己与其他的重要人物。马勒所称的正常自闭期的发展阶段，或许可以被更好地描述为"苏醒"或"萌芽"（p. 235）。

斯特恩的发现似乎动摇了马勒的核心观点的假设，即心理诞生是在与母亲的共生合并中逐渐发生的。马勒的合作者弗雷德·派因（Fred Pine, 1986, 1990）承认，可能很难证实共生是一个整体阶段的概念。他提出，婴儿有缺乏边界的时刻或合并的时刻——这些时刻替代了关于数周或数月的共生合并的构想。米切尔（Mitchell, 1993, p. 239）认为，也许合并体验是塑造婴儿体验的主要因素，即使它没有一直占据婴儿的体验。

伊曼纽尔·彼得弗伦德（Emanuel Peterfreund, 1978）警告说，马勒倾向于将婴儿的经验"成人化"，即从成人的角度看待婴儿的经验世界。彼得弗伦德还担心，许多用来描述婴儿体验的术语，如融合、缺乏边界和未分化，都适用于婴儿的正常状态，但对成年人来说是病态的。

> **学习问题** >>>>
>
> 1. 解释马勒的和解期概念。
> 2. 在马勒的发展概念中，"分离"与"个体化"的区别是什么？
> 3. 马勒的概念能否应用于（当然，以不那么严格的方式）童年后的一些亲密关系？
> 4. 你是否有任何（自己或他人的）观察经验来说明和呼应马勒的概念？
> 5. 有关自闭和认知发展的后续研究如何迫使我们对马勒的研究成果进行修正？

参 考 文 献

Ainsworth, M. D. S., Blehar, M. C., Waters, E., & Wall, S. (1978). *Patterns of attachment.* Hillsdale, NJ: Erlbaum.

Ainsworth, M. D. S., & Bowlby, J. (1991). An ethological approach to personality

development. *American Psychologist, 46,* 333–341.
Bowlby, J. (1980). *Attachment and loss.* New York: Basic Books.
Horner, A. J. (1979). *Object relations and the developing ego in therapy.* New York: Aronson.
Kernberg, O. (1980). Developmental theory, structural organization and psychoanalytic technique. In R. R. Lax, S. Black, & J. A. Burland (Eds.), *Rapprochement: The critical subphases of separation-individuation* (pp. 23–28). New York: Aronson.
Kohut, H. (1980). From a letter to a colleague. In A. Goldberg (Ed.), *Advances in self psychology* (pp. 456–469). New York: International Universities Press.
Mahler, M. S. (1960). Symposium on psychotic object relationships: III. Perceptual dedifferentiation and psychotic "object relationship." *International Journal of Psycho-Analysis, 41,* 548–553.
Mahler, M. S. (1971). A study of the separation-individuation process and its possible application to borderline phenomena in the psychoanalytic situation. *Psychoanalytic Study of the Child, 26,* 403–422.
Mahler, M. S., & Furer, M. (1968). *On human symbiosis and the vicissitudes of individuation.* New York: International Universities Press.
Mahler, M. S., & Gosliner, R. J. (1955). On symbiotic child psychosis. *Psychoanalytic Study of the Child, 10,* 195–212.
Mahler, M. S., Pine, F., & Bergman, A. (1975). *The psychological birth of the human infant.* New York: Basic Books.
Mitchell, S. A. (1993). *Hope and dread in psychoanalysis.* New York: Basic Books.
Peterfreund, E. (1978). Some critical comments on psychoanalytic conceptualizations of infancy. *International Journal of Psycho-Analysis, 59,* 427–441.
Pine, F. (1986). The "symbiotic phase" in the light of current infancy research. *Bulletin of the Menninger Clinic, 50,* 564–569.
Pine, F. (1990). *Drive, ego, object & self: A synthesis for clinical work.* New York: Basic Books.
Shane, M., & Shane, E. (1980). Psychoanalytic developmental theories of the self: An integration. In A. Goldberg (Ed.), *Advances in self psychology* (pp. 23–46). New York: International Universities Press.
Stern, D. N. (1985). *The interpersonal world of the infant: A view from psychoanalysis and developmental psychology.* New York: Basic Books.

第七章

伊迪丝·雅各布森：一个整合模型

20世纪30年代，伊迪丝·雅各布森在德国接受了医学和精神分析的训练。她在被纳粹短暂地监禁了一段时间后，于第二次世界大战之前来到美国，在纽约市开始私人执业。她大部分的重要著作都是在20世纪40—60年代期间完成的。

雅各布森建立了一个整合的客体关系模型，因此丰富了精神分析和客体关系理论。她将弗洛伊德的传统与新的发展思想交织在一起，形成一个无缝衔接、连贯的模型。此模型解释了本我、自我、超我和本能等传统元素，以及客体关系。她的理论抽象而复杂，对读者要求很高。这是雅各布森不像其他理论家那样出名的原因之一。然而，她对传统模型的修正极大地影响了许多当代理论家，特别是奥托·科恩伯格（1980, p.103）。她和科恩伯格将驱力模型进行了拓展，使得该模型能够以客体关系的形式容纳关系概念（参阅 Greenberg & Mitchell, 1983, p.351）。

雅各布森在没有抛弃驱力模型的情况下，强调了关系的重要性。她通过婴儿对母亲的体验将驱力模型与客体关系模型联系起来。通过仔细研究婴儿的体验，雅各布森展示了本能、客体关系以及本我、自我和超我结构之间复杂的相互作用。然而，她使用的方法精巧而复杂，因此其思想难以被简洁地概括。雅各布森试图解释从一个哭闹的婴儿到一个礼貌而得体的年轻人这一逐步发生而又戏剧性的转变。

本章对雅各布森的介绍突出了她对客体关系与本能概念以及本我、自我和超我结构的整合。我将探究其工作中的以下要素：关键概念、心理结构的形成、本能与客体关系、超我的形成、发展阶段和抑郁的病理学。接下来是一个案例研究，以及对她的工作的评价与批判。

关 键 概 念

自体、自我与自体表征

雅各布森（1964, p. 48）批评梅兰妮·克莱因使用了令人困惑的术语，特别是不能区分客体、客体表征和内摄客体。相比之下，雅各布森仔细地定义了术语，并明确地区分了自体、自我和自体表征的概念。这样的区分很重要，因为自体、客体以及这两者之间的关系在其理论中处于核心地位。

雅各布森与海因茨·哈特曼（Heinz Hartmann, 1964）使用自体一词的方式相同，指的是整个人，包括身体和心灵。自体是将人作为主体与客体世界区分开的一个术语（Jacobson, 1964, p. 6）。自体只是一个描述性术语，不像后来的自体理论家海因茨·科胡特把自体作为一个积极主动的机构。

自我一词指的是一种结构，一种具有多种功能的心理系统。这种用法与传统的弗洛伊德用法一致。然而，雅各布森对自我起源的理解与传统理论不同。她认为自我刚开始是自体意象与客体意象的融合，这就需要一段关系的存在来提供客体意象。弗洛伊德则相反，认为自我是从本我与自我的未分化形式或矩阵中发展而来的。

自体表征是一种无意识、前意识或有意识的表征，存在于身体和心理自体的自我中（Jacobson, 1964, p. 19）。自体表征是一种自体的意象，它始于愉快和不愉快感觉的记忆痕迹。情绪则会影响这些心理表征。一开始，它们并不是稳固的心理单元（Jacobson, 1964, p. 20），而是逐渐建立起来的。随着发展的进行，它们变得更加统一、现实和有组织。一个现实的自体意象是"正确反映我们身体与心理自体的状态和特征、潜力和能力、优点和限制的意象"（Jacobson, 1964, p. 22）。

自体、自我和自体表征占据了个体经验和抽象概念的不同层次。我们可以用几句话说明其中的一些差异。"我（I）"有一个"我自己（myself）"的意象，但我的"自体（self）"不仅仅是我的"自我（ego）"，"自我"只是描述一系列意识过程的术语。没有人见过或感受过一个"自我（ego）"；我在镜子里看到的是我的身体，这有助于我形成关于我自己（myself）的内心意象。我确实体验到了我的"自体（self）"。我就是我的"自体（self）"。

从未分化到分化

雅各布森认为心理成长是从未分化的基本形式向分化的、可清晰区分的形式发展。因此，她认为本我和自我之间是有区别的。本能驱力分化为性驱力和攻击驱力。早期的自体-客体表征分离为一个自体表征和一个客体表征。

客体表征是关于某人或某人的一部分的意象。最早的客体表征通常与自体的意象融合在一个单一的、没有心理边界的自体与客体意象中。只有随着时间的推移，这些早期的、与客体意象融合的自体意象才会分化为自体的表征和客体的表征。

成年人很难想象一个融合的自体-客体表征在前语言时期的体验。这主要是"我"体验到有关母亲的意象和母亲实际存在的感受（"我"无法分离这样的感受）。成年后的性结合（即与伴侣快乐地融合在一起）可能会让人联想到这种原始的早期体验。

驱力与自体和客体表征

雅各布森将自体和客体的表征与驱力或从驱力中获得的感觉（驱力衍生物）联系起来，以此将驱力和客体关系联系起来。她在重新定义自恋和受虐时做出了这种激进的联系。

雅各布森认为自体与环境之间以某种方式存在联系，这种方式是弗洛伊德没有设想过的。弗洛伊德的理解是，在生命之初，自恋是心理能量"向内"投注，而非"向外"。这发生在对环境中的客体进行力比多投注之前，婴儿此时与任何人都没有联系，所以这在概念上使得婴儿被隔离了起来。相反，客体关系理论家认为婴儿本质上与环境中的人有关联。雅各布森从根本上缩小了弗洛伊德理论与客体关系立场之间的差距。她认为在生命之初，驱力是未分化的，并投注在融合的自体–客体表征中。关系必须为客体表征提供客体。例如，一个融合的自体–客体表征是"我"和母亲的一个意象，且带有一种温暖、愉快的感觉。

通过仔细区分自我和自体表征，雅各布森改变了弗洛伊德关于自恋的概念。弗洛伊德称自恋是自我通过力比多（正性的性能量）的贯注（或情感投注），而受虐是自我通过攻击驱力的贯注（参阅 Blanck & Blanck, 1974, p. 63）。雅各布森认为自恋是对自体表征的一种贯注或能量投注。她将原始自恋一词保留到最早的婴儿时期，那时未分化的力比多和攻击驱力投注在未分化的、融合的自体–客体表征上。继发性自恋和受虐发生的时间则比较晚，到了自我形成的时期。此时力比多和攻击驱力已经互相分化，而自体和客体表征则正在分化。发展性自我中的自体表征开始与力比多产生关联，变成"好的"或"被爱的"。当自体表征与攻击驱力有关联时，它就变成了"坏的"或"被讨厌的"。这种对自恋和受虐的不同寻常的区分将驱力与客体关系更紧密地结合在一起。

心理结构与客体关系

雅各布森保留了本我、自我和超我的传统结构,但将它们牢固地置于关系或客体关系的情境中。换句话说,她坚持驱力理论,但又看到了父母如何通过与孩子互动来促进孩子的自我和超我的发展。

自我从婴儿与母亲的关系中发展出来,但又受到驱力的影响(Jacobson, 1964, p. 37)。当驱力分化为力比多和攻击驱力时,它们变得融合、中和,并投注到自我和超我上(Jacobson, 1964, p. 15)。通过与母亲之间的满足和受挫经历,婴儿的自我建立起一个满足的自体的意象和一个被剥夺的自体的意象。在这一时期,婴儿正在探索客体世界,世界和自体之间的初步区分有助于建立与客体分离的自我。

婴儿"借用"了母亲的自我。母亲作为一个外在的自我来支持和调整孩子的体验。在这种外在自我的支持下,孩子的自我能够控制且在一定程度上抑制自己的驱力,同时满足了自己的需求。母亲缓和了发生在孩子身上的事情,并帮助孩子得到他所需要的东西。母亲对过度强烈的体验进行缓冲是很重要的,因为太多的满足或受挫会使孩子防御性地退行到早期自体表征和客体表征重新融合的状态。这些退行性的重新融合会延迟客体表征和自体表征之间明确界限的建立,当然也会延迟自我和超我的形成。

除了父母给予的帮助外,驱力还通过投注在客体和孩子的自体上来促进自我的发展。父母则促进这种力比多对客体和自体的稳定投注。雅各布森强调要关注父母的爱在形成健康的爱恋关系和持久的认同中的作用,因此她明显不同于弗洛伊德对俄狄浦斯时期的恐惧的强调(参阅 Blanck & Blanck, 1974, p. 70; Jacobson, 1964, p. 55)。父母的影响帮助孩子超越早期婴儿对"所有愿望都实现"的魔术般的期望。

经历了挫折与失望后，孩子会产生矛盾的感受：成长中的自我原本想要把快乐的事物分配给自体，把不快乐的事物分配给外在客体。也就是说，孩子将攻击驱力转向令其挫败的客体，而将力比多转向自体。这极大地促进了自体和客体的分化。攻击性，尤其是与兄弟姐妹、同性父母之间的俄狄浦斯式嫉妒和竞争，也极大地促进了这种分化和探索身份认同的过程。因此，兄弟姐妹之间的一些争吵和打架有助于增强他们对于自己是谁的认识。

认同在自我的建立中起着重要的作用。早期，基于内摄和投射的原始认同涉及自体和客体的意象融合。内摄是自体意象呈现客体意象特征的心理过程，而投射则相反。这些过程始于早期婴儿的吞并和排出幻想（Jacobson, 1964, p. 46），是一种呈现环境客体特征的古老形式。

当自我发育成熟并在自体与客体之间建立界限时，与客体之间的融合或自体表征与客体表征的再融合就会减少。"认同只有在变得持久、有选择性和一致的情况下才能逐渐整合，成为自我的一部分，[并]永久地修改其结构"（Jacobson, 1964, p. 68）。这促进了自我和身份认同的形成，使得孩子意识到自己拥有一个连贯的自体——尽管外部环境发生变化，这个自体仍然保持不变。

自我的成长涉及身份认同感的发展。当婴儿大约 3 个月大时，她有"非我"的意识。但只有在第二年，孩子才能发展到足以惊奇地发现自己的身份，即"我是我"的体验（Jacobson, 1964, p. 59）。身份的探索与孩子的初始爱之客体有关，她只能逐渐建立起"自体是一个独立存在体"的概念。身份形成是"一个建立起保护整个心理组织的能力的过程；尽管作为一个高度个体化但又连贯的、在人类发展的任何阶段都有方向和连续性的独立存在体，心理组织正变得日益结构化、分化和复杂"（Jacobson, 1964, p. 26）。

超我的形成

雅各布森做出了"精神分析文献中对超我最全面的探索"(Kernberg, 1980, p.98)。雅各布森认为，超我是对儿童强烈的性欲和破坏性的热望进行回应的结构，而且会改变自体表征的力比多和攻击驱力的贯注。大约在孩子2—7岁期间，超我从许多不相关的组成部分和过程中形成了一个统一的系统。这些组成部分是许多过程同时发生的前俄狄浦斯期的各种先兆或前身。

超我形成于这些早期过程和组成部分的三个广泛层面。第一个层面涉及原始的、惩罚性的意象；第二个层面涉及自我理想；第三个层面则涉及现实的、适度的认同。在超我的形成过程中，更适度、现实的功能取代了原始的恐惧和古老的机制——这些机制是超我的前身。换句话说，学龄前孩子有着带有性和攻击性质的强烈情感，而超我的存在能够缓和他的强烈反应，使其成为学龄早期表现良好的孩子。

超我的第一层，也是最深的一层，大约在1岁末、2岁初形成，其中涉及施虐、古老的意象和惩罚性的客体表征。这些超我的原始前身出现时，自体表征和客体表征之间还没有明显的区别。由于缺乏区分和分化，这些表征很容易再次互相融合。自体和客体之间缺乏界限，使得孩子将自己体验为父母的延伸。当父母让孩子失望时，孩子会对爱之客体感到愤怒并想要攻击。由于自体和客体表征的融合状态以及原始的投射和内摄，攻击能量会在自体意象和客体意象之间来回移动。对令人挫败的客体的愤怒也会转向自体。

对于这种在孩子的自体和客体意象之间来回流动的情感，再怎么强调也不为过。为了说明这一点，让我们来看一个两三岁孩子的例子。这个年龄段的孩子有着残酷的愿望和想要攻击的感受；但由于自体和客体之间缺乏明确的界限，以及投射和内摄的存在，孩子很容易把自己的恐惧和攻击性归咎于父母，有时还把他们视为威胁。

随后，孩子会担心自己的人身安全，因为在孩子魔幻的内心世界里，令其挫败的父母似乎会严厉地惩罚和报复自己。孩子无法理解他的阉割恐惧实际上源于他自己的施受虐愿望。最终，超我作为俄狄浦斯冲突成功解决后的接班人，将接管自我批评的功能，并通过自我批评来指引方向，抵御来自外部的报复性惩罚。以内疚感的形式出现的对超我的恐惧，将逐渐修正并取代童年早期那种凶猛的、未经修正的恐惧（Jacobson, 1964, p. 121）。

反向形成的机制在早期超我形成的第一层中发挥了作用。在反向形成的过程中，孩子将攻击的冲动从其爱之客体转向了自己。这个过程改变了孩子对自己的本能努力、对自己和对世界中的客体的态度（Jacobson, 1954, p. 107）。在如厕训练中，反向形成是这样表现的：从"粪便是脏的"这一想法扩展到认为把东西弄脏的孩子也是脏的、坏的。反向形成将对粪便的厌恶扩展到对自己的失控感到羞耻、对自己的干净感到自豪。因此，反向形成让儿童建立了一个有限的意识，关于什么是有价值的、什么是没用的，并以此改变了儿童对自己被禁止的前生殖期和生殖期愿望以及破坏性冲动的态度（Jacobson, 1954, p. 109）。

在这个早期阶段，孩子对挫折和失望感到愤怒。对令人挫败的爱之客体的愤怒和攻击也会攻击自体，因为孩子仍然无法区分自体和客体。这种对自体的愤怒与贬低在自尊和抑郁中起着重要的作用。如果一个人的愤怒转向自体表征（孩子仍然经常无法将自体表征与客体表征区分开），那么他就会感到抑郁和自卑。更准确地说，自尊的上升或降低取决于力比多与攻击能量中和到什么程度后投注于自体表征。此外，自体表征与个人所期待的自体概念之间的不一致或协调也塑造了自尊

(Jacobson, 1954, p. 123)。

　　客体关系会变化和成熟，变得更现实、更充满感情，不再那么古老和片面。孩子越发将父母视为人，是不那么神奇的完整客体。然而，力比多能量和攻击性能量仍然在自体表征和客体表征之间摇摆不定。孩子感到矛盾，所以一方面建立了一个自我理想——由理想化的父母和自体意象组成，一方面建立了现实的自体和客体表征。自体表征建立在对自体的合理准确的表征上，而自我理想则建立在个体所期望的、未来有潜力成为的自体上。理想化保护孩子免受其对父母的贬低，以此改善客体关系。而成长中的自我适应现实原则，培养对父母和自体的更现实、温和的态度。自我理想作为超我的一部分、作为"自我的领航员和向导"被建立起来（Jacobson, 1954, p. 116），并弥补了失去的合并幻想。

　　这标志着超我形成的第二个层次。当孩子逐渐放弃魔术般的前俄狄浦斯期幻想（即与爱之客体融合）时，自我理想就形成了。但如果孩子感到失望或幻灭，固着或卡在这一阶段，那么他可能会否认现实，以一种扭曲的方式执着于魔术般的、婴儿化的信念。那些"好"的爱之客体、那些全能的神，可能会变成"坏"的、毫无价值的、空洞的、低劣的客体；而且，由于缺乏分化，自体意象也会退化，并害怕湮灭（Jacobson, 1954, p. 115）。

　　根据雅各布森的观点，超我的形成也涉及不同层次的内化（1964, p. 123）。最初的内化是关于原始的、攻击性的、理想化的父母意象，以及父母的命令和标准。渐渐地，内化变得更加现实、缓和，这标志着超我形成的第三个层次。自我变得成熟，在现实检验中有所收获，变得更能够对父母产生符合现实的认知。更成熟的认同就是从试图成为父母发展到试图变得像父母。建立内在的超我标准需要自我能够具备父母的某些特征和特质。当孩子内化道德准则和更现实的要求时，她将在自我中发展出有效的防御,并且更能够控制本能。

所有这些过程结合在一起,在俄狄浦斯期结束时(大约六七岁)形成超我。自体与客体表征变得更加符合现实。孩子已经内化了道德和行为准则,以及用于自我批评的理想和标准。随着婴儿化的性欲需求的减少,驱力逐渐被中和。当正常的超我获得对本能释放过程的控制时,孩子的情绪、自尊和情感表达都将出现显著的变化(Jacobson, 1954, p.123)。对比过幼儿园孩子和三年级孩子的情感成熟度的父母都很清楚这一点。然而,只有在控制了青少年期的冲突,以及在天真的理想主义和幻想被调整为合理的目标之后,自我和超我才会达到最终的成熟(Jacobson, 1954, p. 125; 1964, p. 133)。

发 展 阶 段

雅各布森保留了经典驱力传统的基本思想,同时又做出了修正和扩展,从而形成了一个全面的客体关系理论。她将客体置于驱力和关系的背景中以理解发展。她的思想主题是,正常的发展依赖于不断演变的自体和他人(客体)意象。

雅各布森研究了婴儿在生命最初阶段的体验,那时的婴儿是一个原始的、未分化的自体。在这个阶段,本我和自我还没有分化;驱力也是如此。在婴儿处于睡眠或半醒状态的大部分时间里,未分化的驱力被释放到体内。换句话说,由于与外界的接触有限,对自体进行心理能量的生理释放是婴儿时期释放驱力的最早形式(Jacobson, 1964, pp. 7–9)。雅各布森说"精神生活源自独立于外部感官刺激的生理过程"(1964, p.11)。

外部刺激(如母亲的抚摸或她的面部表情)逐渐让婴儿产生受生理支配的反应,并将未确定的驱力分化为力比多驱力和攻击驱力。这些驱力为本我注入了活力。当这些驱力分离、融合并被部分中和时，自我开始承担它们的一些功能。此外，在婴儿意识到体验从何而来或母亲是一个人之前，她已经有了各种快乐和不快乐的体验。

婴儿对母亲的照顾和刺激做出反应，并体验到愉快的满足和不愉快的挫折。这些体验构成了通往母亲的第一座（也是最重要的）桥梁（Jacobson, 1964, p. 35）。其中有对于刺激、满足的体验以及母亲的视觉形象的记忆痕迹。被满足或被剥夺的自体意象从这些记忆和图像中建立起来。

婴儿也用嘴和手来探索客体世界和自己的身体自体（Jacobson, 1964, p. 36）。客体的意象逐渐建立起来。母亲充当着婴儿的外在自我。她亲吻、喂养、抱持着婴儿，让他学会坐、爬和走。这促进了婴儿自我的成长。

对母亲的积极认同发展出对自体的积极感受。在发展的最初阶段，当母亲和婴儿是一个整体时，婴儿无法区分自己的快乐和作为快乐来源的客体。但伴随着快乐、受挫和分离的反复体验，吞并令其满意的客体的幻想逐渐发展起来。这些都是想要与母亲或她的乳房合而为一的幻想。婴儿的这种体验似乎与玛格丽特·马勒所描述的"共生期"体验本质上相同（Mahler, 1958）。在成人的性体验中，整个自体似乎可以与伴侣融合，而性行为的乐趣可能部分来自在情感上恢复已经失去的、与母亲之间原始融合的感觉（Jacobson, 1964, p. 39）。

这些与母亲身体融合的早期渴望、对食物的渴望以及与母亲合而为一的幻想，是未来客体关系的前身，也是所有客体关系的基础。

这些对合并的渴望和幻想也是最初的原始认同的起源。大约3个月时，婴儿开始感知到爱之客体或部分客体与自体是不同的。当婴儿从母亲那里得到满足时，他的自体意象与爱之客体就融合在一起了。本能需求的增加以及饥饿和挫折的体验会引起攻击冲动，合并的幻想随之停止。自体意象与客体意象分离了。原始的认同通过自体意象与客体意象的再融合而实现。

在大约3岁之前，自体和客体的意象迅速合并和分离是很正常的。在共生互动中，与爱之客体融合的幻想也是典型的。随着孩子成长，她会在试图模仿爱之客体时发展出一种更积极的认同类型。对幼儿的观察结果显示了他们如何模仿母亲的手势、声音和行为举止。进一步发展的运动和知觉技能使得幼儿能够对父母进行有趣的模仿，这些是真正的自我认同（ego identifications）的先兆。[真正的自我认同涉及从父母那里继承自我的态度和特征，这些都在自我的内部发展（Jacobson, 1964, p. 431）。]在这段模仿期间，想要成为母亲的神奇幻想表明了孩子是多么希望将母亲作为自己的一部分，并与她毫无区别地融合在一起（Jacobson, 1964, p. 43）。与此同时，孩子仍然有夸大的念头，并感觉自己能够神奇地参与到父母的全能中。

孩子继续发展他的自体和客体意象。在这个阶段，自体意象和客体意象之间仍然只有微弱的界限。儿童可以假装或表现得好像自己是父母的一部分（如模仿父母），从而成为客体的一部分（Jacobson, 1964, p. 46）。在驱力方面，力比多和攻击驱力将投注在这些意象上。能量可以从自体转移至客体，或者再转移回来。这些能量投注的过程表现在孩子的内摄和投射中，而这些内摄和投射是基于孩子对吞并或排出爱之客体的幻想。这意味着孩子的态度在摇摆，从对全能母亲的无助依赖，到对爱之客体进行强有力控制的攻击性努力。在前俄狄浦斯期和俄狄浦斯期的早些时候，这种从被动–顺从到主动–攻击的摇摆和矛盾转变，与孩子的情绪波动相似——既爱着全能的父母，又感到失望并贬低其所爱的客体。雅各布森指出，精神病性的自我正是退化到了这个阶段。

随着孩子的自我变得成熟，并且更能独立地发挥功能，孩子逐渐开始区分自体表征和客体表征。随着感知和现实检验的自我功能不断发展，投射和内摄减少，自体表征和客体表征变得更加符合现实。随着孩子变得更加个体化，他想让自己成为爱之客体的一部分或爱之客体成为自己的一部分的愿望将会消退，取而代之的是更现实的愿望，即希望自己像他们一样。当自我呈现出受仰慕的客体的某些特征时，自我就会发生变化。这就进一步区分了个体渴望的自体意象和更现实的自体意象。更现实的自体意象或表征包含了从认同的客体那里继承而来的特征。自体意象与客体意象的相似性和差异得到了更好的明确。更现实的自体意象是建立自我理想、自我目标和身份认同感的基础。

当明确的界限将现实的、明确定义的自体表征与现实的客体意象区分开时，真正的客体关系就开始了。这与早期客体关系的前身形成对比，那时孩子幻想与爱之客体融合，要么使客体成为自己的一部分，要么自己成为客体的一部分。

雅各布森表示，一开始，驱力作为本能冲突会在攻击性中表现出来，表达为与强大的爱之客体、孩子的兄弟姐妹和俄狄浦斯对手之间的竞争。随着超我形成，俄狄浦斯冲突得到了解决。超我和发展中的自我一起促进了性驱力和攻击驱力的融合与中和。自我能够更好地进行情感和本能控制，客体关系也得以发展。力比多以更持久、更稳定的方式投注在客体和自体上。此外，自我形成了有关自体是一个具有连续性和方向性的独立实体的概念（Jacobson, 1964, p. 53）。换句话说，当驱力被中和并服务于自我和自我的更高层次功能时，对身份认同的探索就开始了。

抑郁的病理学

雅各布森提供了一种思考抑郁症的方式。她认为其中包含四个要素：自体表征与客体表征的区别、认同、驱力和自尊。

雅各布森假设（1971, p. 244），在正常成年人中，自体表征和客体表征是截然不同的；自体与客体有明确的界限。然而，她解释说，在前俄狄浦斯的早期阶段，这些表征并没有什么不同，它们之间的界限并不明确。孩子自恋地幻想着共享全能的理想化母亲的荣耀。雅各布森还指出，在这个前俄狄浦斯期，这些意象或表征可以合并、分裂和重新合并。

早期的原始认同包含了与爱之客体合而为一的幻想，以及自体表征和客体表征融合的幻想。这些原始的、魔术般的认同无视了现实，在自我理想和超我中找到了避难所。自我理想"由父母的理想化意象与早期的、夸大的自体意象混合而成"（Jacobson, 1971, p. 246）。这个过程帮助孩子将"坏的"、具有攻击性、肮脏的父母的古老意象转变为"好的"、理想化的模范人物。

成长带来了更成熟的认同，这种认同发展得越来越现实。随着孩子的自我发展出更多的技能，并对现实有了更多的感知，它的自体表征就更准确地反映出孩子是谁，而且自体表征和客体表征将变得更符合现实。成长使自我具备了爱之客体的某些特征。更现实的自我认同允许自体表征和客体表征的部分混合（Jacobson, 1971, p. 245）。

在驱力方面，力比多能量和攻击性能量可以神奇地投注在早期的自体意象和客体意象上，使它们变成"好的"和"坏的"。因此，当力比多依附于爱之客体的意象时，客体意象就是好的；因为在这个早期阶段，自体和客体的意象并没有相互区分，自体通过原始的认同也成了好的自体。当爱之客体的意象与攻击性联系在一起时，同样可能出现与爱之客体融合的神奇幻想，爱之客体在这种情况下就是一个"坏"客体。自尊涉及自体表征被注入好的力比多能量。情绪也与驱力以及超我对驱力的调节有关（Jacobson, 1971, Chapter 3）。抑郁情绪取决于攻击性和愤怒的强度，以及引发愤怒的失望程度。

许多情况都可能导致抑郁，但最常见的原因是由于失去了爱之客体或对其感到幻灭而产生的挫折体验。这会引发愤怒、敌意和攻击的反应。然而，这种敌意并不能使儿童或成人重新获得力比多的满足。失望会让儿童或成人贬低爱之客体。与此同时，儿童或成人会体验到对自体的贬低，失去自尊（Jacobson, 1971, p. 183）。

由于自体意象与客体意象之间的紧密联系，对客体意象的攻击也转向对自体意象的攻击。对客体的攻击性贬低变成了对自体的贬低，自尊水平也因此下降。这种自尊的丧失体现了抑郁症背后潜在的自恋冲突：渴望的自体意象与泄气的、失败的自体意象之间的冲突。渴望的、神奇的自体意象希望得到前俄狄浦斯期的全能满足；而惩罚性的超我保留着渴望的自我理想，并对泄气的、毫无价值的自我感到暴怒。毫无价值的自体意象并没有参与到受仰慕的全能客体中，而是参与到令人失望和挫败的客体形象中。

雅各布森举了一个这类抑郁性认同的例子。一个失去丈夫的女人可以接管他的生意，这可能会成为她一生的主要追求。如果她成了一个效仿丈夫的方法、兴趣和态度的高效女商人，她就以一种健康、正常的方式认同了丈夫。这与抑郁性认同形成鲜明对比。在抑郁性认同中，这个女人会在丈夫死后变得抑郁。她并没有继承他的理想，而是责怪自己没有能力继承他的事业。她没有意识到她的自责在无意识的层面是指向丈夫的。她对他的敌意使她无法以积极和更健康的方式应对他的死亡。她没有在现实层面和他变得更加相似，反而病态地把自己"当作"那个"坏"丈夫（Jacobson, 1971, p. 243）。她对待自己的方式就好像她是她所爱的客体本人。

严重的抑郁症和精神病涉及严重的退行。在严重的退行中，正常而现实的客体关系和正常的自我认同一样瓦解了。前俄狄浦斯期的、魔术般的认同取代了健康的、正常的客体关系和认同。这些魔术般的认同涉及与客体合而为一的前俄狄浦斯期幻想。原始客体可能以超我前身的形式出现——也就是说，一个"坏的"、惩罚性的父母意象。对自体的攻击包括这种原始的、不现实的、可怕的攻击。

案例研究：佩姬·M

佩姬·M（Peggy M.）在24岁时开始接受雅各布森（1971, pp. 204–227）的分析，当时她表现出抑郁和恐惧的症状。根据她自己的描述，她是个不快乐的孩子。她的父亲是一个胆小而好斗的人，她的母亲则温暖但又专横，他们的婚姻并不幸福。佩姬在青少年期后期患上了严重的抑郁症，随后在其20多岁的阶段反复陷入抑郁状态，并出现与抑郁交替的轻度躁狂。在青少年期，她避免性接触。但当她20多岁开始第一次性关系时，她就开始执拗地想要性交，同时坚持认为她从未有过或想过要有高潮。

雅各布森以她与佩姬的工作为例，展示了抑郁症背后的动力；然而，她承认佩姬的诊断让她很困惑。一方面，佩姬似乎表现出相对健康的神经症性人格。她能够很好地探索自己的内在体验，并与治疗师建立积极关系。但另一方面，由于佩姬出现了雅各布森认为的精神病性移情，情况就变得复杂起来；佩姬还表现出人格解体的症状、严重的焦虑和困惑，以及令人不安的（几乎是妄想的）幻想和意象。尽管如此，佩姬还是获益于她的治疗。在之后30年的随访中，她一直保持着对生活的良好适应。

雅各布森开始理解到，佩姬的抑郁是由于她的客体世界发生了变化。佩姬表现出了一种坠入爱河的模式，并与爱之客体建立了一种理想化的关系。通过这种关系，她能够获得自己需要的自恋滋养，以支持一个有价值的自我意象。然后这种关系会因为第三者的进入而受到威胁，佩姬会退缩并贬低爱之客体，然后把她的理想化转移到另一个客体身上。当这个理想化也失败时，佩姬的自体就会被严重贬低，充满难以表达的愤怒和渴望，迫切需要另一个人，并且又绝望地想要争取独立。这种模式在她的爱恋关系中反复出现，也在对雅各布森的移情中出现。

换句话说，当病人感到失望且被分析师抛弃时，她就会贬低我，但又重新激活一个被美化的父亲概念，然后把这个概念强加在她所依恋的男人身上。随着父亲意象的崩塌，她又回到分析师所表征的母亲理想上。

当佩姬的幻灭达到顶峰时，她感到父母双方的代表人物都抛弃了自己，并因此陷入了一种全面的抑郁，伴随着深深的自恋性和施受虐性的退行……她将自己与精神分析师以及她的朋友和家人分隔开，沉溺于没有爱、独自生活的恶意幻想中，这与她实际感受到的自我匮乏形成鲜明对比。[①]（Jacobson, 1971, p. 217）

这种模式可以追溯到导致佩姬 3 岁时出现"原发性抑郁症"的一系列"创伤性"生活事件。母亲的霸道在她对佩姬的如厕训练中表现得很明显。佩姬在 1 岁时就完全接受了训练，此后母亲给她持续灌肠了好几年。佩姬发现这种与母亲的接触既可怕又很有性欲上的刺激性。3 岁

---

① 这里指的是自我匮乏和外界（他人）匮乏之间的对比。——译者注

时，佩姬在偷看父母卧室的时候，发现父母在做爱。这是一个非常刺激的场景。裸着的父亲愤怒地把她赶出了房间。大约在同一时期，当她在父亲的大腿上玩耍时，她发现父亲勃起了，并觉得这很刺激。最后，在她3.5岁的时候，她的弟弟出生了。弟弟的出生使这个家庭发生了永久的变化。父亲开始表现出精神疾病，特征是极度的恐惧和强迫性洗手，症状严重到足以阻止他工作。父母的婚姻也开始恶化，母亲也失去了活力。而且，因为母亲要照顾弟弟，佩姬感觉自己好像失去了母亲。

与此阶段相关的性的记忆浮现后，佩姬相应地出现了严重的焦虑，以及被雅各布森（1971）描述为"可怕到看起来像妄想"的强烈的攻击性意象（p. 206）。但通过逐渐的探索，这些材料能够被带到意识中，而雅各布森最终建立了下述的概念化构想。

就在她即将从前俄狄浦斯期和前生殖期的固着发展到生殖期（在这一时期，女孩们总是从对父亲阴茎的渴望开始）的时候，佩姬在床上玩跷跷板游戏时感觉到了父亲的阴茎。这不仅强烈而又过早地唤起了她生殖器的感受，还调动了她的前生殖期的固着点。她期望从父亲那里得到一种满足，就像母亲给她灌肠时带来的满足一样。换句话说，父亲带来的整体唤醒发生得太早而无法得到掌控，对佩姬而言具有创伤性的影响。它干扰了女性生殖期位点的进一步确立和接纳，并使得前生殖期施受虐的内摄和投射机制能够继续存在。

不幸的是，与父亲的那段游戏场景后不久，母亲就怀孕了。在这段艰难的日子里，佩姬和家里那位精神病性的黑人保姆有过一段创伤的经历。*她对父母性生活的早期观察被重新激活,她还根据自己目前的知识对此加以理解。她的结论是,母亲是在一场激烈的战斗中通过吞并而获得了父亲的阴茎,因此她对母亲怀孕的反应体现出深深的敌意。她想杀了母亲,进入她的腹部并将其摧毁,然后自己生下孩子。当母亲去医院的时候,佩姬想代替她,希望从父亲那里得到她想要的满足。但父亲让佩姬失望了,他离开了她,再也不会爱她。值得注意的是,在分析过程中,佩姬的反应表明她对于分离(先是与母亲分离,然后是与父亲分离)的反应与其说是"分离焦虑",不如说是感到被拒绝。这导致了她的失望和敌意。因此,佩姬带着苦涩的仇恨,悲伤地回到母亲身边,却又一次感到被抛弃:母亲只关心生病的小婴儿(即佩姬的弟弟)。佩姬试图逃避到自恋性的退缩中。她决定放弃对爱的需求,要变得自给自足和独立。

在这个目标上,她注定要失败……她想要独断专行的独立这一尝试产生了相反的效果。这导致了她以一种更受虐的、退行到共生状态的方式依赖于所爱的客体,而这并没有使自体和客体表征之间的区别变得清晰,反而阻碍了其发展。(Jacobson, 1971, pp. 222–223)

这个案例是雅各布森将经典理论与客体关系理论相结合的一个很好的例子。正如上文所揭示的,雅各布森使用的是非常经典的语言。她通过以性欲区定义的性心理阶段(口欲期、肛欲期和生殖期)追踪佩姬的发展。在描述客体关系时,她专注于经典的吞并和排出模式。与

---

* 佩姬在自慰时被这个保姆撞见了。佩姬受到了惩罚,双手被绑住,身体被紧紧地裹在一张床单里,这是为了阻止她继续或完成自慰(Jacobson, 1971, p. 212)。这件事以一种奇异的方式重复了佩姬在与母亲和如厕相关的方面已经开始表现出来的行为,即长时间憋尿和憋便。

此同时，她认为佩姬的驱力不是为了释放本能，而是为了实现与客体的接触，也就是与她世界中的重要他人进行接触——这是客体关系的观点。在雅各布森描述佩姬早期通过如厕训练与母亲建立的关联，以及后来在恋爱关系中对性的使用时，这样的整合尤为明显。在上厕所方面，佩姬的母亲给她反复灌肠，既刺激她又压制她。以这种方式提供的接触对佩姬来说是充满冲突的；她渴望接触，但她对此的回应还包括对何时何地完成排尿或排便发展出一种夸张的、任性的控制。与此类似，在成年期，她寻求长时间的性交，但又蔑视性高潮。这两件事都反映了她努力想要紧紧抓住客体——代表了她生命中需要但却脆弱、不可靠的存在——而不是抓住驱力能量。

一个有趣的旁注是，雅各布森对佩姬诊断的长期不确定。雅各布森展示了她考虑过的方案。佩姬是不是神经症——正如她的许多优势所呈现的那样？还是她病得更严重，就像她强烈的焦虑和几乎像妄想的移情意象所显示的那样？按照现代创伤理论的理解，心理功能的这种复杂性说明了经历淹没性（overwhelming）事件对原本发展良好的心理的影响。因此，当佩姬探索个人历史的某些方面时，她出现的人格解体、困惑、极端焦虑和移情扭曲说明这是一种解离的材料。在最初暴露的时候，这种材料对佩姬来说太具有淹没性，以至于她无法处理；在重新浮现时，它又再次对佩姬保持心理完整的能力产生威胁（Gelinas, 1983; van der Kolk, 1994）。

对雅各布森的评价与批判

雅各布森建立的模型将儿童的发展视为一种复杂的力量平衡。她追踪记录了驱力、现实影响和客体关系之间的相互作用。科恩伯格

（1980）称赞她的模型包含了"唯一全面的精神分析客体关系理论，将……客体关系、早期防御机制、早期本能发展的变迁以及包含三重心理装置的结构模型联系在一起"（p.101）。

雅各布森的贡献在于建立了一个包容、整合的模型，该模型在传统精神分析的驱力概念和客体关系理论之间找到了基本的联系。她扩展和修正了传统概念，但她的模型仍然是"在弗洛伊德之后最令人满意的驱力/结构模型"（Greenberg & Mitchell, 1983, p. 306）。

评论家称赞雅各布森的模型具有"综合性"（Mendelson, 1960）和"包容与整合"的特质（Tuttman, 1981, p. 100）。关于她在抑郁症方面的工作，她可能是"对抑郁症的心理动力学……最有影响力的贡献者"（Becker, 1977, p. 40）。

雅各布森的缺点在于她试图做出精确的区分，结果是她的语言和呈现往往是抽象难懂的。尽管在一些经典的精神分析概念方面，她可能是修正主义者，但她确实是一个影响了许多关键的现代理论家的重要人物。科恩伯格（1980, p. 103）承认自己从她的独特贡献中有许多收获。其他人，比如科胡特，虽然没有公开承认受到她的影响或总是同意她的观点，但也获益于她对自恋的理解以及对自体和自体内在表征的关键区分。

1. 雅各布森对抑郁症有什么见解？
2. 讨论雅各布森的观点与其他客体关系概念和理论的联系。
3. "自我""自体""我"和"自体表征"之间的区别是什么？
4. 讨论雅各布森的分化和退行性再融合的概念。
5. 雅各布森如何定位攻击性在儿童发展中的作用？

参 考 文 献

Becker, J. (1977). *Affective disorders.* Morristown, NJ: General Learning Press.

Blanck, G., & Blanck, R. (1974). The contributions of Edith Jacobson. In *Ego psychology: Theory and practice* (pp. 61–73). New York: Columbia University Press.

Gelinas, D. (1983). The persisting negative effects of incest. *Psychiatry, 46,* 312–332.

Greenberg, J. R., & Mitchell, S. A. (1983). *Object relations in psychoanalytic theory.* Cambridge, MA: Harvard University Press.

Hartmann, H. (1964). *Essays on ego psychology.* New York: International Universities Press.

Jacobson, E. (1954). The self and the object world. *Psychoanalytic Study of the Child, 9,* 75–127.

Jacobson, E. (1964). *The self and the object world.* New York: International Universities Press.

Jacobson, E. (1971). *Depression.* New York: International Universities Press.

Kernberg, O. (1980). The contributions of Edith Jacobson. In *Internal world and external reality* (pp. 85–104). New York: Aronson.

Mahler, M. (1958). Autism and symbiosis: Two extreme disturbances of identity. *International Journal of Psycho-Analysis, 39,* 77–83.

Mendelson, M. (1960). Jacobson. In *Psychoanalytic concepts of depression* (pp. 56–72). Springfield, IL: Thomas.

Tuttman, S. (1981). The significance of Edith Jacobson's self and object world in contemporary object relations theory. In S. Tuttman, C. Kaye, & M. Zimmerman (Eds.), *Object and self: A developmental approach: Essays in honor of Edith Jacobson* (pp. 81–102). New York: International Universities Press.

van der Kolk, B. (1994). The body keeps the score: Memory and the evolving psychobiology of posttraumatic stress, *Harvard Review of Psychiatry, 1,* 253–265.

第八章

奥托·科恩伯格：一个综合模型

奥托·科恩伯格于 1928 年在奥地利出生，他在智利接受教育，并在美国堪萨斯州托皮卡的门宁格诊所（the Menninger Clinic）接受进一步的精神病学训练。纽约地区是其临床和研究活动的基地，但他去过不同地方做演讲，是一位多产的作家。他可能是美国支持客体关系理论的人里最有影响力但也最具争议的（参阅 Brody, 1982; Goldstein, 1995）。

科恩伯格着手实现了两个理论目标：（1）整合客体关系理论与精神分析本能理论；（2）借助一个整合了客体关系和本能理论的概念模型来理解边缘状态（以及自恋人格，他认为这是边缘状态的一个亚组）（Kernberg, 1975, p. 3; 1976, p. 131）。

科恩伯格的第一个目标，是对经典的弗洛伊德冲动理论和客体关系理论进行雄心勃勃的综合，试图调和传统的本能和三重结构模型（包含本我、自我和超我）与客体关系理论。一些批评家认为他的这种综合是修正主义的，并且没有完全成功（Calef & Weinshel, 1979; Klein & Tribich, 1981）。然而，大多数理论家都同意，科恩伯格成功地实现了他的第二个目标，对边缘病理学的理解做出了重大贡献。就像弗洛伊德的理论源于他对神经症患者的临床治疗经验、费尔贝恩的研究源于他对分裂样人格的研究，科恩伯格的研究主要围绕着他对边缘型患者的治疗展开。这项临床工作支持他构建一个整合和综合了传统精神分析和客体关系理论的模型。

阅读科恩伯格的著作有几个困难。他的书（1975, 1976, 1980, 1984,

1992，1995）汇集了一些并不总是相互关联的论文。他的著作难懂又专业，他的术语与本能模型中使用的术语相同，但在含义上又不同于传统理论。然而，他持续对自己所构建的、令人印象深刻的综合模型进行扩展并添加细节。

本章总结了科恩伯格综合理论的主要思想，指出了他的贡献和不足。本章讨论的主题是科恩伯格的关键概念、心理结构与发展阶段理论、病理分析（尤其是边缘状态的病理）、对治疗的使用、案例研究，以及对其工作的评价与批判。

关 键 概 念

客体关系理论

科恩伯格非常笼统地将客体关系理论定义为，对于人际关系以及对于内心结构如何从内化的早期人际关系发展而来的精神分析研究（1976, p. 56）。他从广义到狭义的角度考察了这个笼统的定义。

从广义的角度，客体关系理论可以指关于人际经验影响下的心智结构的一般性理论。在这样一个广义的定义下，精神分析作为一种一般性理论，也构成了一种客体关系理论；因此没有必要提出一种单独的客体关系理论。

从更狭义的角度，客体关系理论在精神分析中是一种考虑更为周密的取向，强调从内在客体——即与客体表征相联系的自体表征——中构建结构。科恩伯格将梅兰妮·克莱因、伊迪丝·雅各布森、玛格丽特·马勒、约翰·鲍尔比、埃里克·埃里克森（Erik Erikson）、费尔贝恩和他自己归类到这个狭义的取向中。科恩伯格更喜欢这个受到部分限制的定义，因为它关注的是客体关系理论在精神分析理论的整体范围内的特异性内容。这种取向涉及一个可以在不同理论家的工作之间进行对比的共同单元（自体表征和客体表征单元）。

客体关系理论最严格的定义将这一术语限定于英国学派，其中包括克莱因、费尔贝恩、温尼科特和哈里·冈特里普（Harry Guntrip）。

科恩伯格重视客体关系理论，因为它有助于解释比神经症更严重的疾病。它阐明了结构的议题，并为小团体、婚姻困难和性欲倒错的临床问题提供了新的见解。

客体

当科恩伯格使用客体这个术语时，他通常指的是人类客体，因此客体是有关一个人的心理意象，一个带有情感色彩的心理意象。他交替使用"心理意象"和"心理表征"这两个术语。

科恩伯格的工作考察了个体内心世界的结构的形成。结构——即持久的心理模式——源于儿童内化的早期人际关系，主要是与母亲的关系。这种关系被内化为客体关系（object relationship）或内化的客体关系（object relation）。这种内化的客体关系向外部和内部扩展。在外部，它扩展到与自体以外的人形成更复杂的关系；在内部，它发展成本我、自我和超我的传统结构。

与母亲的关系，即与环境中某个人的互动，被纳入内心并成为内化的客体关系，而且是一个有着三个部分的单元：环境中客体的意象、与客体互动的自体的意象，以及受到互动中存在的驱力的影响而歪曲了客体意象和自体意象的一种感受——通常来说是一种愉快或受挫的体验（Kernberg, 1976, p. 29）。

因此，内化的客体关系的单元是一个自体意象、一个客体意象和一个连接这两个意象的愉快或不愉快（"好"或"坏"）的感受（Kernberg, 1980, p. 17; 1995, p. 11）。

在下面讨论发展阶段的部分中，我们将看到两个平行的、原本分开的自体表征和客体表征系列以及相应的积极和消极的感受，是如何随着时间的推移而建立起来的。它们一开始是自体和客体的"全好"和"全坏"表征，最终整合为"完整自体的表征和完整的重要他人的表征"（1995, p. 11）。因此婴儿会有许多体验。例如，在被哺乳时愉快的口腔刺激、对权力斗争的暴怒反应，以及肛欲期的挫折。这些情感体验被固定在记忆中；而且，因为它们是关系性的，它们是充满情感的客体关系。这些单元是最早的发展阶段中的亚结构。根据科恩伯格的观点，这些亚结构将发展并分化出本我、自我和超我的传统结构。

通过内化的客体关系单元的概念，科恩伯格试图将驱力理论与客体关系理论进行综合。这些单元表征了人际情感体验的内化（Kernberg, 1976, p. 31）。通过这些单元，他将自体表征与客体表征的形成置于力比多和攻击驱力或者渗透到体验中的驱力各方面的影响下，以此混合驱力模型和客体关系模型。

科恩伯格认为情感在其中扮演着核心角色，连接着生物本能和心理组织（Kernberg, 1992, p. 9）。科恩伯格说，弗洛伊德"明确区分了驱力和本能"（Kernberg, 1995, p. 11）：驱力是行为的心理动机，本能是由环境激活的生物行为模式。当科恩伯格强调情感在自体表征和客体表征之间的桥梁作用时，他认为情感是本能结构，本质上是心理生理的，具有心理成分。

正是在这里，科恩伯格试图将传统精神分析的驱力模型与客体关系模型进行整合。因为科恩伯格不仅仅说客体关系的单元是心理结构的基石。他提出了一个令人意想不到的说法，即客体关系单元也有助于发展驱力。他通过使用一些模棱两可的术语来实现这一点。"好"和"坏"意味着愉快或不愉快，以及某种程度的力比多或攻击驱力。好的情感体验会不断积累，是力比多驱力的基础；而坏的情感体验则会成为攻击驱力的基础。换句话说，指向客体的爱与恨的感受先于驱力出现，并发展了驱力（Kernberg, 1976, p. 87; 1995, pp. 18, 19）。这种关于"客体关系单元发展出驱力"的观念与弗洛伊德的观点（认为驱力是天生的）截然不同。因此，科恩伯格的模型从根本上定义了人天生就是反应性、关系性的，而不是天生带有性欲或攻击驱力（Greenberg & Mitchell, 1983, pp. 338, 339）。科恩伯格暗示人的客体关系可以发展驱力，从而使自己的模型能与费尔贝恩等客体关系理论家的模型兼容。科恩伯格将人定义为天生具有反应性和关系性，因而被归到客体关系的阵营。而通过将驱力纳入自己的理论中，科恩伯格支持了传统的精神分析思想。

分裂

分裂既是一种防御行为，也是在发展过程中出现的一种正常功能。该活动让自我能够看到自体和客体各自存在的不同方面，或是自体和客体之间的不同。作为一种防御方式，分裂涉及一种无意识的幻想，自我通过这种幻想将自体不想要的方面分裂出来，或者将具有威胁性的客体分裂成更易于管理的不同部分（Grotstein, 1981, p. 3）。在更极端的情况下，人们会想到杰基尔博士（Dr. Jekyll）分裂出自己人格中具有威胁性的部分——海德先生（Mr. Hyde）[①]，并对其进行压抑。不那么极端的分裂可能是倾向于只看到一个人全好或全坏的特征，而看不到这两个方面都存在于同一个人身上。科恩伯格使用分裂的概念帮助人们理解早期发

---

① 前文所提到的双重人格的著名案例。——译者注

展中好与坏的自体表征和客体表征之间的区别是如何形成的。他还将分裂理解为边缘型人格的一种特征机制（Grotstein, 1981, p. 57）。

科恩伯格的写作风格使读者很难理解他的思想。科恩伯格试图把婴儿的早期体验解释为碎片化、不协调的，记住这一点会有帮助。好的体验会产生一系列好的感受，这些感受以越来越复杂的方式联系和组织起来，从而有助于形成被称为"自我"和"超我"的结构。而坏的体验则会持续产生挫败感。

分裂的防御使糟糕的感受彼此分开，因此在这个支离破碎的内在世界里，焦虑就不会污染孩子的所有体验，也不会破坏那些连接在一起的美好感受。过多的焦虑会阻碍组织和协调心理结构形成的过程，使得个体将在人格的关键部分与其他部分隔离开的状态下成长。这类个体的内在世界将很容易被分裂成不同的体验岛、不同的自我状态和不同的子自体。

心 理 结 构

结构是通过不断内化客体关系的过程而建立起来的。如前所述，客体关系的单元由自体表征、客体表征和感受（情感倾向）组成。通过内化的过程，这些单元得到整合并逐渐巩固到自我、本我和超我的结构中（Kernberg, 1972; 1976, p. 33）。

内化（或纳入环境中的关系）的过程有三个层次：内摄、认同和自我身份认同。

内摄

内摄是建立人格及其自我、本我和超我结构这一过程的最早阶段。婴儿与环境互动，并通过感知和记忆过程纳入与环境中某人的互动。在这些最早的内摄单元中，自体表征和客体表征还没有相互分化。它们融合在一起，相应的感受是原始而强烈的。这些自体和客体表征的单元逐渐分化并成形为清晰的组成部分。分裂有助于促进分化的过程。

感受或情感倾向是重要的。如果孩子在吮吸时有愉快的口腔体验，比如发生在充满爱的母子互动和喂养中的体验，那么孩子的本能就获得了满足，并且有一种积极的力比多感受依附于孩子的自体意象和母亲的客体意象。整个融合单元（自体－母亲－良好的感受）作为一个好的内在客体被内摄。如果在互动中出现挫折或攻击，被内摄的部分（自体－母亲－不好的感受）则会被视为坏的内在客体。在讨论好客体和坏客体的内化时，科恩伯格与费尔贝恩有很大的差异。费尔贝恩认为没有必要纳入好客体——只有坏客体被内化了。

内摄过程中感受的强度和种类影响着自体意象与客体意象的融合，以及人格结构的后期组织。在这个发展水平上，积极或消极感受的内摄被分开或分裂，因为它们是分开发生的，而且自我太不成熟，以致无法整合不同的感受。分裂或分离不同的情感体验有助于改变感受和焦虑的强度。随后，成熟的自我将更主动地使用这种分裂机制以达到防御的目的。

内摄在自我形成的时间和方式上起着关键作用。科恩伯格认为，一些自我功能（如感知和记忆）从生命之初就存在。因为孩子能看、能记，所以能内摄客体关系，而客体关系作为自我的前身则充当早期的心理结构。这些客体关系单元——自体意象、客体意象和相应的情感投注——是"自我之核"得以巩固的"沉淀物"。带有敌对情感的内摄物会被防御性地相互分离，而积极的、力比多的内摄物会聚集在一起，形成一个原始的自我核心。内在好客体是积极的内摄，包含未分化的、融合的自体意象和客体意象（Kernberg, 1976, pp. 36, 38）。相似的、带有正性情感投注的单元或"好客体"会融合、分解和再融合，合并成多个"自我"；这些反过来被整合至萌发的自我中。当自我变得巩固、整合时，它就承担了额外的功能，尤其是防御功能。

科恩伯格关于心理结构的立场与弗洛伊德的自我概念形成了对比。弗洛伊德通过压抑的过程来解释自我从本我中的出现和分化，而科恩伯格则认为自我是在人际关系的内化过程中建立和组织起来的。科恩伯格不同意克莱因和费尔贝恩的观点——他们认为自我从出生时就存在——尽管科恩伯格认为自我存在前身，也就是诸如感知和记忆痕迹的各种功能。

认同

认同是内化的第二层次，也是比内摄更高的形式。这个过程出现在孩子 1 岁的晚些时候，并持续到 2 岁。认同即接受社会角色，只有当儿童在感知和认知上足够成熟，能够在人际互动中识别角色时才会出现。角色的概念暗示了存在一种社会认可的功能，这种功能由客体或互动中的参与者双方执行（Kernberg, 1976, p. 30）。例如，当一位母亲帮孩子穿衣服时，她既发起又实现了父母的角色：帮助、教育，等等。

认同预设了一种实际的客体关系，个体在这种关系中体验到自己是与另一个人互动的主体。互动中的情感色彩是这种关系内化的主要原因，它本质上是一种力比多或攻击驱力，并连接了主体与客体（Kernberg, 1976, p. 76）。

自我身份认同

自我身份认同是内化过程的第三层次，也是最高的层次，是指自我对自己的认同和内摄进行组织的综合功能。这个阶段的自我组织过程巩固了自我结构，因此儿童就有了这样的感觉：自体是连续的，而且是从内摄和认同中组织起来的自体意象（Kernberg, 1976, p. 32）。根据科恩伯格的说法，内化的客体关系在这个阶段也被组织到表征世界里，这个表征世界在个体内心表征着外部世界。这个客体表征的内部世界，从无意识到意识的幻想，都不完全符合真人的现实世界。它是一种近似的存在，受到早期客体意象的强烈歪曲。原始的客体意象在无意识中保持被压抑、未被修改的状态，而大多数客体意象被整合至更高层次的自我和超我结构中，如自我理想和自主性自我功能（Kernberg, 1976, p. 33）。

身份认同的形成意味着早期的原始认同随着时间的推移被选择性的认同取代。而在选择性的认同中，只有客体关系中那些与个体身份认同的形成相一致的方面才被内化。这些部分认同的对象是那些以一种现实的方式被爱、被仰慕的人。

发 展 阶 段

如前所述，科恩伯格认为内在客体关系会发展成本我、自我和超我的结构。科恩伯格还把结构的形成过程看作一系列的发展阶段。发展失常会导致各种形式的心理疾病或心理病理。

阶段 1

发展的最早阶段涵盖生命的第一个月。在这段时间里，影响人格结构建立的事情很少。接着，未分化的自体表征和客体表征开始形成（Kernberg, 1976, p. 60）。未分化的状态意味着自体表征和客体表征是相互融合的，自体和客体之间没有区别。这一阶段的问题将表现为自体表征与客体表征没有发展起来，以及由此导致的无法与母亲建立正常的共生关系。这种无法与母亲建立亲密关系的情况非常严重，被称为自闭性精神病（autistic psychosis）。

阶段 2

第二阶段是从婴儿的第二个月到大约第六个月或第八个月。这个阶段的特点是建立和巩固自体–客体表征的"好"单元。在这个阶段，婴儿和母亲在一起的愉快、满足的体验构建了自体的意象，这些意象与客体（母亲）的意象融合，并通过愉快的感受联系在一起。这些是"好的"、未分化的自体–客体单元，自我将围绕这些单元形成。

在愉快的体验构建"好的"自体–客体表征的同时，受挫的体验则会以痛苦、挫败和愤怒的感受来建立"坏的"自体–客体表征。在这个阶段，"好的"表征和"坏的"表征通过原始的分裂机制彼此分开。

阶段 2 在"好的"自体–客体表征中的自体意象与客体意象开始分化的时候结束。也就是说，这些自体–客体意象会分化成一个独立于客体意象的自体意象；它们偶尔会重新融合成一个自体–客体意象，然后又再次分化。

"坏的"自体–客体单元在这个阶段还没有分化，婴儿把它们推到心理体验的边缘，在那里它们是有关"外面"或"自体以外"的世界的原初感受。科恩伯格的第二个发展阶段与玛格丽特·马勒的共生阶段有部分重叠。

阶段 3

第三阶段与玛格丽特·马勒所描述的分离与个体化阶段大致相同，从 6—8 个月开始，到 18—36 个月结束（见图 8.1）。这一阶段开始于"好的"自体–客体表征中的自体表征完成了与客体表征的分化，还包括核心的、"坏的"自体–客体表征中的自体表征开始与客体表征相互区分（Kernberg, 1976, p. 64）。简而言之，这一阶段的标志是自体表征与客体表征的分化，以及自体与非自体之间划清界限。

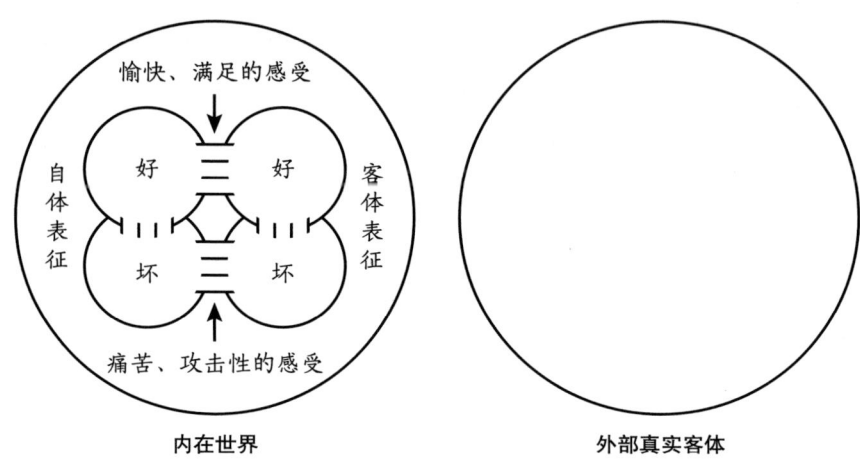

图 8.1　内化的客体关系单元

这是科恩伯格构想的内心结构发展的阶段 2 和阶段 3 的视觉展示图。"好的"自体表征和客体表征单元（通过愉快、满足的感受联系在一起）逐渐分化。还有"坏的"自体表征和客体表征，它们通过痛苦和攻击性的感受联系在一起。渐渐地，"好"与"坏"的自体表征和"好"与"坏"的客体表征需要被整合起来。边缘型人格和"多重人格"很难将这些自体表征和客体表征单元整合成一个有凝聚力的整体。见图 8.2。

"好"与"坏"的自体表征和客体表征先独立地同时存在，后逐渐融合。阶段 3 以"好""坏"自体表征最终整合成一个完整的自体概念为结束。"好"与"坏"的客体表征也整合为一个"总的"客体表征，这就获得了客体恒常性。

在这个阶段，使用分裂来将"好"与"坏"分开是正常的。孩子在用这种方式保护与母亲之间理想的、好的关系，使其免受令人挫败的、坏的部分的污染。正常儿童对分裂的使用会逐渐减少，而边缘型人格则会继续使用分裂来保护他们脆弱的自我，使其免受混乱的焦虑的影响。

自体意象与客体意象的分化有助于建立稳定的自我边界，这种边界持续保持脆弱、波动的状态。此阶段还没有一个整合的、完整的自体意识，也没有一个关于他人的整合概念，所以这仍然是一个部分客体关系的阶段。固着在这一阶段或病理性退行至这一阶段，会导致边缘型人格组织。

阶段 4

阶段 4（Kernberg, 1976, p. 67）开始于第三年的后半段，持续到俄狄浦斯期，大约在第六年结束。这一阶段与马勒的实践、和解与客体恒常性亚阶段重叠。

这一阶段的特点是将部分意象整合至整体意象中。儿童带有愉悦感的、"好的"自体意象与其带有攻击性的、"坏的"自体意象融合成一个完整的自体系统。类似地，带有愤怒感受的、"坏的"客体表征与带有愉悦感受的、"好的"客体（母亲）表征结合在一起；孩子现在对母亲有了一个完整的、更符合现实的表征。

在此期间，自我、超我和本我作为内心结构得到进一步巩固。自我身份认同——认同和内摄的整体组织——在第四阶段建立起来。客体表征的内部世界变得更加有组织、更能被理解；兄弟姐妹和叔叔阿姨的世界对孩子来说开始有意义了。

压抑机制现在主要是自我的防御操作。从这时候开始，压抑将本我与自我分开，并且科恩伯格认为作为一种心理结构的本我只有在这个阶段才出现。这一构想表明了自我和本我发展自一个共同的矩阵或来源（Kernberg, 1976, p. 69）。因此，对科恩伯格来说，自我结构似乎先于本我结构出现，这从根本上颠覆了经典精神分析中本我先于自我存在的顺序。科恩伯格颠倒了这一顺序，这源自他对客体关系以及环境对自我结构形成的重要性的强调。与环境中的客体建立联系，需要一些自我功能的存在才能进行。

随着压抑变得更常见、本我变得更有组织，曾经能够进入儿童意识的原始元素被压抑并保留在本我的无意识部分中。因此，强烈的感受（可能是不受控制的发脾气和原始的依恋情感）以及不可接受的内化客体关系均被压抑，这进一步促进了本我的整合。这些令人不安的自体意象和客体意象单元，以及它们的破坏性感受，仍然留在本我或无意识中，除非它们在深度退行或心理结构崩溃（如"神经崩溃"）的时候重返意识中。也是在阶段4中，超我作为一个独立的内心结构得到整合。科恩伯格继雅各布森之后，提出了超我发展的三层图式。最早的超我结构来源于充满敌意、不现实的客体意象的内化。这些施虐性的超我前身对应于克莱因的原始的、施虐性的超我和费尔贝恩的反力比多客体。早期经历过强烈挫折和攻击的儿童会有更强烈、更具施虐性的超我前身（Kernberg, 1976, p. 71）。超我结构的第二层来源于自我的理想自体表征和理想客体表征。儿童的超我必须把这些渴望的、神奇的、愉快的表征与更具攻击性和施虐性的前身结合起来。这种整合改变并缓和了这些绝对、幻想式的原始理想和施虐性的前身。它平行于自我已经开启的这一过程——对内化的客体关系的原始力比多和攻击性特质进行转化和整合。超我形成的第三个层次是在俄狄浦斯期内化与整合更现实的父母要求和禁令。

阶段 5

科恩伯格的第五个阶段开始于童年后期,此时超我已完成整合(Kernberg, 1976, p. 72)。超我和自我之间的对立或冲突减少了。超我的整合促进了自我身份认同的进一步整合与巩固。自我身份认同通过一个过程不断发展,即根据内在客体表征来重塑与外在客体的体验,而这些内在客体表征又根据与真实的人的体验进行重塑。这些体验进一步重塑了自体概念。

边缘型障碍与性欲倒错的病理学

科恩伯格用结构和发展的概念提出了一个包含三种严重程度的性格病理学分类。心理组织的水平可分为较高的、中等的或较低的。在每个水平上,科恩伯格都着眼于驱力、结构、客体关系和发展进程。

科恩伯格将他的分类建立在几个假设之上。他假设驱力有三个水平的本能固着:较高的、中等的和较低的。较高水平意味着个体有正常的性欲冲动,而较低水平表明个体有前生殖期的施受虐冲动(Kernberg, 1976, p. 141)。在超我的结构方面,科恩伯格假设超我可以处于较高的、中等的和较低的组织水平。在中等和较低的水平上,超我是苛刻的、过分严格的。在客体关系方面,科恩伯格再次假设存在三个水平:较高的、中等的和较低的。较低水平的内化客体关系是病态的,是部分的而非整体的。这意味着个体只会与他人不完整的方面建立关联,这种关系将具有强烈的"全或无"的特点。

一个典型的处于较高水平的个体会有一个整合良好但惩罚性的超我。虽然性欲和攻击驱力处于恰当的发展水平,但它们受到一定程度的抑制。处于这一水平的个体通常具有一个完整的自我和一个稳定的自体概念。防御在本质上倾向于压抑。在客体关系方面，带有各种感受的、稳定的客体表征能够允许个体与他人进行深度互动。属于这一类别的障碍包括癔症型、抑郁性受虐型和强迫型性格。

性格组织处于中等水平的个体已经达到了力比多发展的生殖期水平，但倾向于出现前生殖期和口欲期的冲突。病人通常有严苛的超我，情绪波动是由于超我对自我的不良调节造成的。超我未能较好地整合，导致了对自我的矛盾要求。尽管压抑仍然是主要的防御方式，但防御中的抑制性减少了。客体关系的水平允许个体与人建立关系，并且能够容忍关系中通常会发生的矛盾和冲突。在这一水平上可以观察到一些自恋和施受虐的人格，以及有稳定的性欲倒错的人格。

较低水平的性格病理学包括反社会人格、混乱和冲动的性格障碍，以及一些边缘型人格和精神病倾向人格等。处于这一水平的个体有着施虐性的超我，而且感受关心和内疚的能力不足。这类个体可能缺乏自我和超我之间的良好界限，容易冲动，并且经常因为自我的脆弱和缺乏整合而出现工作和人际关系上的失败。分裂和解离性防御是其特征。缺乏坚实的自体概念导致其内心世界充斥着关于他人的好或坏的夸张描述。这类个体可能会在内心把自己看作可耻和高尚意象的混乱的混合体，从而产生困惑的身份认同。过度的前生殖期的攻击性损害了这些个体整合相互矛盾的好与坏的自体意象和客体意象的能力。他们的性欲感受常常混杂着前生殖期的施虐和受虐的需求。他们想要亲近某人或与某人发生性关系的需要与残酷的幻想或想要受到惩罚的感受混合在一起。

科恩伯格将婴儿化和反社会人格、混乱和冲动性格障碍、多重性欲倒错的病人、精神病倾向和分裂样人格，以及边缘型障碍囊括到这个较低的水平。边缘型人格能够区分自体表征和客体表征，这一点与精神病患者不同。精神病患者无法准确地感知现实，这种感知现实的能力取决于区分自体表征和客体表征的能力（Kernberg, 1976, p. 148）。

边缘型障碍

科恩伯格将边缘型人格组织描述为，自我结构的形式稳定但紊乱的个体所具有的人格组织。这一组个体的紊乱特征不同于严重性较低的神经症性病理和严重性较高的精神病性病理。因此，这一组个体处于神经症和精神病之间的边缘地带（Kernberg, 1975, p. 3）。

科恩伯格将边缘型人格组织与边缘状态、"仿佛（as if）"人格和短暂性精神病状态区分开。他将一个带有紊乱特征的稳定组织确定为边缘型。在阐明这些特征时，科恩伯格列出了以下几点：（1）症状的特定模式；（2）典型的成因与动力；（3）内在客体关系的典型紊乱；（4）只有通过仔细分析才能确定的稳定结构议题；（5）典型的防御。

症状的特定模式

边缘型人格的症状与许多神经症和性格障碍的症状相似。例如，边缘型人格可能会表现出自我脆弱的迹象，如慢性而弥散的焦虑和缺乏冲动控制。这些冲动的爆发使边缘型个体在冲动发作时让人不安，但在冲动发作间歇期他们让人感到可接受，甚至是令人愉悦的。边缘型个体可能表现出多种神经症的症状，比如非理性的恐惧、强迫性的想法和感受。他们可能表现出性欲倒错，其中几种倒错趋势并存，例如滥交与施虐冲动并存。典型的精神病倾向人格特征也可能存在，如分裂样行为或偏执的思维方式。

成因与动力

在生命的最初几年里，边缘型人格通常经历过极端的受挫和强烈的攻击（Kernberg, 1975, p. 41）。一个不得不忍受挫折的幼儿会非常生气并带有攻击性，她试图将这种攻击性投射到父母身上来保护自己，而这将扭曲她关于父母的意象。母亲被视为潜在的危险和威胁，所以孩子讨厌和害怕她。对于父亲通常也是如此。这种扭曲产生了两个相关的结果：首先，父母的意象是具有威胁性、危险的；其次，后续的性关系将被视为危险的。

当一个还处于前俄狄浦斯期的孩子（2—5 岁）在与强烈的攻击性和恨意做斗争时，其发展本能的斗争已发生扭曲。早期攻击性的存在促使俄狄浦斯争斗或异性恋争斗作为一种尝试的解决方法过早出现。但这种解决方法通常会失败，随之而来的是混乱的性模式和糟糕的人际关系。

换句话说，儿童试图以过早的性行为和俄狄浦斯斗争来应对他们的愤怒和恐惧。对男孩来说，过早的斗争表现为试图克服依赖，但这种尝试通常会失败，因为他们害怕也被禁止对母亲产生性欲。男孩可能会形成一个危险的、阉割的母亲意象。这类男性为了满足自己的需要和依赖，可能会有一系列紊乱的关系。例如，有些人可能试图通过无意识地适应自恋和滥交的生活方式来满足自己的需求，他们通过与女性的粗浅关系来报复令他们挫败的母亲。

有些女孩的早期依赖需求被"危险"的母亲挫败了，因此她们可能会过早地发展出对父亲的生殖期追求。这些作为替代满足的尝试都失败了，因为父亲的意象可能被母亲的攻击性和孩子投射到父亲身上的愤怒污染。这样的女孩试图用异性恋的方式防御自己的依赖，因此陷入粗浅的滥交，以此否认她的需要、依赖和对俄狄浦斯斗争的内疚（Kernberg, 1975, p. 42）。一些女孩的解决方法包括成为情感上的受害者，因为她们强化了来自内化的母亲意象的受虐部分，这种意象提出了内在的惩罚性的要求。

其他女孩则寻求一种放弃异性恋取向的解决方案。换句话说，就是从理想化的母亲意象中寻求需求的满足——这个理想化的母亲意象是从危险的母亲意象中分裂出来的，她们从带有这种理想化的"部分"母亲形象的女性关系中寻求满足。

紊乱的客体关系

正常的整合意味着对经验的一种代谢或消化，我们的经验由此塑造了我们。因此，创伤经历会引发强烈的感受，这种感受必须通过防御的方式隔离开，并且无法被整合至能与他人建立关联的连贯性自体中。

在边缘型人格组织中，早期内化的客体关系以未代谢或未整合的形式持续存在。这些破碎的或未被消化的客体关系类似于自体被分裂出去的部分。这些自体的解离部分是转化并整合早期矛盾感受的综合过程失败的结果。每个解离的自我片段都是一个单元，包含了自体意象、客体意象以及那个特定的内化过程中的活跃感受（Kernberg, 1975, p. 34）。童年时期，强烈的攻击性或挫折感阻碍了正常整合的发生（见图 8.2）。

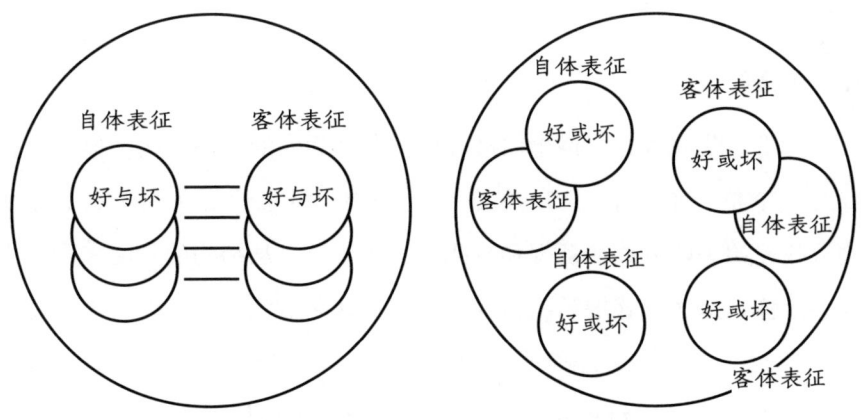

图 8.2 整合的客体关系与分裂的客体关系

图 8.2 尝试简单、直观地描绘正常而整合的客体关系的内在世界，以及与之相对的，陷入困境的个体所处的混乱、破碎的世界。整合的个体"代谢"了自体表征与客体表征的单元，这些单元有助于形成连贯性自体和稳定的关系。紊乱的人格则具有自体表征与客体表征的未代谢单元和碎片。通常是强烈的挫败感和攻击性导致了个体无法综合与整合"全坏"和"全好"的单元（受挫与满足；爱与恨）。其结果是一个拥有不稳定关系的破碎的自体。

由于这种强烈的早期攻击性的存在，边缘型人格无法整合自体与客体的爱与恨的意象。这种类型的人格无法综合矛盾的自体意象和客体意象，因此也无法整合自体概念，无法围绕一个坚实的自我核心建立完整客体关系和客体恒常性。其结果是，这类个体只拥有部分客体关系，即紧张而多变的关系。自体与客体的"好"表征与"全坏"表征做斗争，并且这类个体使用分裂和其他原始防御机制保护他们脆弱、组织不良的自我。这有助于解释治疗中边缘性移情的强烈而扭曲的本质（Kernberg, 1976, p. 162）。

结构议题

出于诊断的目的，科恩伯格分析了自己病人的人格结构。他认为自我是一个整合了亚结构和功能的综合结构。科恩伯格在病人身上仔细地寻找原始关联方式的证据和自我的脆弱迹象。从结构的角度来看，边缘型个体以这些形式展示出自我的脆弱：缺乏对焦虑的容忍、缺乏对冲动的控制，以及缺乏升华冲动的能力。边缘型个体表现出初级过程的思维，特别是在非结构化的情境中，初级过程以原始幻想的形式出现（Kernberg, 1975, p. 24）。边缘型个体的部分客体关系（带着"全好"和

"全坏"的自体意象与客体意象）干扰了超我的整合，因为这些表征唤起了完美的幻想式理想，而不是现实的目标和适度的自我理想。

防御

边缘型个体使用的典型防御方式是分裂。分裂的临床表现可以是冲突的对立两面交替表达，并否认、不关心行为和内在体验的矛盾。分裂的另一种表现可能是在原始冲动突破防御的关键情况下选择性地缺乏冲动控制。因此，对某个人的感觉可能会从"全都好"转变为"全都坏"，然后突然逆转。互相矛盾的自体概念之间的摆荡也是分裂所致。

当原始理想化（即认为外在客体完全是好的）与投射的早期形式结合之后，分裂就出现了。例如，在投射性认同中，一个人将自己的冲动或攻击性投射在另一个人身上，然后试图控制这个具有威胁性的客体，并防止其做出攻击。这是自体意象与客体意象之间缺乏分化所导致的。

治 疗

科恩伯格基于自己的理论框架对边缘型人格障碍的治疗提出了具体建议。

科恩伯格使用了边缘型人格组织（borderline personality organization）这个术语，因为他认为这些病人表现出一种稳定的病态的人格组织，而不仅仅是介于神经症和精神病之间的暂时状态。他发现，对这些病人的支持性治疗往往会失败，他们特有的防御阻碍了治疗师与他们建立良好的工作关系。

科恩伯格的治疗改进了标准的精神分析技术，并要求治疗师积极地投入治疗中的某几个领域。科恩伯格建议治疗师：（1）探究并指出病人对治疗师的负性移情，这种移情阻碍了病人与治疗师的工作关系；（2）面质病人弱化自我、减少现实检验的病理性防御；（3）为了阻止病人由于移情而付诸行动，恰当地将治疗情境结构化（Kernberg, 1975, p. 71）。

科恩伯格尤其呼吁人们注意移情性精神病的发展，他认为这是与边缘型病人进行工作时的一个典型问题。移情性精神病是指在移情中过早地激活了充满冲突的早期客体关系。这意味着不同的自我状态彼此分离，每个自我状态都代表一种充满张力的（通常也是受困扰的）关系。移情性精神病是童年时期无意识的、紊乱的客体关系和冲突的再现，同时伴随着保护自体免受以往人际关系威胁的精心防御（Kernberg, 1975, p. 89）。

在治疗中，典型的神经症病人只会逐渐退行并慢慢发展出移情，这种移情只会对病人与治疗师的实际关系造成轻微的扭曲。相比之下，边缘型病人倾向于迅速地发展出通常看起来混乱且主要是负性的移情。治疗的退行快速地激活了一种未整合的、原始的客体关系。

这种负性移情的其中一个方面是投射性认同。这是一种原始的防御机制，病人将一种无法忍受的体验投射到一个客体（治疗师）身上，并为了努力控制这个客体而持续与其产生关联。因为这种投射，病人现在对这个客体感到恐惧，并且这个客体可能开始感受到投射在他身上的体验（Kernberg, 1975, p. 80; 1992, p. xx）。在负性移情中，投射性认同通常表现为对治疗师的强烈不信任和恐惧，治疗师被认为是在攻击病人。病人可能会试图以施虐或难以被抵抗的方式控制治疗师。病人可能会意识到自己的敌意，但他更有可能感觉到自己只是在回应治疗师的攻击。病人的攻击会引发治疗师的反移情攻击。"这就好像病人把自己攻击性的部分强压在治疗师身上，而反移情则代表着病人的这一部分从治疗师内部浮现"（Kernberg, 1975, p. 80）。

从客体关系的框架来看，在边缘型病人的移情中发生的似乎是原始客体关系单元的激活。投射到治疗师身上的是一个原始的、施虐的父母意象，而病人则把自己体验为一个受惊吓的、被攻击的孩子。片刻之后，情况可能会发生变化：病人可能会将自己体验为严厉的、施虐的父母，而将治疗师体验为那个内疚的、被吓坏了的孩子（Kernberg, 1975, p. 81）。

病人强烈的攻击性、与治疗师的关系中对现实的扭曲、反移情——所有这些都使得治疗师和病人之间很难建立起工作关系。（当病人的观察性自我能够被引导进入治疗的合作过程——对自体有问题的部分进行治疗工作——的时候，工作关系或治疗联盟才会形成。）科恩伯格主张直接处理投射的负性移情，以扩大观察性自我的范围，并拓宽自我的无冲突范围。治疗师的部分任务是让病人注意到自己眼中作为古老幻想客体的治疗师和作为真实客体的治疗师之间的不一致（Kernberg, 1975, p. 82）。

让边缘型病人的移情变得更加难处理的是其自我的脆弱，以及在区分自体和客体时偶尔会出现的问题。这使得病人困惑于什么存在于自己的内部、什么存在于外部或属于他人。病人可能会经历自我边界的强烈崩溃和现实检验能力的丧失，这让他觉得自己和治疗师在互换人格。这是可怕的移情性精神病：病人无法区分幻想与现实、过去与现在。"这在临床上表现为病人体验到：'没错，正如你想的那样，我现在看着你的感觉就好像我以前看着我母亲那样，因为你们俩真的一模一样'"（Kernberg, 1975, p. 84）。

在移情性精神病中，移情客体和治疗师对病人来说变成是一样的，并且可能存在妄想或幻觉，但病人在治疗设置以外仍然能够正常运作。在治疗中，病人确实将治疗师视为父亲或母亲，或一些被解离的自体表征。

除了积极干预负性移情和投射性认同等病理性防御以外，治疗师还必须控制病人在治疗环境中基于移情感受的付诸行动——这意味着病人把对治疗师的感受以行为而非语言的形式表现了出来。因此，病人可能会对治疗师大喊大叫以满足自己的攻击性需求，而这实际上是一种阻抗。治疗师必须在治疗情境中建立稳固的结构，从而帮助病人停止付诸行动。这有助于病人将自体与治疗师区分开。

案例研究：一个年轻人

在科恩伯格与边缘型病人的工作中，他的目标是将原始移情——未整合的、融合了幻想与现实的有关自体和他人的经验——转变为反映了更现实的客体关系的内化过程的移情。为了实现这一目标，他仔细关注心理治疗中每时每刻发展的移情。他尤其追踪了治疗中的无意义时期（Kernberg, 1984, p. 164）。科恩伯格认为，当病人主动抵抗自己当下的情感体验时，无意义感就会产生。通过密切关注这样的时刻，并试图利用所有可用的信息来构建对被防御的潜在意义的理解，治疗师可以将病人的情绪带出来。当这种情况发生时，被分裂的、对于自体和他人的体验（表征）就开始整合。科恩伯格指出，这项工作极其困难。治疗师的反移情效应变得令人不安，并成为了解治疗室里发生了什么的重要信息来源。长时间的沉默、无聊和困惑是必须忍受的，同时治疗师在内心挣扎着理解"移情中被激活的混乱、无意义、空洞、扭曲或压抑的材料……"（p. 164）。

这里呈现的案例是：一个脆弱的年轻人在20岁出头的时候寻求治疗，因为他极度地孤立，而且无法追求适合其智力的高等教育。他曾长期与家人分离，因为父亲曾因工作需要而频繁出差。他害怕父亲，尽管父亲努力让他参加积极的活动。他的母亲和兄弟姐妹对他来说都是模糊的背景人物，他偶尔才会见到他们。总的来说，他是一个极度孤立的年轻人，被诊断为伴有边缘型人格组织的偏执型人格类型。

在下面的节选中，科恩伯格描述了这个病人非常沉默寡言的一次治疗。

> 一开始我试图鼓励他说话，但无济于事。然后我提到他走进办公室时看起来相当焦虑和害怕，我想知道他的沉默在多大程度上是在表达对我的恐惧。这种恐惧非常强烈，他甚至不敢谈论它。病人严肃地盯着我看，最后我在心里把他的表情理解为怀疑和钦佩的混合体。
>
> 又沉默了一段时间后，我告诉病人，我看到他怀疑地看着我，但也许还带着敬畏和钦佩；我试图把这些与他长时间的沉默联系起来，我想他害怕的一定是他在我身上看到的某种离奇的、奇怪的东西，而他不敢说出来。这时病人微微一笑，我问他这个笑是什么意思。他没有回应。我说我不知道他的微笑是赞赏我正确地理解了他的表情，还是嘲笑我错得离谱。我说，无论如何，我感觉到他现在不那么怕我了。我补充道，也许我说的话让他安心了，因为不管他在我身上看到了什么，都可能是他幻想的一部分，而不是现实。
>
> 这时，病人问我有没有意识到自己长得像艾希曼（Eichmann）。
> （Kernberg, 1984, pp. 170–171）

科恩伯格继续向他的病人说出自己与艾希曼的相似可能会给病人带来的困境。一方面，科恩伯格作为纳粹分子会让病人安心，因为病人曾经是美国一个纳粹组织的成员。作为一名纳粹分子，科恩伯格会像他一样，因此是他的盟友。另一方面，作为一名纳粹分子，科恩伯格是冷酷、轻蔑的，而且残忍到"无法为他提供他所需要的理解，以解决他严重的心理问题"（p. 171）。

  我还说，既然他穿了一件黑色皮夹克进来，他今天可能会觉得自己处于自己身上想成为纳粹分子的那一部分的控制之下，也许他一进办公室就担心我可能不是一名真正的纳粹分子，而看到我是纳粹分子能让他放心，因为我没有受到他的威胁。但他的沉默可能反映了他的感受，也就是，虽然我没有受到他纳粹部分的威胁，但指望我作为纳粹分子的帮助也是无用的。

  接着是长时间的沉默，病人看起来越来越悲伤和沮丧。我鼓励他说话，但没有效果。又沉默了一段时间后，我向他指出，在我看来他很悲伤。我告诉他，他看着我的样子就好像他在这个房间里感觉很孤独。然后他说他很清楚我不是艾希曼，以及他不相信我是一名纳粹分子。

然后，病人用一种略显隐晦的方式说，自从他开始这次治疗以来，他越来越自在了。接着，

  我问他如何理解他不再那么紧张这一点，他说他不再害怕我了。我鼓励他进一步诠释一下他所理解的在过去 1 小时内发生的事情。但他又沉默了，尽管他看上去仍然挺放松的。（pp. 170–171）

在这个治疗片段中，科恩伯格提供了一个简洁的例子来说明他如何

对病人当前的情绪状态做出直接诠释，使病人与治疗师、与自己的内心体验都进行了更密切的接触。

科恩伯格以一种非常直接的方式使用了治疗师和病人之间的客体关系，专注于当下时刻呈现的情感基调。这种情感基调往往是解离的或被防御的。他最终可能会做出起源性的诠释，也就是将当前的移情幻想、感受与早期的童年经历联系起来，但他最初的目的始终是让病人带着更生动、更真实的感受进入当下。在这一方面，他的工作预示着移情和反移情的扩展使用，这是当代精神分析中主体间性或关系趋势的特征。

科恩伯格对客体关系的临床应用与我们现在所看到的非常不同。克莱因关注病人的心理材料在内心的呈现，雅各布森陪伴病人对浮现的内在心理内容进行相对中立、相互的探索，而科恩伯格则优先考虑病人和治疗师之间的真正接触，并积极挑战和面质病人逃避这种接触的行为。他的工作在活力和投入程度上与温尼科特相似，但又与温尼科特有很大的不同。温尼科特将治疗师作为一个真实的客体来使用，根据病人身上假定的发展缺陷提供新的、矫正性的经验。科恩伯格则用真实的时刻来强调病人的解离、失去联结，以及退回到幻想中以回避真实接触的状态。科恩伯格坚持让病人从幻想中出来、进入现实，并迅速运用深度的诠释来支持这一目标，这与克莱因的工作有很多共同之处。

对科恩伯格的评价与批判

在弗洛伊德、克莱因、雅各布森和费尔贝恩的基础上，奥托·科恩伯格试图将客体关系理论、发展理论和弗洛伊德的传统本能理论等的思想整合入一个理论框架中。

他的综合理论连贯而一致，其丰富而又详尽的特性令人振奋，且在关于边缘和自恋相关病理的当代讨论中颇具影响力。尽管他对于描述边缘型人格组织的复杂计划意味着诊断要明确、分类要清晰,而这很多时候是难以实现的(参阅 Masterson, 1981; Meissner, 1984)。

然而,从本质上讲,科恩伯格的理论并不是驱力理论和客体关系理论的综合。虽然他自称是驱力理论家,但其著作表明了他与这一理论的差异,以及他如何经常重塑驱力理论以适应自己的观点。科恩伯格使用了传统的术语,但他认为客体优先于驱力。本质上,他认为人天生是社会性的,而非弗洛伊德通过强调本能所暗示的那样——主要是由本能驱动的。科恩伯格对客体关系的重视改变了结构模型,因而自我是首要的,并且分裂等过程比压抑更重要。科恩伯格认为,结构是从关系经验中形成的,而不是从本我应对现实的努力中形成的。因此毫不奇怪的是,传统的弗洛伊德理论家认为他是修正主义者,因为他放弃了对本能和俄狄浦斯冲突的中心地位的强调,从根本上改变了驱力模型(Calef & Weinshel, 1979; Heimann,1966; Klein & Tribich, 1981; Sternbach, 1983)。弗洛伊德学派的理论家认为,科恩伯格雄心勃勃地尝试对人格早期的组成部分进行概念化,这背离了传统的结构模型,过于具有推断性,往往是基于推论而不是对前语言发展时期的仔细研究。

研究人员发现,早期创伤、性虐待和成年人的边缘病理之间存在一些重叠。许多被诊断为边缘型障碍的病人似乎有创伤史,而许多报告有实际早期性虐待和创伤的病人则表现出边缘症状(Davies & Frawley, 1994, p. 40)。科恩伯格的概念,如未代谢的内化的客体关系,对于描述和理解那些因早期虐待而受到创伤的人的内心世界很有用。然而,科恩伯格最终认为边缘状态更多的是在应对早期的普遍焦虑方面存在缺陷,而且他没有充分关注残酷的早期关系经历的事实。也许,弗洛伊德放弃诱惑理论(seduction theory)而偏向愿望与幻想理论的遗产,在科恩伯格所发展的精神分析中是一种倾向，即无法概念化并在临床上有效地处理明显的创伤和性虐待带来的影响（Prior, 1996, pp. 11, 111）。

> **学习问题** >>>>
>
> 1. 什么是边缘型障碍？科恩伯格对这个状态提供了什么见解？
> 2. 科恩伯格是否让客体关系理论变得更加有序、清晰？
> 3. 解释心理结构的一般含义。科恩伯格如何帮助我们理解结构？
> 4. 科恩伯格以一种独特的方式定位了儿童对现实世界的情感体验。描述情感在科恩伯格的发展概念中的作用。
> 5. 什么是分裂？什么是投射性认同？

参 考 文 献

Brody, S. (1982). Psychoanalytic theories of infant development and its disturbances: A critical evaluation. *Psychoanalytic Quarterly, 51,* 526–597.

Calef, V., & Weinshel, M. (1979). The new psychoanalysis and psychoanalytic revisionism: Book review essay on *Borderline conditions and pathological narcissism. Psychoanalytic Quarterly, 48,* 470–491.

Davies, J. M., & Frawley, M. G. (1994). *Treating the adult survivor of childhood sexual abuse: A psychoanalytic perspective.* New York: Basic Books.

Goldstein, W. N. (1995). The borderline patient: Update on the diagnosis, theory, and treatment from a psychodynamic perspective. *American Journal of Psychotherapy, 49,* 317–337.

Greenberg, J. R., & Mitchell, S. A. (1983). *Object relations in psychoanalytic theory.* Cambridge, MA: Harvard University Press.

Grotstein, J. (1981). *Splitting and projective identification.* New York: Aronson.

Heimann, P. (1966). Comment on Dr. Kernberg's paper. *International Journal of Psycho-Analysis, 47,* 254–260.

Kernberg, O. (1972). Early ego integration and object relations. *Annals of the New York Academy of Science, 193,* 233–314.

Kernberg, O. (1975). *Borderline conditions and pathological narcissism.* New York: Aronson.

Kernberg, O. (1976). *Object relations theory and clinical psychoanalysis.* New York: Aronson.

Kernberg, O. (1980). *Internal world and external reality.* New York: Aronson.

Kernberg, O. (1984). *Severe personality disorders: Psychotherapeutic strategies.* New Haven, CT: Yale University Press.

Kernberg, O. (1992). *Aggression in personality disorders and perversion.* New Haven and London: Yale University Press.

Kernberg, O. (1995). *Love relations: Normality and pathology.* New Haven and London: Yale University Press.

Klein, M., & Tribich, A. (1981). Kernberg's object-relations theory: A critical evaluation. *International Journal of Psycho-Analysis, 62,* 27–43.

Masterson, J. E. (1981). *The narcissistic and borderline disorders.* New York: Brunner/Mazel.

Meissner, W. W. (1984). *The borderline spectrum: Differential diagnosis and developmental issues.* New York: Aronson.

Prior, S. (1996). *Object relations in severe trauma: Psychotherapy of the sexually abused child.* Northvale, NJ: Aronson.

Sternbach, O. (1983). Critical comments on object relations theory. *Psychoanalytic Review, 70,* 403–422.

第九章

海因茨·科胡特：自体心理学与自恋

海因茨·科胡特于1913年出生在奥地利维也纳，1938年在维也纳大学获得医学学位。来到美国后，他在芝加哥精神分析学院（the Chicago Institute for Psychoanalysis）度过了大部分活跃的职业生涯。在那里，他是一名培训分析师和教师。1964—1965年，他担任了美国精神分析协会（American Psychoanalytic Association）主席。尽管有这些正统的分析资格，科胡特后来的著作还是引起了精神分析界的强烈反应和批评，因为他的理论有力地超越了传统驱力模型，重新思考了自恋在真实而连贯的自体的形成过程中的作用。

科胡特的工作与费尔贝恩、温尼科特和马勒的工作有许多相似之处，他的理论和客体关系理论一样强调关系，并背离了弗洛伊德的驱力模型。这种对驱力模式的背离与他有关自体的观点引起了更多传统理论家的抗议。他的自体心理学不同于客体关系理论，开辟了新的理论和临床基础，并为精神分析指明了一个重要的新方向。

科胡特在很长一段时间内发展了他关于自体的观点，并不断修正他的理论。到了1977年，他就不再提及力比多，只是偶尔提到自我和超我。

科胡特并没有完全拒绝经典精神分析理论，而是更喜欢在明确界定的领域中使用它，比如人格完整的神经症冲突。然而，由于家庭互动方式的变化，他觉得出现了新的问题，且心灵的许多领域并没有被经典模型解释清楚（1977, pp. xviii, 269）。他的自体心理学解释了经典驱力模型无法解释的某些现象，尤其是（也是对科胡特来说最重要的）自恋领域。他对自恋研究的贡献十分突出。像奥托·科恩伯格一样，科胡特将精神分析的理解应用于比神经症更广泛的领域，从而扩大了精神分析的范围（参阅 London, 1985, p. 96）。

然而，科胡特并没有用自己的理论取代经典的精神分析驱力模型，而是提出了两个模型。第一个模型提出了一个宽泛的自体心理学，把自体放在核心位置。他的重大贡献就体现在此处（Goldberg, 1998; Lichtenberg & Wolf, 1997）。在更狭义的范围内，他提出了第二种方法。该方法保留了基本的传统模型，但略有扩展，将自体作为包含在自我中的结构（Kohut, 1977, p. xv），类似于伊迪丝·雅各布森发展的模型，也类似于当代美国经典精神分析理论所接受的概念。

本章将对比科胡特的模型与经典模型，定义他的关键概念，考察他关于凝聚性自体的正常发展、自体的病理学以及治疗的相关理论，并呈现一个案例研究以及对科胡特的评价与批判。

科胡特与经典驱力模型

科胡特的概念化构想主要来自他对自恋型人格障碍病人的分析工作。他采用的方法是在内省和共情式沉浸的基础上观察病人的内心生活。由于精神分析的主题是复杂的心理状态，科胡特认为它的科学方法不能带着冷冰冰的客观态度，也不能远离病人的经验。因此，科胡特形成了自己的理论来解释以共情且积极的方式投入到病人的经验中所获得的数据。

经典的驱力模型认为神经症病人的结构完整，且这个结构可以用本我、自我和超我以及它们各种各样的适应和防御功能来理解。神经症是相对完整的结构之间的冲突。因此，经典的弗洛伊德驱力模型从被压抑、未解决的俄狄浦斯性质的冲突的角度理解病理。成功的治疗意味着从涉及本能的冲突中获得相对的自由（Kohut, 1977, p. 2）。

相反，自恋和自体障碍则意味着人格的核心结构是有缺陷的。科胡特解释说，自恋涉及自体心理结构中存在的童年时形成的缺陷，以及次级防御或补偿结构的形成（1977, p. 3）。成功的治疗需要建立新的结构以治愈缺陷。如果驱力体验和本能存在问题，当自体在没有支持的情况下瓦解时，自恋和自体障碍往往会发生。

关 键 概 念

自恋

弗洛伊德（1914/1957）从驱力模型和力比多的角度描述自恋。因此，自恋意味着从外在客体中撤回本能能量，并向自我投注力比多。对自我的这种投注意味着此人无法爱他人或与他人建立关联，而且是专注于自体的。经典精神分析模型认为，患有自恋障碍的人是不可分析的，因为他们无法投入一段关系，尤其是治疗关系。在分析情境中建立、诠释和化解移情构成了传统精神分析治疗。

弗洛伊德（1914/1957, p.109）把自恋比作一个正在睡觉或生病的人，此人把所有的情感投注都从外部事物中撤出，其结果是这样的人对自己之外的一切都漠不关心，因为他所有的精力和注意力都集中在自体上。

弗洛伊德的模型，即一个有关驱力和客体的模型，本质上认为自恋是病态的——除了原发自恋，即自我在早期拥有全能感的状态。而成长中的孩子逐渐通过对客体的投注将原发自恋转变为对客体的爱恋。以自体作为爱的客体的人是自恋的。

海因茨·哈特曼（1964, p. 127）改变了自恋的定义，使自体而非自我成为力比多的目标或对象。因此，哈特曼对正常自恋的定义是对自体的力比多投注。这保留了驱力模型，但由于引入了自体的概念而引发了更多的问题。伊迪丝·雅各布森（1964, p. 19）在哈特曼的基础上，认为自恋是对自体表征的一种力比多投注。

科胡特通过改变力比多的概念，改变了哈特曼的定义。他提出，自恋不是由本能或力比多投注的目标来定义的，而是由本能或力比多所带能量的本质或特点来定义的（1971, p. 26）。自体夸大和理想化是自恋性力比多的特征。到了1977年，科胡特不再谈论力比多，并以一种新的理论取代了传统上从本能的角度对自恋所做的理解。

科胡特说，那些对他人投注自恋性力比多的人，是在以自恋的方式体验他人——即把他人体验为自体客体。对于自恋的个体来说，自体客体是没有与个体区分开来的客体或人，其作用是满足个体的需求。自恋者幻想控制他人，就像成年人控制自己的身体那样（Kohut, 1971, p. 27）。科胡特的理论有助于解释自恋型病人的现象，这些病人不一定从外部客体身上撤回兴趣，但他们无法依赖自己的内在资源，因此对他人产生强烈的依恋（Teicholz, 1978, p. 836）。

科胡特在20世纪70年代早期的工作仍然在使用驱力模型的传统术语，但到了1977年，他明确地超越了驱力模型，声称驱力模型不足以解释某些临床现象（1977, pp. 128, 224）。

虽然传统的精神分析认为自恋是病态的，但科胡特（1980b, p. 453）重新建构了自恋的概念，以理解自恋是如何在心理健康中发挥作用的。弗洛伊德认为自恋是客体之爱的前身，客体之爱随后取代了自恋。科胡特则认为，自恋有其自身的发展路线，因此最终没有一个个体能够独立于自体客体之外，而是整个生命过程中都需要环境里有一个能够提供共情性回应的自体客体，个体才能发挥功能（Kohut, 1980b, p. 454; 1980c, p. 477）。

自体

自体这个词很难定义和概念化，部分原因是许多学科——神学、心理学、哲学——都从不同层次的经验和观点来研究自体。理论家们各自看待和观察个体的特定方法提供了不一样的有利观点，并提出了定义自体的不同方式（Shane & Shane, 1980, p. 27）。

因此，一个客观的自体可以从系统观察的数据中衍生出来，例如玛格丽特·马勒的研究。但科胡特（1980b, p. 452）发现马勒的构想并不令人满意，因为其观察的模式是客观的，与儿童的经验相距甚远。科胡特认为，在精神分析情境的框架内，可以揭示出一个更接近经验的、不同的自体，因为观察的方法是对个体内心生活的共情式沉浸。他强调了一种内省和共情的方法，通过这种方法，分析师可以获得数据，并以此为基础构建关于自体的概念。

然而，精神分析文献曾试图澄清自体的概念，以及这个术语指向的意识和经验的层次。例如，哈特曼（1964, p. 127）区分了作为个人的自体和作为人格亚结构之一的自我。这让伊迪丝·雅各布森（1964, p. 6）能够进一步区分作为人的自体和作为自体表征或人的内心表征的自体。雅各布森所说的自体指的是个体的整个人，包括身体，是区别于周围客体环境的主体。对雅各布森来说，自我是在概念的水平上，而非经验的水平，自体表征则是在自我之内（Jacobson, 1965, p. 19）。奥托·科恩伯格希望自体一词仅指代自体表征的综合，而不是指代作为主体的个人。科恩伯格对自体的定义是"发源于自我并显然植根于自我中的一个内在心理结构"（1982, p. 900）。这意味着对自体的力比多投注是对自体表征的力比多投注。科胡特在他的讨论中改变了术语的这种用法。他对自体的定义既有狭义的，也有广义的。他在自己的自体心理学中使用了广义的定义。

只有在科胡特对术语的狭义定义中，他才遵循了自体的传统用法，将其理解为一个特定的心理结构或人格结构——即在自我中的自体表征。科胡特更常用的术语是广义的："作为个人心理世界的中心"（1977, p. 311）。只有通过内省和对他人的心理表现的共情性观察，才能了解自体的本质。对科胡特来说，自体并不是一个概念。他更多地从意识和经验的角度将自体宽泛地定义为"一个单元，在空间上有凝聚性，在时间上持久存在，是主动性的中心和印象的接受者"（Kohut, 1977, p. 99）。这使得自体成为关系的中心和一个积极的机构，执行着传统上认为属于自我的功能。科胡特的自体概念使他较少提及自我。

科胡特的理论描述了一个初始自体如何从与环境中他人的关系中产生，并成为一个凝聚性自体。初始自体既有客体（即理想化父母意象），也有主体（即夸大自体）。渐渐地，夸大自体被驯化，并融入一个完整的、有凝聚力的人格中。随着孩子的自体逐渐成熟，她开始将理想化客体视为一个与自己分离的客体，而理想化父母意象的一些方面则作为超我被内摄（参阅 Kohut, 1971, p. 33）。

自体客体

科胡特（1971, p. xiv）将自体客体定义为那些被体验为自体的一部分的人或物体，或者被用于服务自体、为自体发挥功能的人或物体。儿童的初始自体与自体客体融合，参与到自体客体的组织良好的经验中，并通过自体客体的行动满足自己的需求（Kohut, 1977, p. 87）。自体客体这个词只对体验中的人有意义；它不是一个客观的人，也不是一个真实的客体或完整的客体。

科胡特对客体一词的使用不同于标准精神分析的使用。这种差异基于两个基础：科胡特的发展模型，强调正常的自恋而不是本能；科胡特的方法论，努力通过内省和共情性观察来接近经验，而不是通过隔着一段距离的客观观察。他用自体客体和真实客体来表示客体关系的经验性质，而不使用部分客体和完整客体这样的标准术语（Ornstein, 1978, p. 67）。当客体被自恋性力比多——而不是客体力比多——投注，这意味着它被感知或体验为与自体相关联，是自体的一部分或为自体服务，因此作为自体客体发挥作用（Ornstein, 1978, p. 68）。

转换性内化

精神分析通常运用内化的概念来解释心理结构是如何构建起来的。例如，客体关系理论家谈论的是将关系的不同方面以客体的心理表征这一形式纳入自体中，从而建立和组织内心世界（参阅 Meissner, 1980）。

科胡特提及一个类似的内化过程，称其为**转换性内化**（transmuting internalization）。通过这个过程，自体客体的不同方面被吸收到孩子的自体中。正常的父母偶尔未能满足或延迟满足孩子的需求，但这种挫折是可以忍受的，并不是创伤，而满足也不是过度放纵。这种恰到好处的挫折迫使孩子以特定功能的形式纳入自体客体的某些方面。孩子从自体客体身上撤回一些魔术般的、自恋性的期望，并获得一小部分内在结构。然后，孩子的内在结构会执行一些客体先前为他执行的功能，如安慰、镜映、控制张力等（Kohut, 1971, pp. 50, 64）。转换性内化的"转换"部分是指，发挥功能的客体的人格进行去人格化的转变，变为功能本身。

凝聚性自体的正常发展

科胡特从自体与自体客体的关系这一角度来看待发展，而不是把发展视为一个渐进的、有步骤的序列。然而，其理论中并非所有要素都以一种连贯的方式得到了充分阐述。

科胡特看待发展的角度是，自体在关系中形成，既不是孤立的，也不是源自驱力的驱使。婴儿出生在人类的环境中。孩子还没有自体的时候，父母对孩子的行为和反应就好像她已经有了自体。孩子的自体就是这种关系的结果——来自婴儿的先天潜能和成人的自体或自体客体的回应之间的相互作用。这与摄入外来蛋白质以构建自己的蛋白质有些相似（Kohut & Wolf, 1978, p . 416）。核心自体是通过自体客体的回应形成的，类似于 D. W. 温尼科特所说的"抱持性环境"和"足够好的母亲"。

核心自体有两个主要的组成部分。一个是夸大–表现性自体（grandiose-exhibitionistic self），它是通过与一个自体客体建立关联而建立起来的，这个自体客体通过认同和镜映这个夸大自体对孩子做出共情性回应。核心自体的另一个组成部分是孩子的理想化父母意象（idealized parental image）。其建立的方式是与共情地回应孩子的自体客体产生关联，这个自体客体允许和享受孩子对父母的理想化（Kohut, 1977, p. 185）。这两个组成部分都涉及某种形式的与自体客体的狂喜的融合体验。

夸大自体指的是孩子以自己为中心的世界观，以及他对被人仰慕的极度喜悦。（科胡特用夸大自体取代了他之前用过的一个词：自恋性自体。）这种体验可以概括为："我很棒，我完美无缺；看看我！"理想化父母意象与夸大自体是对立或矛盾的，因为理想化父母意象暗示着别人是完美的。但孩子在认知上还不成熟，无法注意到这一点，并且他也体验到与理想化客体的融合。理想化意象的体验可以这样表达:"你是完美的,但我是你的一部分。"

环境的期望以父母的形式将萌发自体引导至特定的方向。通过无数次的重复,自体客体共情地回应了孩子的镜映需求和理想化需求——也就是孩子展示的夸大自体的各个方面和他所仰慕的理想化意象的各个方面。夸大自体对镜映的自体客体或父母提供的接纳和愉悦做出反应。

科胡特表明,自体的形成有两个阶段。第一阶段是通过心理结构的纳入和排出过程形成一个初始自体。也就是说,核心自体将一些古老的心理内容体验为属于自体,而其他内容或体验则被归为非自体并被排除在外。第二个阶段是组织和加强逐渐具有凝聚性的自体。这包括加强和确认自体的边界。自体客体若是不能成功地镜映成长中的自体并促进理想化,就会导致自体的分裂或使得不成熟的自体失去活力(Tolpin, 1978, p. 174)。

促使自体出现的主要因素是孩子的天生潜能,以及父母与孩子之间的共情性关系。婴儿一开始并没有自体,但有天生的潜能和希望以及对父母的投射。父母或自体客体对孩子的镜映需求和理想化需求做出回应,其中非创伤性的回应失败推动了核心自体的出现。核心自体是通过转换性内化的过程出现的,在这个过程中,自体客体及其功能被自体及其功能取代(Kohut & Wolf, 1978, p. 416)。

该自体的凝聚性和整合性不断增强,破碎的风险逐渐消退。在健康的人格中,自体的夸大被修正并引导至对现实的追求中。夸大的部分经过转化和整合后将提供能量、抱负和自尊(Kohut, 1971, p. 107)。当孩子以越来越现实的态度看待理想化客体时,他会从父母客体身上撤回理想化、自恋性的投注。理想化客体或父母意象作为理想化的超我被内摄,接管此前由理想化客体所执行的功能(Kohut, 1968/1978b, pp. 86, 89）。

如果童年的创伤和剥夺阻止了凝聚性的、自恋性的自体整合至健康的人格中，那么夸大自体和理想化客体就会持续保持不变，并努力满足它们的古老需求（Kohut, 1968/1978b, p. 87）。夸大自体和理想化客体可能会与成长中的心灵的其余部分保持隔离，并因其古老需求而引发紊乱。

这些发展过程的时间点是什么呢？自体的前身在生命的第一年后期或第二年早期的某个时候被组织成一个凝聚性自体。夸大自体和理想化父母意象的发展阶段"可能主要对应于马勒所说的共生阶段后期和个体化阶段早期之间的过渡时期"（Kohut, 1971, p. 220）。凝聚性自体一旦出现，就会与自体客体建立进一步的关系，孩子会通过面质自体客体、通过在"说不"的时期区分自体与环境等方式来加强自体的边界（Wolf, 1980, pp. 123, 125）。

挫折与心理结构

挫折在自体结构的建立中发挥着核心作用。在原初自恋时期，即婴儿发育的最早阶段，由于与母亲的融合，婴儿有一种全能和完美的感觉。然而，母亲的缺点扰乱了孩子自恋完美的宁静和平衡。为了应对这种自恋完美所遇到的挫折，为了保留一部分最初的完美体验，孩子会建立一个关于她自己的夸大、表现性的意象：夸大自体。孩子进一步将自恋时期的完美归功于一个令人仰慕的、全能的自体客体：理想化父母意象。

夸大自体是发展中的一个阶段，此阶段中一切愉快和美好的东西都被认为是婴儿的一部分，而一切不好、不完美的则都被认为是婴儿之外的。孩子试图通过赋予成年人绝对的权力和完美来保持最初的完美、至福和全能——也就是形成一个理想化的父母意象（一种心理表征；

Kohut, 1966/1978a, p. 430）。

但事情不可能一成不变，始终幸福且不受干扰。随着时间的推移和成长的进行，父母（镜映和理想化的自体客体）在回应性方面出现了轻微的、非创伤性的不足。恰到好处的失败表明存在一种亲密的、共情的联结，这是非创伤性失败的必要背景。母亲的关注是不完美或延迟的。儿童的心理组织试图通过建立新的结构来处理自恋平衡的失调，并逐渐用内在结构取代自体客体，这种内在结构可以执行曾经由自体客体执行的功能（Kohut, 1966/1978c, p. 416）。这种结构形成的过程被称为转换性内化。

内化的内容是成人自体客体的成熟心理结构的某一个方面。出生在一个存在自体客体、共情和回应的人类环境中，孩子的初始自体神奇地期望这个环境能与她的心理需求和愿望保持一致。（这让人想到温尼科特所说的，与孩子很合拍的、足够好的母亲。）当孩子体验到张力时，作为自体客体发挥作用的父母似乎会分两步做出反应。

首先是融合反应；其次，父母将采取一些行动来满足孩子的需求。充当自体客体的成人会评估孩子的需求和处境，将孩子纳入自己的成人心理组织，然后采取行动恢复孩子的稳态平衡。孩子的需求带来自身解体的风险，而自体客体的回应是和孩子说话，抱起孩子，并创造一个情境让孩子体验到与全能的自体客体的融合。儿童的原初心灵参与到自体客体更成熟的心理组织中，就好像这个心理组织是自己的一样。逐渐地、一点一点地，孩子承担起那些过去有人为她完成的抚慰、减轻张力的任务。正是这种恰到好处的失败促使结构通过转换性内化的方式构建起来（Kohut, 1977, p. 86）。

夸大自体和理想化父母意象这两种心理构造，虽然彼此对立，但从一开始就作为保护原初自恋体验的机制共存。在正常情况下，夸大自体的表现欲和夸大欲渐渐地被驯服；一旦被整合至人格结构中，它就会用对自体、孩子的抱负及活动的享受产生的良好感受来填满情感"蓄水池"（Kohut, 1971, p. 28）。理想化父母意象也作为理想化的超我被整合至孩子的人格中，充当调节张力和提供理想的结构（Kohut, 1971, p. 28）。

双极自体

科胡特提到了自恋分化出的两种形式：夸大自体（健康的自我主张相对于镜映的自体客体）和理想化父母意象（对理想化的自体客体的健康仰慕）。在这两个极点之间似乎有一条充满张力的弧线，抱负围绕着夸大自体，理想围绕着理想化意象。自体两极之间的张力和心理能量促发了行动，因此个体被抱负驱动，被理想引领（Kohut, 1977, p. 180）。

孩子尝试建立的核心自体的这两个基本组成部分有不同的目标，但其中一个的优点可以抵消另一个的弱点（Kohut, 1977, p. 186）。也就是说，孩子在走向自体巩固的过程中有两种选择。一方面，孩子通过与自体客体的关联来建立凝聚性、夸大-表现性的自体，该自体客体能镜映并以认可的态度回应孩子。另一方面，孩子通过与自体客体父母的关联建立凝聚性、理想化的父母意象，该自体客体父母能够以共情的态度做出回应，并允许和享受孩子的理想化与融合。男孩的发展通常是以母亲作为镜映的自体客体开始，再到父亲作为自体客体来提供被孩子理想化的功能。当然，孩子对自体客体的发展需求往往指向同一个父母，比如母亲——这在女孩中尤其常见（Kohut, 1977, p. 185）。

自恋的发展路径

科胡特主张一条不同于弗洛伊德的力比多发展概念的发展路线（1971, p. 220）。弗洛伊德认为力比多的发展是从自体性欲开始，经由自恋到达客体爱。科胡特的独立发展路线是从自体性欲开始，经由自恋到达自恋的更高形式和转化结果。这从根本上改变了弗洛伊德关于自恋的概念，认为自恋存在不同的成熟水平。

正常的成年人有自恋的需要，并且一生都需要自体客体来镜映自己的自体。我们可以参考和无回应的人打交道有多困难。这可以简要说明自体客体持续存在的重要性。如果我们为了一个对我们漠不关心、毫无回应的人而努力，我们会感到无助和空虚，自尊降低，并产生自恋暴怒（参阅 Kohut, 1971, p. 187n）。我们也可以从一个发挥自体客体功能的人这一角度对成人的爱进行概念化，因为爱涉及相互镜映和理想化，这能增强双方的自尊（Kohut, 1977, p. 122n）。

因此，自恋会持续一生，并转变为各种形式。健康的自恋在成年期表现为创造力、幽默和共情（Kohut, 1966/1978a, p. 446）。正是自恋性自体（夸大-表现性自体）、自我和超我（与其内化的理想）之间的相互作用决定了一个人的人格的个性特征（Kohut, 1966/1978a, p. 443）。

在科胡特看来，发展涉及的不仅仅是驱力。科胡特的发展模型将重点从驱力转向自体。例如，传统精神分析对驱力的强调并不能充分解释为什么一个孩子可能有口欲期或肛欲期的固着。科胡特认为，当脆弱的自体没有得到回应，开始失去凝聚性并开始分裂时，驱力就会出现。想想孩子在口欲期和肛欲期的自体——对食物的需求或对粪便的兴趣并不是首要的，孩子需要的是一个给予食物的自体客体、一个接受粪便"礼物"的自体客体。母亲的回应与其说是回应孩子的驱力，不如说是回应一个正在形成，并通过来自镜映自体客体的给予和接受来寻求确认的自体。对于母亲的自豪或拒绝，孩子体验到的是母亲对自己的主动自体的接受或拒绝，而不仅仅是对驱力的接受或拒绝（Kohut, 1977, pp. 76, 81）。

自体的病理学

自恋的体验

科胡特对贴近病人的主观体验很感兴趣，他的模型试图明确地解释自恋体验。对现实的自恋感知包括一个全能而完美的自体客体，以及一个拥有无限权力、夸耀和知识的古老自体。在自恋的世界里，每个人和每件事物都是自体的延伸，或者是为了服务自体而存在的。任何挫折都会被体验为这个完美世界的缺陷。这种缺陷或自恋性伤害会引起无法满足的暴怒，而这种暴怒无法将冒犯者识别为与自体分离的个体。冒犯者或敌人被体验为自恋者期望能够完全控制的扩展自体中的顽固部分（Kohut, 1966/1978c, p. 644）。

因此，自恋暴怒（narcissistic rage）是自恋者对不符合自己不切实际的期望的自体或客体的一种反应。如果自恋者的绝对控制幻想受到扰乱，他们会感受到强烈的羞耻和猛烈的暴怒。他们的自尊和自体都依赖于可以与之融合的镜映自体客体或理想化客体的无条件可用性（Kohut, 1966/1978c, p. 645）。

自恋是一个发展阶段，而婴儿或幼儿的自恋愤怒对他们所处的发展阶段来说并非不合时宜。但如果一个人被困在这个阶段，且自体没有得到镜映、没有与成长中的自体的其他部分融合，某些体验和行为就会变得越来越不合时宜和病态。让我们来看看这些病态体验的一些常见模式（Kohut & Wolf, 1978, pp. 418–419）。

刺激不足的自体，由于缺乏外界的回应而缺少活力。此人就会无聊且无精打采。孩子可能会试图通过撞头或强迫性手淫来对抗死寂的痛苦感受。成年人可能试图通过滥交、赌博或其他强迫性活动来刺激自体，并掩盖空虚的抑郁。一个通常穿着得体的病人，来治疗时却衣冠不整，这可能就显露出其破碎自体的一些迹象。破碎是结构性退行的另一种说法，即转换到更原始的心理组织水平。更严重的破碎被体验为一种解体感，一种自体的连续性或凝聚性的丧失，这可能会体现为疑病症的忧思。受到过度刺激的自体则由于不恰当的镜映（表现形式为过度或不恰当的刺激）而充斥着不切实际的关于伟大和权力的幻想。

一个拥有未被镜映的古老自体的人可能被描述为一个渴望镜映的人，他渴望有人能作为自体客体来确认和满足其匮乏的自体。"古老"指的是在成年人身上仍然存在的正常的前俄狄浦斯期或前语言期行为（London, 1985, p. 96）。这类渴望镜映的人会情不自禁地展示自己，以吸引别人的注意并中和其内在自尊的匮乏。一些自恋型人格的人可能非常渴望理想，他们在寻找拥有可以让他们仰慕的力量或美貌的人。他们只有与这样的自体客体在一起时才会觉得自己有价值。因为内心的空虚不容易被填满，自恋型人格会继续不停地寻找。

科胡特和沃尔夫（Kohut & Wolf, 1978, p. 421）将另我（alter ego）人格描述为需要和与自己的外表和价值观相同的人建立关系的人格，因为他需要这样一个自体客体来确认自体的真实性和存在。渴望融合的人，由于贫乏的自体和流动的自体界限，很难区分自己和自体客体的想法与感受。渴望融合的人格需要另一个人的存在，因为他们把对方当作自己的自体来体验（Kohut & Wolf, 1978, p. 422）。与这种模式相反的是逃避接触的人格，他们避免社会接触以否认对他人的强烈需求。

自恋与自体障碍

自恋型人格障碍患者最初通常表现出不明确的症状。他们可能会模糊地抱怨工作上的问题、倒错的性幻想或对性缺乏兴趣。其他的表现症状可能包括建立人际关系方面的问题、疑病和暴怒攻击的倾向（Kohut,

1971, pp. 16, 23）。然而，随着分析的进行，最重要的诊断特征以自恋性移情的形式出现。正是自恋性移情的存在证实了自恋或自体障碍的诊断。

自恋性移情可能是一种镜映移情或理想化移情。这些移情是童年时期在治疗中的复现，或童年时期的关键发展阶段的体现。镜映移情调动了夸大自体，也就是病人重启了一个早期发展阶段——此阶段的孩子会通过把完美集中在夸大自体上，把所有的不完美都归咎于外部，从而试图保留部分的原初自恋（Kohut, 1968/1978b, p. 96）。

镜映移情可以通过多种方式表现。在最原始的表现中，病人的自体体验包含治疗师，就好像治疗师几乎没有一个独立的存在。科胡特将此称为通过夸大自体的延伸而进行的融合（1968/1978b, p. 96）。在一种不那么严重的移情形式中，病人认为治疗师就像病人自己——这个过程被科胡特称为孪生或另我移情（1968/1978b, p. 96）。科胡特将镜映移情这一术语狭义地用于第三种移情形式。在此形式中，病人在认知上知道治疗师是独立的存在，但治疗师只有在病人有需求的情况下才有重要性——也就是只有当治疗师满足了病人的需求，认可和确认了其夸大与表现性的时候（1971, p. 204）。

另一种自恋性移情即理想化移情，这调动了理想化的父母意象。也就是说，病人重启了一个早期阶段——此阶段的孩子试图保持完整的自恋性完美，方式是将其分配给一个古老客体（理想化父母意象），并努力与这个客体保持融合。与完美客体分离会让人变得无力和空虚（Kohut, 1968/1978b, p. 88; 1971, p. 37）。

理想化移情在发展上可以是更古老的，也可以是更成熟的，这取决于固着的发展位置（Kohut, 1971, p. 55）。一旦理想化移情建立起来（即个体的自体体验包含理想化的治疗师时），病人就会感觉强大、有能力和良好（Kohut, 1971, p. 90）。任何看起来会夺走理想化治疗师的干扰都会削弱病人的自尊，使他们感到自己毫无价值。

自恋性自体障碍的本质是自体结构存在缺陷，原因是没有完成将夸大自体和理想化客体整合至指向现实的自我结构的过程。当然，病人没有意识到或完全觉察到自己的病理，这就是为什么他最初只表现出模糊的空虚感或没有完全活着的感觉。这种障碍的前意识中心是不完整的现实感——首先是关于自体的，其次是关于外部世界的（Kohut, 1971, p. 210）。仍然存在一个古老的、未被镜映的夸大自体和一个被自恋投注的理想化客体。这些古老、孤立的自恋结构会耗尽一个成年人的能量和自尊，因为这些能量仍然被投注到未整合的古老的自体结构中。这些古老结构也可能通过不同的方式表现出来，通过提出婴儿化的要求来破坏成年期人格的成熟功能（Kohut, 1971, p. 3）。这些要求可以出现在一段关系中，或出现在与受到的伤害不匹配的暴怒表达中。只有共情的观察者才能从看似轻微的刺激中理解伤口有多深（Kohut, 1966/1978c, p. 645）。

病因

因此，自恋型人格障碍是由自体结构中的缺陷构成的——即一个未被镜映的、寻求理想化客体的自体。自体结构的缺陷是童年时期的缺陷造成的。继发结构是在童年时期建立起来的，用以掩盖或补偿缺陷。

自恋病理是源于父母没有共情地回应孩子对于镜映和寻找理想化目标的需求（Kohut, 1977, p. 187）。导致问题的不是自体客体的偶尔失误，而是自体客体长期以来都未能做出适当的回应。这种长期的无能为力最有可能源自父母自身的自体病理（Kohut, 1977, p. 187n）。科胡特不强调创伤性事件的作用。在健康的环境下，儿童可以处理偶尔发生的创伤性事件（Kohut, 1971, p. 65; Kohut & Wolf, 1978, p. 417）。

更明确地说，病理是源于在自体建立牢固之前的发展阶段，自体和自体客体的共情性融合受到干扰（Kohut, 1977, pp. 88, 89）。当自体客体没有对孩子做出共情性回应或回应严重延迟，抑或只是选择性地意识到孩子的体验时，障碍就会产生。父母可能无法带着对孩子成就的自豪来倾听孩子，或者父母对孩子的注意力可能有所分散，且无法满足孩子有关恰当的仰慕的需要。长期的无回应剥夺了孩子与全能的自体客体的融合。这种剥夺使孩子无法建立起能够处理焦虑等问题的心理结构。孩子不能建立调节张力和控制情绪的结构，或者建立了错误的结构——例如，倾向于加剧情绪或恐慌。驱力（性欲和攻击性）变得更加明显，而当自体没有得到支持时，就会有一种解体的感觉（Kohut, 1977, p. 171）。

自恋与其他障碍的区别

尽管自恋型人格障碍可能与其他心理障碍有一些共同的特征，但自恋与移情性神经症、边缘障碍和精神病之间存在着关键的差异。

移情性神经症的人格通常包括凝聚性自体和完整的心理结构。这种障碍背后主要的冲突在于力比多和攻击性的挣扎指向童年时期的客体。这些客体与自体是有区别的。这类个体在面对神经质的危险时感到焦虑——害怕本能的挣扎闯入意识（Kohut, 1971, p. 19）。

相比之下，自恋型人格障碍集中在自体和古老的自体客体上（顾名思义，自体客体被体验为尚未与自体分离）。这些夸大自体和理想化客体的早期构造并没有融入人格的其他部分，因此人格被剥夺了自尊和健康的自恋活力。自体障碍的焦虑源于个体意识到自体的脆弱性；这种不适源于无法调节自尊（Kohut, 1971, p. 21）。

边缘型人格和精神病性人格则尚未形成一个稳定的自恋结构，即一个有着凝聚性理想化客体的凝聚性自体。他们很难把自己凝聚在一起，会用妄想甚至幻觉来保护自己免受无法忍受的破碎和理想化客体的丧失。他们的内在客体往往是苛刻的、迫害性的。这种内心的分裂和苛刻往往导致边缘型患者和精神病性患者出现严重的关系问题，因此也会出现与治疗师之间建立关系的问题。与自恋型人格障碍患者最初的模糊症状相比，边缘型人格和精神病性人格的表现症状通常是清晰且戏剧性的。

与边缘型人格障碍相比，自恋型人格已经获得了一个凝聚性自体和凝聚性古老客体，这使得病人能够与治疗师建立关系，并在治疗情境中建立稳定的自恋性移情。移情使得早期自恋结构被重新激活，并使治疗得以通过这些结构进行修通（Kohut, 1971, pp. 8, 16）。理想化客体往往是全能的、提供抚慰的父母意象，这种意象在移情过程中被激活，有助于减轻自恋型病人一开始出现的空虚和抑郁的感觉。这与边缘型人格障碍的治疗体验形成鲜明对比，后者通常是一种严重的情绪波动。

自体障碍的分类

科胡特认为他的自体心理学阐明了正常而坚实的自体对生活起伏变化的反应。当然，这些愤怒和沮丧、希望和自尊等正常反应并不是病态的（Kohut, 1977, p. 192）。

科胡特关注自体障碍，但他发现有些自体障碍无法被分析，尽管患者可以与治疗师建立融洽的关系。他将精神病（自体是破碎、衰弱或严重扭曲的）、边缘状态（自体的破碎和扭曲被防御结构掩盖）以及分裂样和偏执型人格（防御组织使用疏远的方式）等归入此类（Kohut, 1977, p. 192）。

科胡特（1977, p. 193）认为有两种形式的自体障碍是可以分析的，因为患者可以与治疗师建立融洽的关系，并产生移情，而在移情中治疗师可以成为一个治疗性自体客体。自恋型人格障碍和自恋型行为障碍都体现出自体的暂时破碎或严重扭曲。这些自体障碍有一个共同点，那就是在防御之下是紊乱的、未被镜映的自体。这样的自体在寻求镜映性自体客体的回应。自恋型行为障碍与自恋型人格障碍的区别主要在于滥交或反社会行为，这些行为掩盖了紊乱的、未被镜映的自体。因此，一个男人可能会和很多女人上床并对她们施虐，以一种绝望的、唐璜式的方式试图让自己未被镜映的古老自体得到令其满意的镜映回应。而在自恋型人格障碍中，防御性幻想掩盖了未被镜映的自体。这类患者主要将自己限制在施虐幻想中，而不是做出实际的施虐行为。

治 疗

科胡特的自体心理学强调对病人主观体验的共情性敏感。自体心理学也努力对自我组织水平的变化保持警觉，并将那些已经达到俄狄浦斯期或更完整的组织水平的病人分配给传统的分析。自体心理学关注自体组织存在早期缺陷的病人，并特别关注这些病人是如何体验治疗师的。

治疗（科胡特总是提到分析）要求病人的人格有一个观察性的部分，该部分可以与治疗师合作并承担治疗的工作。精神分析治疗的工作包括一个修通的过程；即自我必须反复接触人格中被压抑的挣扎，以及对这些童年期挣扎的防御反应。治疗师会提供一个现实的自我，帮助病人忍受延迟满足和焦虑。当病人内化治疗师的特征时，病人的现实自我逐渐获得对童年期的挣扎的主导权（Kohut, 1971, p. 143）。

治疗师需建立一种促进原始发展倾向被重新激活的情境。自恋型人格的这些未完成的发展任务表现在自恋性移情中，这帮助治疗师证实了诊断。具体的发展任务是未被镜映的自体需要理想化的自体客体的回应和肯定（Kohut, 1977, p. 130）。

因此，镜映移情激活了从自体客体身上寻求确认关注的夸大自体，以及自体寻求与理想化的全能客体进行融合的理想化移情。对于自恋的病人来说，治疗的任务是面对理想化移情和镜映移情，这是病人最初没有意识到的。当然，病人并不希望被镜映，但只有产生了镜映，病人才能正常发挥功能（London, 1985, p. 98）。

移情会通过病人对关注、仰慕的需求，以及各种对其被调动起来的夸大自体的镜映和重复式回应的需求，向治疗师展现出来（Kohut, 1971, p. 176）。在治疗师的帮助下，病人的观察性自我必须面对与理解自己的夸大自体的要求和对治疗师的理想化。慢慢地，当病人内化了治疗师的不同方面并建立起新的内在结构时，他就开始获得掌控。病人对于治疗师的个人存在和完美发挥功能的需求在可控范围内经历挫折，这个过程促进了内化——这和儿童通过转换性内化建立内在结构的过程几乎一样。最终，病人可以掌控并放弃原始的需求（Kohut, 1971, p. 207）。成功的治疗结果是建立一个牢固的、充分发挥功能的、康复的自体（Kohut, 1977，p. 173）。

当治疗师的共情性回应在某种程度上失败时，病人可能会防御性地回避这些婴儿化的需求。当与分析师的关系受到干扰时（例如，由于假期或者由于治疗师在感知和共情洞察方面有所失误），自恋型病人会开始感到自己不是完全真实的，情绪也变得迟钝。这些抱怨表明了其自我的耗竭，因为它不得不在自己和古老夸大自体的不切实际的要求或对外部强大的自尊供应者的强烈渴望之间竖起一堵墙（Kohut, 1971, p. 16）。正常情况下，健康的自我能够在内心找到情感滋养；也就是说，它很久以前就把自体的夸大部分整合到自己的整体中。

在自恋性移情中，夸大自体并没有与自我中指向现实的组织相整合。自恋型病人在还是儿童的时候就被剥夺了从自恋缠结中释放出自体的机会，这种释放涉及一个逐渐撤回自恋性投注的过程。当这个过程被父母的病理状态打断，或者由于父母去世或离开，孩子可能会继续对父亲进行理想化——例如，如果没有机会发现他实际的缺点，并且没有通过正常的互动而逐渐醒悟。这样的个体可能会继续寻找一个外在的全能人物，因为这种需求没有改变，也没有与现实的自我进行整合（Kohut, 1971, pp. 83, 84）。

同样，夸大自体也需要自体客体的肯定。童年时期未被镜映的自体继续绝望地寻找。治疗师的任务是向病人指出，其内心未被镜映的孩子依旧感受到自身那无望的需求。随着病人对自己的共情加深，其防御和压抑变得清晰，其观察性自我开始看到内在的无助和无望（Kohut & Wolf, 1978, p. 423）。

虽然科胡特经常描述别人已经注意到的现象，但他对治疗技术做出了新的有益贡献。具体来说，治疗师已经注意到病人会表现出强烈的对主体（夸大）、客体和治疗师的理想化（理想化移情）。科胡特鼓励治疗师对这些理想化采取中立的立场，而不是将其视为治疗的障碍；他还认为这些都是分析的材料。中立的立场通常会使病人以适合治疗的方式表达这些夸大的、理想化的幻想（London, 1985, p. 95）。奥托·科恩伯格（1975, p. 278）与科胡特相反，将理想化视为病人的夸大自体对分析师的病理性投射。例如，他认为镜映移情是一种病态的防御过程，病人试图强迫治疗师按照病人需要的方式行事。由于科恩伯格认为这是一种防御，而不是科胡特所说的正常发展过程的固着，因此科恩伯格倾向于主动面质这种防御。

垂直分裂

根据科胡特的说法，心智会以两种方式分裂。压抑通常被理解为意识和无意识之间的水平分裂。有时，夸大自体通过水平分裂来保持与现实自我的未整合状态。因此，现实自我被剥夺了自恋的能量，并感到自信和热情受到削弱（Kohut, 1971, p. 177）。水平分裂的病人会出现自恋缺陷的症状——模糊的抑郁、缺乏自信等。

而垂直分裂则涉及互不相容的心理态度并行存在于意识中（Kohut, 1971, p. 176）。因此，现实的自我可以通过否认或隔离的方式与不现实的自恋方面隔绝开。未经调整的夸大自体通过垂直分裂被排除在心理的现实领域之外，明显地侵入到许多活动中，例如通过虚荣而自负的行为表现出来（Kohut, 1971, p. 178）。垂直分裂比单独的水平分裂更常见。大多数自恋型病人都存在水平分裂，通常也和一些垂直分裂结合在一起（Kohut, 1971, p. 240）。

治疗试图通过自恋性移情来重新调动分裂出去的或被压抑的夸大和理想化的自体，以掌控夸大、表现性的需求，并将其置于现实自我的影响之下（Kohut, 1971, p. 108）。修通涉及完成在童年时期因创伤而中断的过程。

案例研究：Z 先生

在"Z 先生的两次分析（The Two Analyses of Mr. Z）"中，科胡特（1979）展示了对同一个病人进行的两种不同的治疗方法。第一种治疗方法源自经典的驱力理论，第二种则源自科胡特发展的自体心理学理论。第一次分析开始于 Z 先生 25 岁左右的时候，持续了大约 5 年。在这次看似成功完成的分析结束 5 年后，Z 先生找到科胡特寻求进一步治疗。当时，科胡特重新审视了早期工作，发现它有所欠缺。在第二次分析中，他和 Z 先生回到了早期的主题上，但这次是从自体心理学的角度审视它们。这个案例为科胡特提供了一个机会来强调他正在形成的观点，并展示这些观点在临床上的效用。

第一次来治疗时，Z先生表现出的问题包括一些轻微的躯体问题、一种总体上功能不足的感觉，以及由于无法与女性建立浪漫关系而感到与社会隔绝的困扰。当他在分析工作中探索这些困扰时，他逐渐透露自己经常自慰以实现受虐幻想。

> 在第一年的分析中，最显著的主题是退行性的母亲移情，特别是其与病人的自恋有关联的部分……他不切实际的、自欺欺人的夸大，以及他要求精神分析情境恢复他作为唯一控制者的地位，使他被溺爱的母亲欣赏和迎合……他对我大发雷霆……要么是为了回应我对其自恋需求和傲慢的"权利"感的诠释，要么是因为一些不可避免的挫折——周末的打断、治疗排期偶尔不规律，以及尤其是我的假期……（Kohut, 1979, p. 5）

科胡特（1979）对Z先生的诠释是他具有防御性的自恋，并认为他的自恋使他避免体验到对父亲的竞争感受，以及"意识到对敌人的竞争和敌对冲动时可能产生的阉割焦虑"（p. 5）。作为对这些诠释的回应，Z先生想起他小时候曾看到父母性交。另外他还想起早期的受虐幻想，他幻想被女人们当成奴隶买卖。科胡特（1979）将Z先生的受虐行为诠释为"对其内疚的'性欲化'，认为他内疚于对母亲的前俄狄浦斯期的占有，内疚于无意识的俄狄浦斯竞争"（p. 7）。

经过5年的工作，Z先生似乎有所改善。他的思想不再受到受虐幻想的占据，并开始与合适的女性约会。最重要的是，他从母亲的房子搬到了自己的公寓。

第九章 海因茨·科胡特：自体心理学与自恋

根据我的分析之眼——它们充分受训，以觉察弗洛伊德所说的构造——一切似乎都井然有序。我们已经谈到了俄狄浦斯冲突，此前对俄狄浦斯父亲的无意识矛盾心理已经显现，也出现了预料之中的退行性逃避的尝试，并伴有前俄狄浦斯冲突的暂时恶化。最终，有一段时间里出现了对分析师和治疗关系的哀悼，而这种符合预期的哀悼逐渐减弱，直到最后——在信任与合作的纽带即将解除的时候。一切似乎都没问题。（Kohut, 1979, p. 9）

分析结束了。又过了5年，科胡特收到了一张圣诞贺卡。Z先生在贺卡上说他遇到了一些困难，正在考虑重新联系他。科胡特回信约他见面，于是他们很快又会面了。Z先生说他的生活没有太大变化。他有过几段艳遇，但没有重要的关系。他的工作做得不错，但他感觉负担繁重。科胡特报告称，Z先生说他的受虐想法没有重新出现，但他感到工作给他带来了负担。这两件事合并在一起，让科胡特怀疑他的受虐倾向并没有解除，只是转移到了一个不同的领域。换句话说，第一次分析并没有成功地让Z先生的心理结构产生深刻的变化。

他们继续进行治疗工作。Z先生再次将科胡特理想化，但这一阶段并没有持续太久。它很快被Z先生"以自我为中心"的需求取代。他要求完美的共情，而当科胡特没有提供这种共情时，他会大发雷霆。在第一次分析中，科胡特认为这种行为是防御性的。现在他有了不同的看法，认为它是重要的分析材料，代表了病人早期体验的某些方面。有了这个新的观点，探索变得深入了；以前未被探索的材料开始出现。

现在，当我们在移情过程中观察病人处于原始状态的自体时，我们不再因为它不想放弃婴儿化的满足而认为它在抵抗变化或抗拒成熟。相反，我们看到它不顾一切地——往往是不带任何希望地——试图挣扎着从有害的自体客体中解脱出来；试图自己划定界限，自己成长，获得独立。（Kohut, 1979, p. 12）

第一次分析聚焦在 Z 先生和他母亲之间令人满意的关系上。现在这段关系的另一部分出现了，母亲要求 Z 先生完全服从她的支配。Z 先生的一部分顺从了她的要求，仍然和她融合在一起。如今他第一次……

……他开始吞吞吐吐地谈到母亲在他童年和青少年时期的一些明显不正常的行为，尽管谈这些事情要抵御解体焦虑带来的强烈阻抗。（Kohut, 1979, p. 14）

……我们现在认识到自体的抑郁，它想要为自己划定界限，并坚持自己的主张，却发现自己无望地陷在自体客体的心理组织中。（Kohut, 1979, p. 17）

随着第二次分析的进行，Z 先生开始显得不那么抑郁了。他开始表达自己强烈感受到的渴望，并表现出一些希望和轻快感（Kohut, 1979, p. 18）。他开始幻想科胡特的私生活，并更多地联想到自己的父亲。科胡特有时仍然把 Z 先生的好奇心诠释为婴儿般的、对父母性生活的好奇，但这样的诠释导致了抑郁的复发。很明显，Z 先生渴望有一个生动活泼、精力充沛的父亲。Z 先生第一次开始用积极的方式谈论他的父亲。

回想起来，这是治疗的关键时刻……随着分析进入下一个阶段，治疗主题的展开——找回强大的父亲——被反复发作的严重焦虑打断，包括一些可怕的、类似于精神病的体验：他感到自己正在解体，并被疑病的忧虑困扰。（Kohut, 1979, p. 19）

渐渐地，科胡特认识到Z先生已经把他与父亲之间的积极关系的某些方面分裂了出去，然后压抑了起来，因为这些材料对他与母亲的关系构成了太大威胁。

> 在这个悄无声息但非常重要的部分里，他保留了用于与父亲维持联结的理想化……（他自体结构的这一部分）在他的第二次分析中显现出来，转换性内化通过对其理想化移情的大量修通工作而实现，并使他（有望）永久、真实地完成了一个他在童年时期未完成的过程。（Kohut, 1979, p. 24）

随着第二次分析的结束，Z先生完成了与母亲的分离。他开始谈论他想从事的一项雄心壮志的工作。科胡特后来从其他地方得知，Z先生完成了这项工作，并在他的领域取得了相当大的成就。他还结了婚，并当了爸爸。科胡特因此开始相信，第二次分析取得了第一次分析没有取得的成果。这是一种结构性的改变，永久地将Z先生从导致他抑郁和倾向于受虐的自体结构缺陷中解放出来。

在这两个与Z先生工作的例子中，科胡特表示，自体心理学的视角使他能够以全新的、更有帮助的方式理解Z先生。在驱力理论的框架下工作时，科胡特听Z先生描述他与母亲的亲密关系以及与父亲的疏远关系，认为这是对俄狄浦斯三角的描述。因此，他将Z先生在性和关系方面的功能失调诠释为对母亲的性渴望和对父亲的攻击性冲动的防御。他认为Z先生在治疗中的夸大权利感是退行性的，体现出他希望回到早期被溺爱自己的母亲所欣赏的体验中。当 Z 先生经常以愤怒和抑郁回应这些诠释时，科胡特将他的反应定义为阻抗。

然而，从自体心理学的角度来看，这种在第二次治疗中迅速重现的行为对科胡特来说有着不同的意义。现在，科胡特听到了 Z 先生的抗议，他觉得自己没有被理解。除了直接表达的抗议的部分，还有更多的东西需要被理解——正如 Z 先生与母亲的早期关系显示出的那样，这种关系可能不像他们认为的那么积极。当他们探索被误解的感受时，Z 先生的受虐顺从模式开始受到关注，而他早期与母亲的关系的负面材料开始出现。自体心理学的视角颠覆了科胡特对 Z 先生的理解：现在他探索了 Z 先生想要逃离专横的母亲的愿望，以及他对接近疏离的父亲的渴望。这种移情并不被看作一种想要亲近母亲的退行性愿望，而是一种前进的努力——想要寻找自己需要的父亲。

Z 先生的案例为自体心理学提供了有力的证明。它同样有力地证明了临床工作者所使用的理论将影响着病人材料的哪些方面会得到关注，以及它们将被赋予的意义。随着科胡特发表这项研究时所处的 20 世纪 70 年代过去，80 年代和 90 年代开启，关于自体心理学相对于驱力理论的优势的争论，被临床理论本身的作用这一更基本的问题掩盖。社会建构主义者和后现代思想家认为，所有的临床理论都是文化的产物，反映了特定时间和地点的假设与偏见，因此它们阐明本质的同时也带来很多变形。对于临床工作者充当病人的专家诠释者这一角色的疑问开始出现。科胡特主张一种更"贴近经验"的临床姿态，即让临床工作者更贴近来访者理解自己的方式。在这个方向上更激进的转向很快让他黯然失色。科胡特的贡献具有广泛的影响力，但并没有引起大范围的讨论，因为对精神分析思想的更激烈的争论已经转移到范式这些更为根本的领域了。

对科胡特的评价与批判

科胡特认为自恋本质上是正常和健康的，有自己的发展或转化路线，可能在某些点上固着，因此有自己的病理形式，并需要独特的治疗方式。科胡特将驱力和传统的自我–本我模型从心灵舞台的中心移开。他的临床见解丰富，并且他的自体心理学对精神分析做出了积极的贡献。然而，这些概念并不总是清晰或有明确定义，比如自体的概念。尽管科胡特的自体心理学存在缺陷，并与精神分析传统的其他部分无关，但它还是取得了重大进展。

奥托·科恩伯格（1980）不遗余力地将自己与精神分析传统中的其他人联系起来，尤其是玛格丽特·马勒、伊迪丝·雅各布森、W. R. D. 费尔贝恩和梅兰妮·克莱因。相比之下，科胡特（1977, p. xx）说他没有兴趣尝试与其他精神分析理论家进行任何整合。虽然他可能承认自己的工作和其他人的工作有一些相似之处，但他并没有系统地详细说明或承认这些相似性。

科胡特（1980, p. 477）在给玛格丽特·马勒的一封信中写道，他们都是从不同的方向在同一座山里挖掘隧道。他拿自己与马勒所做的比较引发了有关他的方法论及其证据有效性的议题。科胡特的唯一数据来源是接受治疗的成年病人（参阅 Eagle, 1984, p. 50）。科胡特的共情和内省方法与马勒在非治疗环境中对儿童与父母互动的观察形成对比。在这里可以问一个问题：科胡特的精神分析中运用的共情和内省方法是否足以为理论的科学构建提供数据。

科胡特回忆起在 20 世纪 60 年代末与科恩伯格的谈话，并总结了他与科恩伯格的不同之处。他说科恩伯格认为自恋本质上是病态的，而他认为自恋是健康的（Kohut, 1980c, p. 477）。科恩伯格和科胡特确实对自恋及其障碍有着截然不同的看法。由于科恩伯格试图将客体关系和传统的驱力模型综合起来，他认为如果不包含性驱力、攻击驱力以及客体关系，就不可能讨论和治疗自恋型障碍（Kernberg, 1975, p. 271）。科胡特抛弃了传统上对驱力的强调，只在自体破碎时才提及驱力（Kohut, 1977, pp. xv, 77）。在自体心理学中，科胡特将对自恋的讨论置于驱力之外的背景下，即自恋有自己单独的发展及转化路线。

科恩伯格将自恋型人格囊括在更广泛的边缘型人格类别中，而科胡特并不总是明确区分自恋型人格和边缘型人格。因此，这两位理论家并不总是在讨论同一组病人（参阅 Kernberg, 1975, p. 334; Meissner, 1984, p. 104）。对科恩伯格来说，自恋型人格和边缘型人格的区别在于是否存在一个整合但病态的夸大自体。科恩伯格的自恋型人格概念与科胡特的概念的关键区别在于，科恩伯格发现了病态自体的存在，而科胡特发现了完整自体的缺失——或更准确地说，是一个发展受到阻碍的自体，一个不完整或固着的，正常、古老的凝聚性自体。

科恩伯格同意科胡特的观点，即自恋人格可以通过分析得到帮助，但他们对自恋本质的不同理解导致他们以不同的方式谈论治疗过程。科恩伯格倾向于认为科胡特是在满足或纵容病人，尽管科胡特认为他对镜映或理想化移情的促进能够带来基于领悟的掌控。科恩伯格（1975, p. 285）挑战了他所认为的病人的防御和失望。

毫无疑问，科胡特在很多方面都与客体关系理论家相似：放弃驱力模型，寻找本我-自我模型的替代模型，在自体意识的缺乏而非本能冲突中寻找病理。最重要的是，他提出了一条独立于驱力的自恋发展路线。一些理论家认为这种越过驱力的首要地位来强调自恋的举措是对传统精神分析的彻底颠覆，显然与传统模型不一致，这意味着他用自体模型取代了本我-自我模型（Eagle, 1984, pp. 35, 44, 75）。通过转向前俄狄浦斯期的发展，科胡特的自体心理学以及客体关系理论家已经把俄狄浦斯情结从精神分析的中心位置上赶了下来。

学习问题

1. 科胡特的模型与客体关系传统的联系有多紧密？该模型与众不同的程度真的足以让其成为一个关于人的全新模型吗？
2. 自体心理学提出了一种精神病理学的缺陷模型。这和经典精神分析的冲突模型有什么不同？你能想到哪位客体关系理论家在这方面的工作与科胡特相似吗？
3. 科胡特所说的"自体客体"与客体关系中的"客体"有何不同？
4. 什么是自恋？科胡特对我们理解自恋现象的贡献是什么？
5. 科胡特的观点是否能帮助你理解不同程度的挫折在塑造一个人的过程中所扮演的角色？

参 考 文 献

Eagle, M. N. (1984). *Recent developments in psychoanalysis: A critical evaluation.* New York: McGraw-Hill.

Freud, S. (1957). On narcissism. In J. Strachey (Ed. and Trans.), *The standard edition of the complete psychological works of Sigmund Freud* (Vol. 14, pp. 67–102). London: Hogarth. (Original work published 1914)

Goldberg, A. (1998). Self psychology since Kohut. *Psychoanalytic Quarterly, 67,* 240–255.

Hartmann, H. (1964). Comments on the psychoanalytic theory of the ego. In *Essays on ego psychology* (pp. 113–141). New York: International Universities Press.

Jacobson, E. (1964). *The self and the object world.* New York: International Universities Press.

Kernberg, O. (1975). *Borderline conditions and pathological narcissism.* New York: Aronson.

Kernberg, O. (1980). *Internal world and external reality.* New York: Aronson.

Kernberg, O. (1982). Self, ego, affects, and drives. *Journal of the American Psychoanalytic Association, 30,* 893–916.

Kohut, H. (1971). *The analysis of self.* New York: International Universities Press.

Kohut, H. (1977). *The restoration of the self.* New York: International Universities Press.

Kohut, H. (1978a). Forms and transformations of narcissism. In P. Ornstein (Ed.), *The search for the self: Selected writings of Heinz Kohut: 1950–1978* (Vol. 1, pp. 427–460). New York: International Universities Press. (Original work published 1966)

Kohut, H. (1978b). The psychoanalytic treatment of narcissistic personality disorders. In P. Ornstein (Ed.), *The search for the self: Selected writings of Heinz Kohut: 1950–1978* (Vol. 1, pp. 477ff.). New York: International Universities Press. (Original work published 1968)

Kohut, H. (1978c). Thoughts on narcissism and narcissistic rage. In P. Ornstein (Ed.), *The search for the self: Selected writings of Heinz Kohut: 1950–1978* (Vol. 1, pp. 615–658). New York: International Universities Press. (Original work published 1966)

Kohut, H. (1979). The two analyses of Mr. Z. *International Journal of Psycho-Analysis, 60,* 1–27.

Kohut, H. (1980a). From a letter to a colleague. In A. Goldberg (Ed.), *Advances in self psychology* (pp. 456–469). New York: International Universities Press.

Kohut, H. (1980b). From a letter to one of the participants at the Chicago conference on the psychology of the self. In A. Goldberg (Ed.), *Advances in self psychology* (pp. 449–456). New York: International Universities Press.

Kohut, H. (1980c). Reflections on *Advances in self psychology.* In A. Goldberg (Ed.), *Advances in self psychology* (pp. 473–554). New York: International Universities Press.

Kohut, H., & Wolf, E. S. (1978). The disorders of the self and their treatment: An outline. *International Journal of Psycho-Analysis, 59,* 413–425.

Lichtenberg, J. D., & Wolf, E. (1997). General principles of self psychology: A position statement. *Journal of the American Psychoanalytic Association, 45,* 531–543.

London, N. J. (1985). An appraisal of self psychology. *International Journal of Psycho-Analysis, 66,* 95–107.

Meissner, W. W. (1980). The problems of internalization and structure formation. *International Journal of Psycho-Analysis, 61,* 237–248.

Meissner, W. W. (1984). Differential diagnosis: The narcissistic disorders. In *The border-line spectrum* (pp. 103–136). New York: Aronson.

Ornstein, P. H. (1978). Introduction: The evolution of Heinz Kohut's psychoanalytic psychology of the self. In P. Ornstein (Ed.), *The search for the self: Selected writings of Heinz Kohut: 1950–1978* (Vol. 1, pp. 1–106). New York: International Universities Press.

Shane, M., & Shane, E. (1980). Psychoanalytic developmental theories of the self: An integration. In A. Goldberg (Ed.), *Advances in self psychology* (pp. 23–46). New York: International Universities Press.

Teicholz, J. G. (1978). A selective review of the psychoanalytic literature on theoretical conceptualizations of narcissism. *Journal of the American Psychoanalytic Association, 26,* 831–861.

Tolpin, M. (1978). Self-objects and oedipal objects: A crucial developmental distinction. *Psychoanalytic Study of the Child, 33,* 167–184.

Wolf, E. S. (1980). On the developmental line of selfobject relations. In A. Goldberg (Ed.), *Advances in self psychology* (pp. 117–130). New York: International Universities Press.

第十章
斯蒂芬·A. 米切尔：整合关系模型

到目前为止，读者们已经见识了本书前面章节概述的理论家所使用的各种术语和概念，这些用词有时令人困惑。术语和概念的多样性可以作为讨论斯蒂芬·A. 米切尔的工作的一个合适起点。米切尔试图整合精神分析领域中的各种关系理论。

米切尔（1988）是美国纽约市的一位从事培训和督导的分析师，也是一位优秀的作家。他认为过去几十年的许多精神分析理论是"支离破碎且分散的，是由那些自认为在互相竞争而非互相补充的精神分析学派发展起来的……[特别是关系模型，并且]从未发展成一个连贯的、全面的理论框架"（p. viii）。米切尔和他的合著者杰伊·格林伯格（Jay Greenberg; Greenberg & Mitchell, 1983）在仔细回顾后弗洛伊德时期的著作后，将精神分析划分为两个宽泛的阵营：弗洛伊德的驱力模型和关系模型。关系模型包括一系列理论：英国客体关系理论、人际精神分析和自体心理学。

米切尔认为，在过去的几十年里，精神分析关于人的看法发生了革命性的转变。相比于将心智视为个体内部出现的一组预先确定的结构（经典驱力模型），如今的理论所强调的重点已经转移到了关系模型上——该模型设想个体存在于交互模式中，其内部结构源于互动的人际领域（Mitchell, 1993a, p. 31; Mitchell & Black, 1995, p. 168）。在过去的几十年里，许多具有创造性和影响力的贡献都来自这种关系模型。

精神分析已经与弗洛伊德最初的设想大不相同。米切尔认为，驱力理论尽管在概念上是统一且综合的,但已经过时了。那些把人际关系而非驱力视为心理生活的基本要素的分析理论,以多种多样的声音在宣告自己的主张。米切尔(1988)转向了这种支离破碎且分散的关系模型:"当代精神分析理论和实践最紧迫的问题是,这么多不同的精神分析学派和传统之间有什么关系?它们彼此适配吗?如果适配,是怎么适配的?如果不适配,又是为什么呢?"(p. vii)

米切尔为自己设定的任务是探索关系模型中的各种传统,并提出将这些传统整合并具体化为一个综合的人际关系视角的方式。米切尔(1988)的著作《精神分析中的关系概念》(*Relational Concepts in Psychoanalysis*)旨在通过关系矩阵的视角,为精神分析探询的一些主要领域(如性欲、婴儿化和自恋)建立一个连贯而全面的框架。

显然,他的关系视角重新定位了精神分析思想中的一些核心问题。在《精神分析中的希望与恐惧》(*Hope and Dread in Psychoanalysis*)一书中,米切尔(1993a)延续了他对精神分析中的关键问题的思考,例如自体和分析性治疗。他尤其呼吁人们关注精神分析关系的互动方面,称精神分析是"一个涉及……两个参与者(分析师和被分析者)的希望和恐惧的过程"(1993a, p. 9)。*

米切尔(1993a)认为"重要的是精神分析永远不要抛弃弗洛伊德的思想"(pp. 32, 90)。他坚持认为他并不是在构建一个全面替代经典弗洛伊德思想的理论。事实上,他认为许多后弗洛伊德的理论家(如费尔贝恩、科恩伯格和科胡特)把他们的工作作为弗洛伊德理论的替代是一个错误。他寻求的是一种方法论,一种整合关系模型中不同概念策略的

---

* 米切尔通常使用"分析师"和"被分析者"的术语替代"治疗师"和"病人"。为了保持用语的一致,且因为本书旨在面向更广泛的读者群体,后续内容如无特殊将正常使用"治疗师"和"病人"的术语。

方法（1993b, p. 462）。然而，米切尔注意到一种偏离经典模型的深刻概念转变。在他构建整合的关系视角时，他忽略了驱力的概念。

米切尔的作品细致入微，难以简单概括。他于2000年12月英年早逝，这不仅是他家人的损失，也是整个治疗界的损失。

本章将讨论一些关键的精神分析主题，这也是米切尔（1993b, p. 462）在寻找一种整合不同概念策略的方法时，一直通过关系矩阵的角度仔细研究的主题。虽然他经常指出不同关系理论所用方法的异同，但主要强调的是他自己的立场。本章将总结米切尔根据他的关系模型对自体、自恋、性欲和婴儿化所做的概念化。他一直对关系视角在临床情境中的应用很感兴趣。

关 键 概 念

关系矩阵

关系矩阵（relational matrix）是解释临床数据的组织原则和框架。其内容包括自体、客体和交互模式（Mitchell, 1988, p. 41）。作为一种组织原则，关系矩阵与经典模型的组织原则——驱力的观点形成了对比。这两种概念都关注临床数据，但对数据的安排和使用方式不同，因此对数据的解释也不同。

驱力

驱力在经典模型中被定义为"对心智提出的工作要求"（Freud, 1905/1957, p. 168），成为赋能整个心理装置的动机能量。性和攻击本能或驱力变成首要的，并且与人类作为动物的过去相联系。一百年前，当达尔文主义刚刚兴起、维多利亚主义盛行的时候，原始主义的观点——认为人类本质上是动物，将脆弱的文明建立在不稳定的兽性本能之上——为人类经验提供了令人惊讶的新视角。米切尔（1988）用"野兽的隐喻"这一说法生动而具体地概括了这一观点（p. 121）。

互动领域

驱力可以和关系矩阵的背景相整合吗？历史上，人们尝试了几种方法将这两种模式的差异结合起来。米切尔将许多后弗洛伊德时期的精神分析看作一系列处理这种驱力与关系的两难困境的策略（Greenberg & Mitchell, 1983, p. 380; Mitchell, 1988, p. 52ff.）。关系模型理论放弃了驱力框架，经常重新强调性欲在临床中的重要性，或将其放在发展阶段的后期——前俄狄浦斯期之后——或者简单地把它置于关系的背景下。有些理论家认为关系模型隐含在驱力概念中。有些理论家（如科恩伯格）将关系模型视为驱力理论的自然延伸。还有一些理论家则声称关系矩阵和驱力模型本质上是互不兼容的。

米切尔指出，弗洛伊德自己也曾努力解决将关系和内在驱力纳入同一框架的概念问题，但他最终拒绝将这些因素混合在一起，而仅仅依赖于驱力，将其作为核心动机。米切尔（1988）自己则提出了另一种非混合立场："纯粹的关系模式视角，并不与驱力模型的前提混合在一起"（p. 54）。他的策略是"将基于关系模型的精神分析理论的主要路线整合成一个宽泛的、整合的视角"，并在其中略去驱力的概念（1988, p. 60）。

弱化驱力，并把重点放在关系方面，这样确实改变了经典的精神分析。但米切尔坚持认为，放弃理论建构并不意味着放弃临床数据，包括那些使弗洛伊德得出本能驱力观点的数据。这些数据将包括被驱动的感觉、压力和紧迫感的体验，以及使用野兽意象或身体意象的自我描述。

米切尔试图保留经典精神分析对临床的贡献，但他在一个有关人类心智的互动关系理论中重新组织了临床数据。

米切尔在广义上使用了关系矩阵的概念，即将其作为一种范式。关系视角认为，所有的意义都是在关系中产生的，没有什么是天生的（即经典驱力模型认为的那种天生）(1988, p. 61; 2000, p. ix)。心智由关系结构组成。的确，人的本性就是追求无限的、各种各样的联结，无论是为了安全、融合、快乐还是依赖。人类是由关系矩阵形成的，并且自己也嵌入其中。这是一个相互影响的领域，个体在这一领域中努力与他人建立和保持联结，或区分他人和自己。在关系模型中，研究的基本单元并非作为一个独立实体的、欲望与外部现实发生冲突的个体，而是个体与他人建立和保持联结的互动领域。欲望、性高潮、身体体验——所有这些都是在关系的背景下考虑的。

没有驱力理论的精神分析

米切尔意识到去除驱力的概念从根本上改变了精神分析理论。为了说明他对关系模型的看法，他从关系的角度审视了精神分析思想的几个核心支柱。首先，让我们来讨论他对性欲的看法。

性欲

驱力模型以引导和控制性本能为核心。关系模型将关系模式的建立和维持视作经验的中心结构。性欲被解释为互动情境中的一种反应、表达或行动。两种模型都解释了临床数据，但对数据的安排和诠释不同。

经典的驱力模型假定一个人行为的动机和意义来源于本能，并且这些驱力提供了诠释的类别。在人类经验的每一个特征背后都可以找到身体、性欲和攻击性的主题。例如，在控制、囤积和清洁的经验中可以看出肛欲期的各方面。

关系模型为组织人类经验提供了不同的类别。例如，与他人建立牢固的关系被认为是首要任务，无论这些联结是真实的还是幻想的。关系的多样性得到了很多关注，许多隐喻描述了不同类型的关系模式，如融合、分化、支配和控制（1988, pp. 90–92）。

驱力模型削弱了性欲及其客体之间的联结（也就是说，它支持先天本能的首要地位，将有吸引力的客体的魅力最小化）。米切尔认为，驱力模型很大程度上借鉴了我们内心存在野兽的隐喻，因此把性欲的本质问题定位到我们在前人类时期作为动物的残余痕迹上。与这种方法相反，关系模型采取了完全不同的策略：它加强并扩展了性欲与其客体之间的联结，并指出性欲如何提供途径以建立和维持关系构造（1988, p. 89）。驱力模型使个体的性欲成为人格的核心。因此，性心理冲动和愿望激发了行为，并塑造了个体有关自体或身份认同的意识。力比多被固着的位点决定了特定的性格类型，比如口欲期人格；如果达到了生殖期占主导地位的水平则意味着心理健康。而关系模型认为，身份认同和连续性的维持是人类关注的中心问题，性体验只有在参与这一任务时才有意义和重要性。性欲成为关系冲突形成和发展的领域（1988, pp. 66, 92–99）。

性欲在大多数亲密关系中都发挥着核心作用。建立和维持关系是最基本的，互相交换强烈的快乐和情感回应可能是寻求、建立、失去和重新获得情感联结和亲密感的最有力媒介（1988, p. 107）。

倒错的性欲可以被理解为反映了不同类型的客体关系，即通往客体的替代途径（1988, p. 92）。

性欲的各种形式和变化是一系列不同类型的自体组织和客体联系或

联结。弗洛伊德确实认为他遇到的最早的临床问题（他的病人的性欲经过伪装后所表现出的古怪的神经症症状）是源自与性欲生活的其余部分的分离，这种性欲受到压抑，并被迫以一种迂回的、神经症的方式表达出来。但是，根据关系模型，这些神经症性障碍并不是兽性的、天性本质的结果，而是在寻找并维持与他人的联结时分裂、焦虑和破碎的结果（1988, p. 65）。

性经验的中心地位及其在精神病理学中的关键作用并非来自其固有属性，而是来自其交互意义和关系意义。例如，性是以爱的名义被要求的，性的缺失被认为是一种背叛和羞辱。性生活的缺乏被体验为不断增加的性压力，这更多地与焦虑有关，而不是与性唤起有关。性释放不仅仅被体验为张力的缓解，还被体验为不顾一切地想要消除抛弃和背叛的威胁。甚至手淫也可以从关系的角度来看待，比如作为逃避一种两难困境的方式。该困境涉及对让人安心的保证和抛弃所产生的恐惧。手淫是一种自我满足的形式，自体通过这种方式得到抚慰，且表达的人际信息是"我可以调节自己，满足自己，所以我可以不需要你"。驱动强迫性手淫的压力并不是天生的张力，而是对身体体验到人际脆弱感的焦虑（1988, pp. 108, 118）。

关系矩阵并没有减损性的中心性，但是将这种中心性解释为受驱使的、兽性的方式，且与驱力模型不同。驱力理论中野兽的隐喻很有吸引力，因为它很生动，并且暗示我们的某一部分已经逃脱了社会的控制，并且存在于人际关系的必要调节之外。但是，这种比喻的具体化可能会模糊个体的性欲表达重要关系模式的方式。像其他帮助组织自体的比喻一样，自体作为野兽的比喻和体验出现在关系矩阵的复杂性和冲突中。综上所述，米切尔（1988, pp. 121–122）认为，在互动关系的背景下看待性欲，人们更能意识到性欲的重要性，也能更准确地理解它。

婴儿化

婴儿化是米切尔从关系模型的视角重新思考的另一个精神分析传统的关键领域，它指的是早期发展的观点在塑造个体方面所发挥的核心作用；也就是说，婴儿早期的烦恼经历在成年人的当前痛苦中仍然存在。米切尔无疑认为早期生活经历很重要，但他建议我们改变看待早期生活经历的方式。

精神分析常将成年人视为儿童，并基于从出生到俄狄浦斯期都占主导地位的性欲和攻击冲动的视角看待成年人的行为，从而对令人费解的成人行为提供洞察。婴儿的比喻具有强大的吸引力，因为它表达了许多病人对自身的愿望和需求的体验，就像一些婴儿的渴望，或者可能是为了摆脱婴儿时期的恐惧而做出的努力。婴儿是对心理体验的一个有组织的隐喻。了解过去如何构成现在的基础并在后来的心理过程之下继续存在，能够带来许多洞察。但米切尔主张谨慎使用婴儿的比喻，他认为过于具体地使用发展的理念可能会被视为解释而不是提示。此外，过度依赖婴儿的比喻可能会掩盖个体在关系矩阵中所嵌入的程度，以及一个事实，即某些渴望和恐惧是人类所有年龄段的经验特征，而不仅仅局限于婴儿期（1988, p. 134）。米切尔（1993a, p. 172）担心，强调发展停滞的理论过于依赖婴儿的比喻，从而将病理学视为冻结的、夭折的发展，将婴儿受到的剥夺和父母的失败视为成人精神病理学的基础。

一些关系理论就属于米切尔所说的发展停滞模型（developmental-arrest model）。这个模型通常用关系矩阵来替代驱力或本能，将其作为基本的动机框架。发展连续性上的问题被解释为成长受阻，情感缺陷和失败往往发生在生命早期，并持续产生成人精神病理。

这些早期的体验和需求往往会持续到成年，并被视为婴儿化、前俄狄浦斯期或不成熟的表现。米切尔（1988）对这种"将关系需求压缩到最早时期的倾向"提出了质疑（p. 134）。他认为，"发展倾斜"是由温尼科特、科胡特和马勒等后弗洛伊德时期的理论家建立起来的。"倾斜"意味着关系问题倾斜于或歪曲于婴儿期，而不是延伸到生命周期的各个阶段——尽管这些倾斜模型确实为关系需求和前俄狄浦斯期的体验过程提供了有价值的见解（1988, pp. 137–139）。

一些发展倾斜模型似乎暗示，生命最初的几个月是人类经验的最基本阶段，控制着生命后期按时间顺序出现的过程。米切尔告诫人们不要轻信这种观点，即认为早期的动力必然是最深刻、最基本的过程。如果从字面上看，这里的假设是，精神病理完全可以根据生命早期的问题和创伤来预测（1988, pp. 140, 144）。但是生命早期的议题，尤其是关系议题，往往是持续一生的苦难挣扎。现实情况是，"后期生活中的困难往往不是早期剥夺和问题的直接因果产物，而是这样一种复杂的组合：早期经历的影响加上后期对压力和冲突的反应"（1988, p. 145）。某些关系议题，如融合与分离、依赖与独立，是所有年龄段的人类共同拥有的经历。虽然从早期剥夺的角度看待成人精神病理在概念上很方便，即这些病人被想象成带有一个内在心理受损的婴儿，但经验证据表明，如果一些来自恶劣背景的儿童（如遭受战争的难民孤儿或受虐待的儿童）能及时被安置到正常的家庭，那么其成长过程所受到的可见伤害将减少至最低限度（1988, p. 146）。

米切尔并不否认确实存在发展过程失败的情况，但他不想过多地归因到生命的最初几年。父母的限制和剥夺通常不是特定存在于某一个发展时期；有问题的父母关系议题很可能会持续更长的时间。无法与婴儿和谐相处的父母可能也不擅长与学步期儿童或是青少年相处（1988, p. 147）。

米切尔总结得出，发展连续性的互动视角反映了人类在生命周期的各个阶段都在努力解决的问题之间存在相似性。一个与他人在一起的自体，涉及依恋与自我定义、联结与分化之间恒定的辩证关系。人际环境在自体的创造中起着持续而关键的作用。最早期的经历是重要而有意义的，因为它们是家庭互动模式最早的表征，这些模式将在不同的发展阶段以不同的方式不断重复。这并不是说太多的过去隐藏在现在的表象之下；相反，了解过去是为了获得线索，以了解病人如何以及为何会以他们的方式对待当下。

自体

尽管自体在过去的 25 年里一直都是精神分析著作中的中心概念，但大家都知道这一术语有许多令人困惑的含义和用法。理论家们对自体有不同的解释，比如一个概念、一个心智结构、我们都体验到的某种东西，以及做出行为的某种东西。西方思想家几个世纪以来一直将自体作为一个中心主题，最终的问题归结为："做一个人意味着什么？"在非西方文化中，超个体群体的概念承担了自体意识的大部分重担。

米切尔（1993a）在精神分析著作中发现了两种对自体的看法或思考方式：（1）自体是分层的，有一个单一的内核，个体控制着自体的揭露与隐藏；（2）自体是多重的，融合在主体与他人之间的相互作用中——此观点将自体视为多重的，并且是嵌在关系背景中的（pp. 96–110）。

将自体视为分层、单一且连续的观点根植于空间隐喻。这个隐喻表明，心智从某种程度上来说是一个地方，而自体——由部分或结构组成——是那个地方的一部分。例如，一个人有时会说"我今天不完全在这里"，或者他们可能会提到自己的"核心"或"最深处"的部分。（当理论家使用心理结构的概念时，他们指的不是某种实质性的东西，而是随着时间的推移重复出现的经验和行为模式。）

自体的第二个宽泛的模型根植于时间隐喻。这个隐喻表明了将自体视为多重且不连续的观点，例如人在某种情况下可能会说，"我今天不是我自己了"。自体是一个人随着时间的推移所做和所体验的事物，而不是存在于某个地方的东西。自体是指个体随着时间的推移，通过产生想法和感受（包括自我反思的想法和对自身的感受）等行为在主观上对意义的组织（1993a, p. 103）。

客体关系理论中的自体模型强调多样性和不连续性，认为自体不可避免地嵌在特定关系背景中。客体关系的方法聚焦于自体和客体单元，即个体在与他人互动时体验到自己是什么样的人。这些单元被理解为源自个体在特定背景中与重要他人相处时的感受。因为我们通过与不同的他人进行互动、与同一他人进行不同的互动来学习成为一个人，我们对自体的体验是不连续的，是由不同的构造、与不同的他人在一起时的不同自体所组成的。因此，一个人对自己的体验可能是与重要他人在一起时的自己，这种体验围绕一个照料着有依赖性的儿童的母亲意象进行组织。在另一个时间，她可能会围绕与自己相关的另一个人的意象来组织自己的意义感和对自我的体验，也许是围绕一个对自己提出要求的、爱抱怨的兄弟姐妹意象。这样的结果是自体有许多种组织方式——围绕着不同的自体和客体意象或表征而形成——来自不同的关系情境。我们都是互相重合的多重组织和视角的综合体，我们的经验被某种虚幻而主观的连续性和统一性掩饰（1993a, pp. 104–107）。

在这个框架中，病理可以通过自体重要版本的分裂程度衡量。换句话说，如果一个人的不同版本差异太大，就不可能有一个统一的自体。弗洛伊德将冲突描绘为冲动与调节功能和道德禁令的作用力之间的碰撞，而客体关系模型则主要将冲突定位在自体组织和自体–他人关系之间的差异和经常出现的不兼容上（1993a, p. 105）。

如果存在一个多变的"我"，其内容可变，在今天的感受与大多数日子都不同，且包含了不同的子组织；那么尽管存在不连续性，但我仍然可以将所有这些差异识别为一个在某种程度上不变的"自体"版本。自体感独立于时间的变化存在，它在不同的主观状态之间被证明是连续的，并带有一定的自我反思性。我将这种持久的自体感命名为"自己"，并赋予它具体的内容，以便我可以将当前的体验与之前的主观状态和内容相匹配，因此我能说"我今天感觉非常像自己"或"今天我感觉不像我自己"（1993a, pp. 107–108）。

主观经验的连续性构成了自体感的核心。整合与独特性的特质将正常人或普通人与多重人格区分开。多重人格的主观经验具有极大的不连续性。也就是说，所谓的多重人格没有从一个自体组织到另一个自体组织的连续感——不能识别出持续且持久的主体性或独特性。我们所有人不断地从我们所处的情境中创造意义。即使意义的内容可能有所不同，我们也会有这样一种感觉：今天在我的体验组织过程中创造意义的"我"，延续了昨天和前天创造主观体验的"我"（1993a, pp. 108–109）。

有时自体似乎是藏在我们内心深处的实体，可以向他人显露或隐藏。我们也可以谈到自我观察和自我反思，但许多这些关于我们自己的私密体验，即我们既是主体又是客体的体验，实际上可以回溯到过去与他人的互动。根据米切尔的观点，我们向自己表征自己的类别和语言很可能指向过去与他人的关系。即使在我们可能觉得最个人、最独立的经验中，我们仍然与他人存在着深刻的联结，因为正是通过他人，我们学会了成为自己。"对自体的定义和体验主要是通过与他人的对比和与他人建立关联而达成的"（1993a, p. 113）。

当我们试图思考自体的核心或中心时，我们不应将诗意的隐喻与客观的思考混为一谈。大多数关于真实或核心自体的思考尝试都使用空间隐喻和图像来定位自体的本质和表面特征。也就是说，思考自体的核心或深度是试图"深入"到自体在社会中的表浅适应之下。然而，从时间的角度思考自体可能是一种更有效的策略，用以处理搜寻自体核心所要解决的重要议题，即需要区分个体经验中的真实性程度。如果自体在时间而非空间中运动，它就没有固定的核心，而是有许多不同的运作方式。在日常生活中，我们对自体有着不同的体验。自体的某些版本似乎是自发的、建设性的，某些是隐藏的、遭受重创的。"我"表现和表达自己的某些方式感觉更真实、更能代表我。有时我感觉比平常更"像自己"，有时我感觉不那么"像自己"。这不同于空间自体所描绘的一个不变的核心、一个脱离时间变化的真实自体（1993a, p. 130）。

在区分真实性和非真实性时，关键的区别不在于"我"所感受到或所做的具体内容，而在于"我"的感受和所作所为之间的关系。当"我"准确地呈现"我"的想法和感受，并自发地展现自己时，"我"是真实的。感觉"对"的东西在某种程度上符合人际关系背景和"我"内在的情感背景。感觉不对或不真实指的是感觉不自然——人际关系、内在都不协调。"谈论真实性与非真实性，或真实与虚假的体验，让我们摆脱了空间的隐喻，而谈论真实自体与虚假自体或者'核心'或'真实'自体却没有做到这一点"（1993a, p. 131）。

在经典精神分析中，关键问题曾经是关于塑造个体生活的满足和挫败的模式的。在当代分析中，关键问题似乎是个体经验和自体表达有多少意义、有多真实。生活的丰富程度涉及关于个人经验的表达的真实和虚假程度。自发而有活力的自体表达是真实经验的基础，而对安全的需求往往导致个体关注自体表征对他人的影响（1993a, pp. 132–133）。

对一些病人来说，某些类型的体验可能很难冒险与他人分享。这些过去也许无法触及或解离的体验常常透过生动的隐喻来表达，比如动物、婴儿或恶魔。自体的不同版本在被组织时所围绕的隐喻经常以互补结对的方式出现，比如需求旺盛的婴儿与郁郁寡欢的成年人、野蛮的野兽与文明的成年人。治疗是一种合作性的努力，旨在发现、探索和命名这些自体的不同版本和心智状态。随着病人以更丰富的形式体验自己，自体的时间和空间维度将会相互补充（1993a, pp. 138–139）。

在某些活动领域，"我"可能会感受到更真实、更深刻的自己。同时使用时间和空间的维度能够让个体更充分地体验自己。因此，从时间和空间的角度思考自体的方式促使个体重新思考身体与自体的关系。基于身体的性欲或暴怒的体验不是定位在某个位点的原始压力，而是对关系背景中各种刺激的反应。相较于将某些经验内容判断为更基本、基础或原始的，更重要的是在经验的背景下看待内容。一种经验形式并不一定比另一种更基础或更深层，因为经验并不是一层层地存在于空间或心理结构中。经验随时间而变化，体现为自体组织形式的变化。某些经验具有更重要意义的感觉来自它们的自发性，以及不用担心它们如何被接受、摆脱自我意识的自由。基于身体的自体经验只是经验的不同组织方式；它们和其他经验一样，随着自体组织形式的变化而来回转换（1993a, pp. 139–140）。

除了自体作为婴儿和野兽的引人入胜的隐喻之外，还有自体受损的隐喻，这意味着一个人在过去以某种方式体验到创伤、伤残、剥夺、受伤或被抽空等。这些体验自己的方式反映了过去与现在之间的一种特定关系，即一个人现在的自体受制于过去的事件、被耗尽的资源和被中断的潜力的影响。病人对自己的体验是深受伤害的，需要关爱、同情或蔑视，或者以各种方式需要将他人视为受损的，以便关心他们或对他们感到蔑视（1988, p. 266）。

米切尔指出，正如其他经验性隐喻被确立为现实一样，受损的隐喻可以在发展停滞、结构缺损和自我缺陷等概念中找到。缺陷的经验被赋予了字面上的属性，似乎损伤存在于心智中。实际上，这些隐喻需要被识别为交互领域中的组织性隐喻，作为与他人建立联结的路径，或者用于解释如何维持建立好的联结。对于米切尔而言，更精确地来说，精神病理可能意味着被困在一种适应不良的关系矩阵中；人际关系中反复出现紊乱的病人可能会被负面的关系形式吸引，比如带有虐待、退缩或剥夺特征的关系形式（1988, pp. 269, 275）。

我们每个人内部的关系矩阵可以被视为珀涅罗珀（Penelope）①的织布机上编织的一条满是交叉图案的挂毯——即围绕一个人对自体的体验而形成的表征和各种隐喻。像珀涅罗珀一样，我们每个人都编织后又拆解，构建并调整我们的关系世界，以此维持相同的戏剧性的张力，延续着相同的渴望（1988, p. 275）。嵌入性是人类经验的固有特征。"我"成了与特定他人互动时的我。"我"觉得和他们在一起时必须呈现的方式就是"我"想让自己成为的样子。这种自体组织成了"我"的本性、"我"的人格。与他人的依恋模式成了"我"对进入他人群体内的可能性的感觉。那些交互模式成了"我"的人际安全感的基础。另一个事实是，所有重要的人际关系都必然是冲突的，因为所有关系在自我定义和与他人的联结方面都同时具有复杂的意义（1988, p. 276）。

自恋

自恋是精神分析的另一个核心概念，贯穿了所有分析理论的学派。米切尔回顾各种精神分析概念的关系性表述时，认为对自恋的讨论提供了一个可以比较与整合不同理论观点的领域。他还将他的整合关系方法

---

① 希腊神话中的人物，为等待丈夫奥德修斯（Odysseus）归来而织布，白天织一段，晚上再拆掉，以此拖延婚姻的选择。也用来形容一个人不断地做同样的事情，却没有进展或结果。——译者注

应用于临床情境。对于自恋幻想的临床现象，不同的精神分析传统都得出了本质上相似的技术方法。自恋幻想，通常的出现形式是关于自体的夸大想法或对重要他人的理想化，是对挫折、分离、攻击、依赖和绝望的一种退行性防御。对于移情过程中产生的幻想（如对治疗师的理想化或有关自己的夸大意象），治疗师需要做出诠释，明确它们的防御目的，并指出它们的非现实性（1988, p. 187）。

　　米切尔总结了对于与发展停滞模型密切相关的婴儿化心智状态和自恋幻想的不同观点。米切尔特别强调了温尼科特和科胡特对自体感的贡献。温尼科特所说的足够好的母亲提供了促进性环境，这使得婴儿能够假定（即产生幻想）他的愿望创造了他渴望的客体。孩子对"一切皆有可能"的幻想，是足够好的母亲为孩子提供环境的一部分。温尼科特的过渡性客体，即孩子的泰迪熊或安全毯，存在于孩子的主观全能和客观现实之间的边界上。孩子的父母允许过渡阶段是模棱两可的。温尼科特（1958）扩展了这一概念，认为健康意味着具有玩耍的能力，能够自由地在严酷的客观现实与令人舒缓的模糊（自我贯注与主观全能）之间来回移动。这进一步引导温尼科特从满足关键的发展体验与缺失的父母功能的角度看待治疗情境。治疗师提供了一个在婴儿时期没有的抱持性环境，一种恢复活力的方式——使得冻结的、成长中断的自体可以重新醒来，并在关键的自我需求得到满足后开始发展（1988, pp. 187–189）。

　　米切尔还描述了科胡特对温尼科特思想的技术启示所做的扩展和发展。在两种移情形式（镜映和理想化）中，治疗师及其回应替代了病人自身人格中缺失的心理结构而发挥作用。在镜映移情中，病人有夸大的感受，需要治疗师的镜映回应以避免自体的解体。在理想化移情中，病人对治疗师做出评价过高的赞赏，且需要治疗师允许这种理想化以避免自体的解体（参阅 Kohut, 1971）。科胡特指出，通过这些方法，病人试图创造重要的发展机会，一种童年时期无法获得的自体－客体关系。正在发生的事情是一个夭折的发展过程的核心——这个过程由于父母未能让孩子体验夸大的、理想化的幻想而停滞不前。当自恋幻想在治疗中出现时，它预示着一个让自体恢复活力的脆弱的机会。当治疗师培养这些幻想并温暖地接受它们时，病人的正常发展过程就可以被恢复并持续下去（Mitchell, 1988, pp. 189–190）。

在米切尔对关于自恋幻想的不同技术方法的批判中，他表示大多数治疗帅都在努力寻找不同的当代方法和经典方法之间的中间点。米切尔充实了一个描述性框架，用其整合的关系视角下的技术在概念上定位这种中立的方法。更传统的方法对自恋的理解强调了自恋幻想被作为防御使用的重要方式，但米切尔认为这种方法忽略了幻想在健康、创造力和巩固与他人的重要关系方面的宝贵作用。也就是说，发展停滞的视角产生了这样一种关于自恋的观点：强调自恋幻想促进成长的功能，但忽略了这些幻想在多大程度上限制和干扰了个体与他人的真正交往。例如，米切尔强调了科恩伯格（1975）如何在不同于科胡特（1971）的假设下进行构思。科恩伯格笔下的自恋者生活在一个四面受敌、被剥削的世界，这个世界里唯一的安全在于贬低他人和解除他人的武装。科恩伯格的治疗性共情回应是理解这种有危险的状态，指出防御，并进行一些接触。但科胡特描述的自恋者是一种脆弱的生物，生活在一个充满伤害的世界里，唯一的安全在于分裂出自体的某些方面，以努力保护与之相连的脆弱感受。这里的共情回应是理解可能导致自体解体的持续威胁。在这种观点下，挑战幻想就是延续童年创伤（Mitchell, 1988, pp. 192–193）。

米切尔通过考察自恋幻想在延长和延续病人的关系矩阵的过程中所发挥的互动作用，试图找到一种借鉴这两种方法的临床智慧的整合的关系方法。因此，在整个生命周期中，自恋在维持人际关系的固定模式、与重要客体的幻想联系方面发挥着重要作用。从童年到老年，各种各样的自恋幻想在整个生命周期中产生。这些自恋幻想通常表现为对自身品质做出夸耀性评价、迷恋所爱之人的品质，以及幻想与所爱之人完美融合。对于健康的个体来说，时而体验到相当程度的夸大感受和幻想并不罕见，但在健康的自恋中，个体能够在幻想和现实之间保持平衡（1988, pp. 193–195）。

相比之下，病理性自恋是一种性格问题。在这种情况下，幻想被过于认真地对待，而现实被牺牲，以此努力保持一些理想化的虚构。米切尔认为，自恋的病理不在于自恋幻想的内容——个体的实际想法——而在于对这些心理内容的态度。病理性自恋有一个相互作用的方面，因为自恋障碍似乎发生在个体性格形成于重要关系中的时候——在这些关系中，幻想和现实的相互作用受到扰乱。对于在幻想和现实之间保持健康平衡的孩子而言，其父母在其发展过程中可以舒适地体验孩子和自体，兼具有趣的幻想与现实的局限。关于自体和他人的幻想得以产生，并以有趣的方式被享受着，然后在遭遇失望后被放弃。新的幻想不断地被创造和消解。但是，在产生病理性自恋的过程中，评价过高的、无边界的幻想被过于认真地对待和坚持。在某些障碍中，幻想被个体主动地、有意识地维持着。个体以牺牲现实为代价，继续沉迷在一些自我美化的、理想化的虚构中（1988, pp. 194–196）。

健康的父母在与孩子互动时，能够在不忽视现实的情况下以游戏的态度对待幻想。然而，有些孩子的父母过于认真地对待这些幻想，并且他们自己的价值感和安全感就依赖于这些幻想。这种幻想会让这类父母上瘾，并因此成为他们提供给孩子的关联方式的主要特征。这些联结的条件不仅存在于婴儿期，而且存在于整个童年和成年期。因此，如果父母沉迷于这种幻想，那么孩子习得的联系模式只会导致自恋困难。在孩子的感觉中，这样的联系模式是除了完全不联系以外的唯一选择。代达罗斯（Daedalus）和伊卡洛斯（Icarus）①的神话很好地抓住了孩子和父母的幻想之间的微妙关系的平衡——过高和过低之间的不稳定平衡（1988, pp. 197–198）。

米切尔将这些关于互动的想法应用到临床情境中，思考治疗师如何帮助病人在幻想和现实之间达到平衡，并融合这两个领域。米切尔认为，自恋幻想既不能仅仅被理解为一种对内在心理伤害的防御解决方案，也不能仅仅被理解为婴儿心智生活的高峰；从最基本的水平来说，它是一种与他人互动、参与到他人中的形式。从这个角度来看，夸大和理想化有时起到防御作用，有时代表未满足的发展需求。但当它们在治疗中以刻板印象的形式反复出现时，它们的核心功能是作为一个开局动作，邀请一种特定形式的互动。将自恋幻想视为邀请意味着以不同的角度看待治疗师的回应。病人需要治疗师的一些参与以完成与一个过去的客体的联结纽带。

如果涉及夸大，病人可能需要治疗师表达一些钦慕或赞赏。如果涉及理想化，可能需要治疗师表达被钦慕的快乐（1988, pp. 203–204）。米切尔提供了一种介于共谋和挑战之间的治疗方法，这条路径反映了玩耍的意愿。这种立场类似于父母对孩子的幻想的理想回应，即父母开放地接受孩子对自己和父母的幻想，同时保持轻松的态度。治疗师对病人的移情开局动作的回应则应该反映出一种类似的、对有趣参与的开放性（1988, pp. 205–207）。

---

① 代达罗斯和伊卡洛斯是希腊神话中的一对父子，因犯错被关在高塔里。代达罗斯收集鸟的羽毛为二人制作了翅膀，并叮嘱儿子伊卡洛斯不要飞得过高或过低，过高会因为太阳照射而使翅膀上的蜡熔化、羽毛着火，过低则会因雾气潮湿而使飞行速度受阻。但伊卡洛斯在飞行过程中高兴得忘乎所以，越飞越高，最终因羽翼的松动而坠海去世。——译者注

那些将人际关系融入夸大幻想的病人认为，这是最令人满意的一种关系。他们寻找钦慕者，把那些不是钦慕者的人当作无趣的人抛弃。那些怀揣着秘密的夸大主张的病人相信，成为被狂热钦慕的客体会让他们感到满足，但他们也担心自己永远达不到这个目标。那些在理想化他人的基础上整合自己的人际关系的病人同样认为，这是最好的一种关系；在生命陷入危险之际，他们相信他们必须把自己和一个理想化的人联系起来，这个理想化的人似乎能提供安全和保护。所有这一切所关乎的治疗问题是：这些不对称的关联形式是如何变得如此受重视的？治疗师经常发现，这种围绕他人的钦慕或理想化而构建的不对称关系是发展和保持家庭内部最大限度的紧密联结的手段。因此，"以与自体或他人相关的自恋幻想为中心的自体组织，通过保持人际整合的特征模式和幻想的客体纽带，在维持被分析者（即病人）的关系矩阵方面发挥着至关重要的作用"（Mitchell, 1988, p. 212）。

治 疗

米切尔认为，由于病人的变化、分析理论的进步以及我们对知识客观性的看法所产生的深刻变化，弗洛伊德的分析过程模型在今天已不再适用。整体而言，除了存在一些不想要的症状所产生的扰乱，弗洛伊德的病人其实都是适应了他们的时代和文化的个体。相比之下，当代对接受分析的病人所做的案例研究往往描述的是没有异乎寻常的症状的个体，但他们对所处时代和文化的适应是有问题的。他们在生活体验中缺少了一些基本的东西；他们的主观性本身基本上是错位的。事实上，客体关系理论和自体心理学之所以受欢迎，部分原因是它们能帮助治疗师思考他们当下面临的各种临床问题：空虚和不真实的感受、维持亲密关系的无意义感与困难、虚假的自体与耗竭的自体（1998; 1993a, pp. 22, 64）。

弗洛伊德及其同时代的人对精神分析理论很有信心，因为它提供了一幅心智底层结构的地图。但分析师或治疗师真正了解什么？米切尔认为，理论在过去15—20年里的进步带来了一场信心危机，关于治疗师能够了解什么。这场危机不仅涉及理论层面的思维转变，也涉及元理论——关于理论的理论——层面的思维转变。这场危机关乎治疗师对动机、心智结构和情感生活的发展能够有什么样的了解。新的观点强调了经验的巨大复杂性和根本上的模糊性，这就产生了一个问题：治疗师真正知道的能有多少？以及这是多么令人焦虑？这种思考方式需要人们从根本上重新定义精神分析思想的本质，以及精神分析作为一门学科的本质（1997; 1993a, pp. 41–42）。

理论的演变，特别是关于我们如何知道（how we know）的理论，加强了当代对治疗的关系方面的重视。事实上，理论上的革命改变了我们对成功的治疗的看法。我们当代世界对理性的期望越来越低，而对体验的强调越来越多。几个世纪以来，西方思想家认为现实是可知的；对科学理论的评判是根据它们与现实的吻合程度来进行的。弗洛伊德及其同时代的人共同认可这些假设；他们重视科学的理性和不带幻想的思考。但后现代主义标志着这些早期观点与当前思想之间根本上的不连续性，后者倾向于认为这些假设是站不住脚的。在我们这个时代，知识被认为是多元的，而不是单一、统一的；是有背景的，而非绝对的。精神分析作为一门学科并没有逃脱这种在假设上的范式转变。分析思想的这种变化不仅体现在精神分析本身分裂成不同的学派，也体现在精神分析对治疗的看法。

对于分析学派的多样性和异质性，米切尔持乐观和积极的态度。他认为精神分析并没有分裂成概念紊乱的状况，而是分裂成不同且独立的分析传统，如客体关系与自体心理学学派。学派之间彼此有很大的联系，可以在临床实践的综合框架中连贯地整合在一起。然而，这种丰富的异质性也是令人焦虑的，因为显然不再有一种排他性的、权威的方法和地图，用以揭示关于人类心智的唯一真理。理论中丰富的异质性迫使我们从"治疗师知道真相"的观点，转向"治疗师知道关于病人体验和内心世界的各种可能真相的其中之一"的观点。因此，好的治疗本质上不是权威地强加治疗师自己的观点，而是一个互动的倾听过程，能够让病人的观点发展和显现出来（1993a, pp. 45–53）。

这场分析思想的革命认为治疗是一个互动的过程，此过程关注的是事件对病人的意义，以及病人如何用对自己有意义的方式组织自己的经验。从弗洛伊德的时代到我们的时代，这种对病人需求的理解的转变，将对病人自体体验的恢复和激活，以及对紊乱的、被剥夺的主体性的治愈置于治疗的中心。病人需要的不是对无意识的、婴儿化的幻想进行理性改造，也不是客观的理解，而是一个促进性的人类环境，从而在这个环境中产生切实而有意义的体验，发展出更真实的身份认同和自体感。如今的治疗师更少强调理性的理解、洞察和诠释，而更多强调接纳、涵容、镜映和抱持病人的主观心理现实（1993a, pp. 24–31, 67）。

治疗师知道什么？治疗如何产生意义并促进真实的体验？理论和元理论的革命为治疗过程提供了一种不同的视角，从客观知识转向嵌在治疗师个人经验中的互动和建构。治疗师不是一面镜子，也不是一个无生命客体，而是一个产生意义的主体；治疗是一个高度个人化的、人际的过程，是两种视角和主体性的相遇（1993a, p. 78）。

在部分回答"治疗师知道什么"这个问题时，米切尔说治疗师"知道一套关于心智如何运作和经验如何构成的思考方式"（1993a, pp. 64–65）。此外，治疗包括寻找一个安全的治疗港湾，病人在那里可以追求真实的个人体验。弗洛伊德认为与治疗师的关系是对过去关系的再创造，当代的关系视角则有所不同，倾向于寻找治疗关系中的新事物。过去对于理解病人现在与治疗师的关系的意义仍然很重要。疗愈涉及通过治疗关系进行工作。因此，治疗师使用弗洛伊德的工具，以弗洛伊德无法想象的方式探索个人体验。这样做的目标不仅是使无意识意识化，而且是使个人经验变得真实并具有深刻意义（1993a, pp. 31–32）。

米切尔指出，近几十年来，治疗关系越来越被理解为一种真实的关系，从认为"治疗性的洞察具有疗效"转变为强调"关系具有疗效"。关系模型倾向于强调治疗师是一个好客体，帮助病人放弃与坏客体的联结。此外，理论学家似乎认为，以某种形式满足病人的婴儿化需求、提供在其早期发展中缺失的东西是可以接受的。例如，提供令人舒缓的、常常带有共情的评论——不同于在经典的节制规则下，治疗师并不会满足婴儿化的愿望（1988, p. 151; 1993a, p. 39）。

弗洛伊德追求清晰和洞察，而当代治疗师强调丰富性和意义，并允许相当大的模糊和混乱的空间。目标不是寻求清晰的理解，而是病人能够产生真实、重要和自身独有的体验。米切尔并不否认洞察和阐明无意识幻想的重要性；理性的思考和对冲突的澄清仍然发挥着重要作用，但它们并不占据当代治疗工作的中心。主要目标不再是控制本能，而是建立一个安全的人际舞台——个人经验可以在这个舞台上得到表达、扩展和丰富，而不是参照一些理性的客观地图或标准被加以纠正（1993a, p. 35）。

治疗师所知道的不仅仅是一系列理论概念，还有自身的体验。从建构主义的角度来看，我们理解每个人如何只能通过体验来认识自体之外的现实。个体根据想法、愿望和文化假设来组织这种体验。我们也认识到，治疗师的理论概念在很大程度上会影响治疗师的所见所闻。因此，治疗师对病人的理解是一种建构，对任何一个病人的体验获得正确而完全的理解是不可能的。由于治疗师不能直接掌握病人的体验，而只能依靠自己的体验来理解，所以还必须注意治疗师自己的情绪、感受和幻想——这些为了解病人的体验和关系模式提供了途径（1993a, pp. 57–61）。

如果说精神病理学常常涉及个体主动且有意地坚持适应不良的关系模式，那么将治疗理解为一个互动领域是很有帮助的。在这个互动领域中，病人与作为一个好客体的治疗师所建立的新关系可以用来挑战不健康的关系。与幻想中的意象和存在所建立的不健康关系似乎经常提供安全和联结；与治疗师的关系则提供了沿着新的、更富有生机的方向与他人建立依恋的可能性。病人带着一种有限的关系矩阵进入治疗。他们通过投射以及试图重新创造过去熟悉的、受限制的模式以寻求与人的联结。他们倾向于沿着旧的路线体验所有重要的关系，包括与治疗师的新关系。因此，治疗的核心过程是帮助病人打破封闭的系统，放弃与这些关系模式的联结，并促使病人带着开放的态度接受更丰富的新关系（1988, pp. 162, 170）。

治疗为病人提供了更丰富且更复杂的、成人水平的亲密关系。根据米切尔的观点，病人需要在当下得到充实。米切尔担心，一些发展倾斜模型（尤其是可能将婴儿的隐喻具体化的发展倾斜模型，将需要和愿望看作婴儿化的，而对情感支持的需要则被体验为与饥饿的婴儿对喂养的需要一样）认为需要纠正过去的遗漏和有害的缺陷。米切尔不想强调这种退行的特点。换句话说，现在的问题往往看似早期紊乱的退行性残余。米切尔（1988, p. 156）关注的是，对关系的需求是所有成人关系所包含的方面，比如渴望被拥抱、被珍惜，它不应该仅仅被视为童年最早时期的退行性共生渴望。

案例研究：弗雷德的例子

在米切尔成熟的作品中，他与病人的互动是温暖的、投入的；对其最好的描述是"个人化的"。我们可以在这些互动中看到前述的互动式倾听过程是如何体现的，这个过程旨在"允许"病人观点的出现（Mitchell, 2002, p.174）。

在米切尔的最后一部作品（于 2002 年米切尔去世后出版）中，他以爱为主题进行写作。他提供了一系列的思考，穿插着简短的案例，研究客体关系中的一个核心问题。成熟的人是如何让自己进入一段关系的？他们如何选择爱的伴侣，如何创造爱并维持爱？

"弗雷德（Fred）"利用心理治疗来审视他和妻子性生活不活跃的问题。弗雷德责怪妻子是一个羞怯、不情愿的性伴侣。随着弗雷德描述和解释这些抱怨，他开始对自己的角色变得更加好奇。

> 对一名精神分析师来说，弗雷德对自己产生的困惑——他感觉到自己似乎自相矛盾——是一个重要的发展，是一年的分析工作后得到的一个非常令人满意的结果。我们可以说，这是一个让他意识到自己偏离了自我中心的开始；他不完全是自身经验的理性的、有掌控力的主观能动者；还有更多的因素在起作用。（Mitchell, 2002, p. 188）

在几个月的时间里，弗雷德和米切尔从许多不同的角度探索了弗雷德与妻子的互动。弗雷德的性幻想是什么？这种幻想产生了什么样的恐惧？妻子的羞怯让他联想到并唤起了早期生活中的哪些部分？随着时间的推移，弗雷德首先把自己的体验与母亲联系起来，后来又与父亲联系起来，继而对自己混杂的情感和意图形成了一种更复杂、更微妙的看法。与此同时：

正如精神分析中经常发生的那样，弗雷德的人际关系的关键特征开始出现在他与我的关系中。我们之间经常有一种温暖的感觉，随着时间的推移，当我们一起解决各种与信任和焦虑有关的议题时，我感到这种感觉越来越强烈。然而，弗雷德发现我的专业工作方式（他很欣赏）也有些令人不快，就好像我像他父亲一样疏远他，对他隐瞒我真正所处的情感位置。弗雷德开始寻找一些信息的碎片，试图了解我的隐秘痛苦，以及我对他和其他人隐瞒的渴望。

他的这些想象——其中一些比其他的更准确——在我们两年的工作中浮出水面，我开始注意到自己对它们的感受在变化。早些时候，我们探讨了他对于我隐藏的情感深处而产生的幻想和感知，这些探讨对我来说是充满活力且重要的。然而，随着我对弗雷德的喜爱与日俱增，我开始觉得他的这种信念令人恼火：他认为我们之间实际发生的事情不如他想象中与我的痛苦所产生的联结真实。所以我开始指出，通过个人苦难想象出来的亲密关系会破坏可能发展起来的真正的亲密关系。他寻求亲密关系的方式导致了我们之间的疏远。这种探索被证明是非常有用的，而且它的作用很快就变得很明显：这样的关系就像弗雷德对自己与妻子的关系的定位方式一样。（Mitchell, 2002, p. 190）

当米切尔回顾他们的工作时，他评论道：

任何富有成效的分析都会产生无尽的动机和意义。心理动力学的诠释是无限的。问题是：它们会如何影响弗雷德为了获得自我理解和更满意的生活所做的努力？弗雷德在这一切中处于什么位置？（Mitchell, 2002, p. 191）

然后他回答了这个问题：

> 实际上，弗雷德在自己的体验中同时处于好几个不同的、互相冲突的位置。弗雷德是一个恐惧的、愤世嫉俗的、自我克制的人，他抑制着自己所认为的贪婪的欲望和致命的破坏力；弗雷德也是一个忠诚而有爱心的人，在母亲抑郁时保持着与母亲的联结，在父亲令人窒息、秘密的渴望中保持着与父亲的联结；弗雷德还是一个自我保护的人，他把自己强烈的渴望当作自己最深、最珍贵的东西来保护。（Mitchell, 2002, p. 191）

弗雷德到底在哪里？心理治疗如何帮助弗雷德找到自己，并提高他在与他人的互动中使用自己的能力？米切尔能够以一种聚焦这些问题的方式将自己带入心理治疗中。

米切尔在这里展示的临床工作引人入胜，因为它结合了这本书中其他理论家的工作，但从根本上来说，它又区别于这些理论家的工作。米切尔是最接地气的分析思想家之一。他对精神分析理论的历史发展、对不同思想学派之间的差异以及跨理论整合的可能性的兴趣，影响了他的所有著作。然而，在这里，他的工作显然是非理论的。当他冒险探讨更传统的理论问题时，他是将它作为旁白，就像在与另一个病人查尔斯（Mitchell, 2002, p. 195）工作时简要地考虑一下投射过程一样——他很快就将其放在一边，因为它对于当前的主题而言过于局限。早期理论家发展的理论聚焦于病人的性格、症状、优势和病理的特定方面。最终，米切尔将理论推到幕后，在治疗师和病人之间展开的心理治疗探索中出现了一种极其宽阔和自由的氛围。在这个空间里，借用米切尔（2002）的一个例子来概括——"爱在空气中"（p. 195）；从一个重要的意义上说，爱成了一个恰当的主题,用以结束一本关于客体关系的书,以及一个世纪以来关于人们相互依赖并使用彼此以更充分地成为自己的研究。

对米切尔的评价与批判

关于米切尔的工作的争论和评价,在某种程度上是沿着"政治"路线进行的。也就是说,在精神分析研究所接受训练的传统主义者坚持弗洛伊德的传统解读,往往对米切尔的尝试持批评态度。例如,巴尚和理查德(Bachant & Richards, 1993)批评他忽略了动机概念。米切尔的回应是,他确实在精神分析理论中进行了全新的尝试。他提醒读者概念就是概念,如果他似乎忽略了某些东西,那是因为他在用不同的术语进行概念化;对他来说,一个最高的动机原则是寻求客体(1993b, pp. 461–462)。

对米切尔的工作的评价和批判取决于他的作品被认为是革命性的抑或仅仅是渐进性的。主流的经典弗洛伊德学派认为,当前的发展应该是对经典传统的延伸。米切尔承认,他正在加入一场彻底背离经典传统的运动。他持有一种革命性的观点,认为过去25年中关系视角对理论的贡献是革命性的。现在的精神分析与90年前甚至40年前的精神分析都不同(1993b, p. 466)。他觉得"对弗洛伊德的追随最好是带着尊重的态度抛弃他的一些概念,并根据理论和敏感性在当代的广泛变化重新思考和改造其他概念"(1993b, p. 468)。

评论家们欣赏米切尔的学识广度,以及他所承担的任务涉及的广阔范围。米切尔对经典和当代分析思想都有着非凡的理解。很少有著作系统地比较和对比精神分析理论的各个学派(参阅 Winer, 1985, p. 256),但格林伯格和米切尔(1983)对精神分析传统做了这样的系统概述,其组织主题是客体关系的思想。这种关于理论的历史知识为米切尔提供了一个不同寻常的视角，可以从中比较、对比和整合分析思想。米切尔和他的批评者一致认为，在米切尔的写作中，并不总能很清楚地区分他在写自己感兴趣的特定领域，还是在综合其他理论家的工作（参阅 Hartman, 1990, p. 310）。尽管这些批评似乎是评论家从动机的基本议题出发而提出的，但米切尔似乎也因为努力整合精神分析的关系分支，同时也重视人类经验中的冲突和性欲问题而受到赞赏。他似乎成功地完成了从驱力理论到完全关系模型的范式转变（Berman, 1997, p. 195; Hartman, 1990, p. 310）。总而言之，米切尔的工作"对精神分析理论的发展至关重要"（Rosenberg, 1990, p. 803）。

> **学习问题**
>
> 1. 米切尔是如何从概念上开启客体关系模型的？
> 2. 米切尔的自体概念有何独特之处？
> 3. 米切尔对自恋的概念和边缘型人格的治疗有什么特别的贡献？
> 4. 从满足和挫败的经典概念到米切尔对意义和真实性的关注，这种转变如何影响我们对发展的理解？
> 5. 后现代主义和当代文化真的对治疗和精神病理学有影响吗？
> 6. 隐喻（如野兽或婴儿的隐喻）能帮助你理解本能、自体和自恋吗？

参 考 文 献

Bachant, J. L., & Richards, A. D. (1993). Review essay. *Psychoanalytic Dialogues, 3*, 431–460.

Berman, E. (1997). Relational psychoanalysis: A historical background. *American Journal of Psychotherapy, 51,* 185–203.

Freud, S. (1957). Three essays on the theory of sexuality. In J. Strachey (Ed. and Trans.), *The standard edition of the complete psychological works of Sigmund Freud* (Vol. 7, pp. 125–245). London: Hogarth. (Original work published 1905)

Greenberg, J. R., & Mitchell, S. A. (1983). *Object relations in psychoanalytic theory.* Cambridge, MA: Harvard University Press.

Hartman, W. (1990). Book review: *Relational concepts in psychoanalysis: An integration. Clinical Social Work Journal, 18,* 309–310.

Kernberg, O. (1975). *Borderline conditions and pathological narcissism.* New York: Aronson.

Kohut, H. (1971). *The analysis of the self.* New York: International Universities Press.

Mitchell, S. A. (1988). *Relational concepts in psychoanalysis: An integration.* Cambridge, MA: Harvard University Press.

Mitchell, S. A. (1993a). *Hope and dread in psychoanalysis.* New York: Basic Books.

Mitchell, S. A. (1993b). Reply to Bachant and Richards. *Psychoanalytic Dialogues, 3,* 461–480.

Mitchell, S. A. (1997). *Influence and autonomy in psychoanalysis.* Hillsdale, NJ: Analytic Press.

Mitchell, S. A. (1998). The analyst's knowledge and authority. *Psychoanalytic Quarterly, 67,* 1–31.

Mitchell, S. A. (2000). *Relationality: From attachment to intersubjectivity.* Hillsdale, NJ: Analytic Press.

Mitchell, S. A. (2002). *Can love last? The fate of romance over time.* New York: W. W. Norton.

Mitchell, S. A., & Black, M. J. (1995). *Freud and beyond: A history of modern psychoanalytic thought.* New York: Basic Books.

Rosenberg, S. E. (1990). Review: *Relational concepts in psychoanalysis: An integration. American Journal of Psychiatry, 147,* 803.

Winer, J. A. (1985). Book review: *Object relations in psychoanalytic theory. American Journal of Psychiatry, 142*(2), 256–257.

Winnicott, D. W. (1958). *Through paediatrics to psychoanalysis.* London: Hogarth.

第十一章
一个案例研究描述：布伦达

理论会影响治疗师对临床情况的处理方式（Fine & Fine, 1990; Morris, 1992）。例如，米切尔（1988, p. 90）指出，治疗师通过他们的理论预设来倾听病人，而理论有助于安排和组织他们所听到的内容。简而言之，治疗师更多的是用头脑而不是耳朵来倾听，通过理论和自己的体验来过滤他们所看到和听到的东西。

下面的简短叙述展示了如何从精神分析或精神动力学的角度思考治疗过程的数据，以及如何思考评估的过程。然而，最终带来成功的治疗结果的，是关系的质量，以及治疗师与来访者的核心情感状态同调的能力（Lindon, 1991）。

布 伦 达

布伦达 32 岁，是一个有魅力、有点胖的单身女性。她是独生女，在一所女子高中教书，精神生活活跃，目前正准备结婚。即将到来的婚礼给她带来了很大的焦虑，并让她在离开治疗约两年之后重新开始接受治疗。具体来说，布伦达非常担心，她在课上被担忧分散了注意力；并与母亲就婚礼的细节发生了争执。治疗师是一位 55 岁左右的男性。他发现布伦达非常有吸引力，并很期待他们一起进行治疗。

3 年半以前，布伦达最初是由她从大学开始就认识的精神导师推荐去接受治疗的。最初的导火索是布伦达的女上司——她所任教学校的校长对她的批评。布伦达报告说，这件事从客观的角度而言微不足道，但不知何故引起了她强烈的感受——一种可怕的背叛感和伤害感，远远超过了这件事本身相对的轻微程度。布伦达对这件事的反应如此强烈的原因是，她感觉批评像是一种人身攻击，她突然感到非常脆弱，觉得自己没有受到保护。

布伦达的父亲在她4岁时去世了，她有一些被父亲抱着和背着的幸福记忆片段。其中一些记忆可能来自父亲抱着笑着的小布伦达的家庭照片。大约4年后，也就是布伦达8岁的时候，母亲再婚了。在大约24个月的治疗过程中，布伦达很快将缺乏保护的感觉与母亲没有提供足够的保护让她不被继父伤害的事情联系起来。布伦达能够这样说：这次经历就像是她十几岁时发生的事情的可怕重演，当时她觉得母亲没有保护她，让她暴露在继父埃迪的虐待之下。

多年来，布伦达一直感到或怀疑自己遭到了性侵犯，但恐惧和自卑使她不敢调查这些感受的来源。由于她长期以来对自己的感觉都不太好，再加上突然发生了她和校长之间的事情，布伦达便开始接受治疗。布伦达不记得任何具体的虐待事件，但她总觉得继父给她带来了负担。她的母亲不得不上夜班，因此布伦达经常被留在公寓里，和继父待在一起。埃迪过去常常穿着内裤到处走，并且会躺在布伦达的床上，说一些类似于希望她是他妻子的话。布伦达回忆说，她十三四岁时，有一次埃迪胡乱摸着她的内衣带子。当布伦达推开他时，他生气地说："我是你父亲，你怕什么？"

布伦达的继父在保险公司工作。他上班时穿衣服非常讲究，会穿挺括的白衬衫。但在家里，他邋里邋遢，经常发牢骚，不刮胡子。他常常和布伦达的母亲争吵不休，而且当他"不在我身边闲荡"或者布伦达的母亲在家的时候，他常常对布伦达吹毛求疵、充满敌意。母亲是家里的顶梁柱。当母亲在家时，继父"表现得很好，一切都相对平稳"。用布伦达的话说，母亲可能在"与自己的抑郁症做斗争"，但总的来说，她给人的印象是，她很操心——有时可能过于操心——一个为家庭努力工作、全心全意照顾自己唯一的孩子的女人。

布伦达是个成绩中等偏上的学生，有点内敛。她上的是教会学校，有朋友，但"不多"。虽然布伦达承认自己很"漂亮"，但她在高中时只是偶尔约会。布伦达在当地上大学。她当时并没有过多地考虑这件事，但她意识到，她不想把母亲单独留在家里和埃迪在一起。在完成教学实习和大学毕业后，她回到了自己毕业的高中教书。她继续住在家里，偶尔才会约会。后来她终于在遇到埃里克的时候搬出去了。

布伦达在遇到埃里克的同时结束了心理治疗，并搬出了母亲和继父的家。最初的治疗过程使布伦达对自己、她的约会以及与埃里克的新关系更有信心。布伦达在这个时候终止了治疗，因为一切都很顺利，她为自己拥有的第一段"真正的关系"感到兴奋。她现在也意识到，她当时对进一步的情感探索有些恐惧，尤其是移情过程中的性感受和性幻想。

18个月后，布伦达再次接受治疗。让布伦达回到心理治疗的原因是埃里克不断催促她嫁给他。她的感受非常复杂，现阶段的大部分治疗都在探索这段关系，考虑不同的行动方案和她对这些方案的感受。埃里克和布伦达在过去的3年里一直在约会。埃里克是一个"非常好的人"。他和她认识的任何一个男人都不一样，布伦达意识到她破坏了埃里克接近她的努力，因为这段关系与她所知道的、期望的或习惯的任何东西"都不一样"。她说她"不习惯被如此善待"。这让她感到不确定，并且她往往对埃里克过于挑剔。埃里克似乎很爱布伦达，并包容了她在关系中的紧张。他已经向她求婚了好几次。在对婚姻的幻想中，布伦达感到渴望和恐惧。她想知道埃里克是否真的足够强大。在幻想婚礼时，布伦达觉得她不希望母亲协助策划，并且布伦达决定自己支付婚礼的费用。

在探索布伦达和埃里克的关系时，治疗师发现布伦达有多个重要关系。她可以指出她高中时的几个重要女性朋友，关于她父亲的早期意象，以及与治疗师本人总体上非常好的关系。布伦达还是一个信教的人，偶尔会与一位年长的女性会面，寻求精神上的指导。布伦达承认，她对神明的印象与她对父亲的感觉相似，是一个充满爱的、强大的、能够给予安慰的形象。

总而言之，布伦达是一名成功的教师，但她担心她的工作和未来。她的同事对她评价很高。但对布伦达来说，成人世界似乎并不安全。治疗师越来越多地试图帮助她找到适合她的人生道路，尤其是在做有关与埃里克的关系的决定时。

当治疗师考虑自己的反移情感受时，他意识到他非常喜欢布伦达，他会对她在自己面前表现出的小女孩的一面做出回应，并且非常清楚地意识到他觉得自己被吸引着去扮演一个好父亲，一个为她的成功人生提供建议、作为指路人的父亲。通过定期就自己的临床工作寻求咨询，治疗师密切关注自己如何表现出这些父亲的感觉，并试图使布伦达成长为一个独立的成年人，让她有能力自己做决定。

分析与评估

简而言之，布伦达在她的生活中有很多优点，获得了许多成功。她有成功的工作和关心她的朋友作为资源。然而，关键问题仍有待她在治疗中解决。当她和治疗师探索她的内心世界时，内化客体的持续影响变得更加清晰，并且她有其他的重要问题需要面对：她对于丧失父亲的感觉,她与埃迪之间的创伤经历所导致的自体感的缺失,以及她在修通对母亲的依赖和失望方面的发展迟滞。

最初的治疗过程处理的是,她意识到她与继父的关系中存在虐待因素。这段关系,以及她对于自己没有受到保护的感觉(伴随着脆弱和愤怒的感受),仍然影响着她与异性建立亲密关系的能力——在当前情况下,异性指的是埃里克。埃里克的求婚迫使她面对未解决的亲密关系问题,要完成与母亲分离的工作,并寻找自己在世界上和亲密关系中的道路。

结构议题

结构指的是已经被内化的、以前存在于外部的功能。客体关系理论谈论的是塑造关系和行为模式的自体表征和客体表征。心理结构是自体表征和客体表征构造的隐喻性参考,是后弗洛伊德理论假设会影响行为和关系模式的内部结构。经典弗洛伊德理论则表明存在本我、自我和超我的结构。

利用客体关系理论的资源,一些概念化有助于阐明布伦达的人格结构。她有完整但受损的结构,治疗关系需要厘清干扰亲密关系的自体表征和客体表征。客体关系模型倾向于将关系问题视为结构性问题——因此,首要考虑的是她的关键关系,以及这些关系如何使她成为现在的她。她确实拥有丰富的女性关系这一积极的资源。她的自体感在很大程度上取决于她强大的母亲,她把母亲的好与坏的方面都内化了。她对自己在工作世界中的参与感觉良好,但她也对进一步进入亲密关系感到焦虑。在继父不恰当的侵扰面前,母亲没有使她感受到足够的保护。

治疗为病人提供了一个与外在客体对话的机会,目的是提高病人对内在客体世界的意识。布伦达显然将母亲内化为一个完整客体,但她仍有必要修通客体关系的好坏方面，以及面质埃迪的威胁性虐待的影响。布伦达需要了解，她是如何通过保持自己与埃里克的距离，再现母亲与她的距离的。好的品质体现在布伦达对自己作为一名女性和一名成功教师的积极认同上。"坏"的方面是，当布伦达需要母亲保护自己免受埃迪的侵扰时，母亲却不在。当布伦达在治疗中倾听自己的声音时，她越来越意识到自己对缺席的、忽视的"坏"客体的愤怒。

布伦达表现出对母亲的投射和投射性认同过程的一些证据（Klein, 1946/1975），因为她觉得母亲应该受到保护和被确保安全。也就是，她不想让母亲独自和埃迪待在家里，而事实上她内心持续的脆弱感才是问题所在。她对埃里克的一些矛盾感受是她担心埃里克是否足够强大，能够保护她免受不安全的世界和其他危险的入侵。她也可能存在没有表达的恐惧——关于埃里克本人可能会侵扰她。她不知道如何回应他对她的"好"，因为埃迪不是这样对她的。

她很小就失去了父亲。儿童有时会把这种前俄狄浦斯期的丧失当作一种惩罚，或者觉得他们应该为此负责，应该因此而受到责备。然而，与布伦达目前生活中的一些现实问题相比，这些前俄狄浦斯期的问题似乎没有那么紧迫。治疗师需要帮助她认识到，关于婚姻的决定应该建立在心理整合以及处理好尚未解决的发展议题的坚实基础上。

布伦达在这个世界上的基本功能是好的，如她的现实检验、认知功能、调节和控制情绪等自我功能（Blanck & Blanck, 1974）所表现的那样。她在焦虑时不会崩溃，也不存在任何失代偿或分裂的危险。事实上，布伦达是一个"好来访者"，能够自我反思并表达自己的感受。她还可以利用其他资源和其他积极关系，并且宗教在她的生活中也发挥着积极的作用——这似乎有助于使世界看起来更安全。

动力

治疗师不会将布伦达的问题概念化为驱力层面的冲突。相反，她的基本动力与处理和完成她与父母的关系有关；也就是，她需要处理她对母亲的矛盾情感——既依赖又怨恨——以处理其理想化父亲的丧失和埃迪的虐待，并发展与同一发展水平的人建立彼此满意的关系的能力。

发展水平

整体而言，客体关系理论是关于人格结构如何发展的理论。也许马勒（Mahler, Pine, & Bergman, 1975）的理论最有助于将议题集中在分离、个体化和继续发展亲密能力的关键客体关系问题上。为了在一段关系中成功地进行情感投注，布伦达需要修通对父母的强烈感情，并完成成为一个有能力投注于他人的自体的过程。费尔贝恩（1946/1954）谈到了成熟的关系阶段，个体在这个阶段能够给予和接受。大多数关系议题来自俄狄浦斯期和随后的发展阶段。关系理论指出，凝聚的自体感是通过终生的自体客体体验过程形成的；这些关系的严重中断会影响自体感和健康的自恋或自尊。

治疗环境如何促进积极自体感的持续增长？科胡特（1977）提出的"对于自体客体的持续需求"的观点是对布伦达缺乏自信的问题进行概念化的一种方式。也许她的母亲（显然还有她的继父）在某些方面没有提供适当的镜映；其中一些镜映需求也许会在与埃里克的关系中得到满足，并在与治疗师的关系中得到适当修通。

作为自体客体的治疗师可以支持布伦达的探索，而布伦达可以检验她的想法，探索她意识之外的感受和幻想。米切尔（1993）可能会强调，她在关系中的许多信任议题适用于大多数成人关系，治疗不应该过多地关注早期和前俄狄浦斯期的议题。

心理病理学

在布伦达的案例中，排除来自与埃迪的关系的削弱性损害是可能的。布伦达没有表现出早期虐待和创伤的典型症状（van der Kolk & Fisler, 1994），如无法调节强烈的情感、自我毁灭的行为、不稳定的依恋模式或解离和分裂的倾向。她的创伤虽然令人不安且不可原谅，但并没有淹没她。她似乎没有因为经受了这种早期缺陷而丧失能力。但她的自体感存在缺陷，在亲密的性关系中也缺乏自信。埃迪的虐待发生时，布伦达已经形成了充分的自体结构，有足够的防御。在遭受创伤性侮辱时，她内在的自体和他人之间的关键心理界限已经很好地建立起来了，现实与幻想之间的良好区分也已经得到确立。然而，性侵犯的潜在危害在于它对良好的自体感的侵蚀作用。现在的治疗问题是处理和消化这些令人不安的侵犯所产生的挥之不去的影响，以及处理父母的局限性。在客体关系图式中，这些问题可以被概念化为结构性的关系问题。科恩伯格（1976）可能会在整合谱系的更高水平的一端评估布伦达的结构和性格病理；也就是说，她本质上很好地整合了相对稳定的自体表征和客体表征。有时，前俄狄浦斯期的冲突可能会出现，所以她的性格组织似乎处于人格组织的中间水平。

根据《精神障碍诊断与统计手册》（*Diagnostic and Statistical Manual of Mental Disorders, DSM*; American Psychiatric Association, 1994）的分类，治疗师会想要排除性虐待的可能性。布伦达的焦虑和相关的关系议题似乎占主导地位。鉴别诊断（轴Ⅰ）表明是伴焦虑的适应障碍（309.24），排除（广泛性）焦虑障碍（300.02），因为她的焦虑症状相对较轻，没有造成明显的扰乱。然而，她缺乏自信，并表现出依赖于重要他人的支持和认可的人际交往方式，这些都表明了依赖型人格的要素（轴Ⅱ）。在她重返治疗的过程中，临床关注的焦点将放在她与伴侣埃里克的关系问题（V61.1）上。

治　疗

治疗师在寻找布伦达在移情中表达的关系模式。他和布伦达的工作关系良好，有明显的迹象表明布伦达喜欢并信任这位治疗师。这可能证明了她存在理想化，甚至可能从被她生父抱持的原始意象中汲取一些心理能量。但是，治疗需要关注其关系风格的依赖特性。移情模式可能改变，而她对母亲的一些无意识愤怒也可能进入与治疗师的关系中。

治疗师需要密切关注他对布伦达的期望。他似乎想不断地把病人拉到一个更高的功能水平，这对于一个在自我–功能模型中工作的治疗师来说是可以理解的倾向；自体心理学则允许用更多的时间探索移情议题，而这些议题可能需要来访者暂时的退行。要适当地探索内在自体议题和自体表征，一定程度的治疗性退行可能会出现。外部的时间限制是存在的，比如婚礼计划和做决定的截止日期，但治疗师必须密切关注布伦达的进展，同时在她需要经历治疗性退行的几次治疗中注意与她保持同调。温尼科特（1963）关于抱持性环境的概念很好地捕捉到了治疗环境的安全性特征，病人在这种环境中可以面对令人害怕的感受。对于布伦达的宗教意象，一些理论家（Rizzuto, 1979; St. Clair, 1994）指出，对神明的表征与童年早期的表征之间存在相似之处。

 学习问题 >>>>

1. 哪种人的心理更容易被洞察：一个相对健康的人还是一个更受困扰的人？为什么？
2. 根据给出的信息，你是否同意本章提供的评估和概念化？说出你的理由。

3. 你对这个案例研究中的治疗师有什么建议和批评？
4. 其他理论和疗法（如认知行为疗法、以来访者为中心的疗法等）能给本案例带来哪些贡献？

参 考 文 献

American Psychiatric Association. (1994). *Diagnostic and statistical manual of mental disorders* (4th ed.). Washington, DC.

Blanck, G., & Blanck, R. (1974). *Ego psychology: Theory and practice.* New York: Columbia University Press.

Fairbairn, W. R. D. (1954). Object-relationships and dynamic structure. In *An object-relations theory of the personality* (pp. 137–161). New York: Basic Books. (Original work published 1946)

Fine, S., & Fine, E. (1990). Four psychoanalytic perspectives: A study of differences in interpretive interventions. *Journal of the American Psychoanalytic Association, 38,* 1017–1047.

Kernberg, O. (1976). A psychoanalytic classification of character pathology. In *Object relations theory and clinical psychoanalysis* (pp. 139–160). New York: Aronson.

Kohut, H. (1977). *The restoration of the self.* New York: International Universities Press.

Klein, M. (1975). Notes on some schizoid mechanisms. In *Envy and gratitude & other works 1946–1963* (pp. 1–24). New York: Delta. (Original work published 1946)

Lindon, J. A. (1991). Does technique require theory? *Bulletin of the Menninger Clinic, 55,* 1–21.

Mahler, M. S., Pine, E., & Bergman, A. (1975). *The psychological birth of the human infant.* New York: Basic Books.

Mitchell, S. A. (1988). *Relational concepts in psychoanalysis: An integration.* Cambridge, MA: Harvard University Press.

Mitchell, S. A. (1993). *Hope and dread in psychoanalysis.* New York: Basic Books.

Morris, J. L. (1992). Psychoanalysis and psychoanalytic psychotherapy—Similarities and differences: Therapeutic technique. *Journal of the American Psychoanalytic Association, 40,* 211–222.

Rizzuto, A. (1979). *The birth of the living god: A psychoanalytic study.* Chicago: University of Chicago Press.

St. Clair, M. (1994). *Human relationships and the experience of God: Object relations and religion.* Mahwah, NJ: Paulist.

van der Kolk, B., & Fisler, R. (1994). Childhood abuse and neglect and loss of self-regulation. *Bulletin of the Menninger Clinic, 58,* 145–168.

Winnicott, D. W. (1963). Psychiatric disorders in terms of infantile maturational processes. In *Maturational processes and the facilitating environment* (pp. 230–241). New York: International Universities Press.

参考书目

主要理论家

Fairbairn, W. R. D. (1952). Endopsychic structure considered in terms of object relationships. In *An object-relations theory of the personality* (pp. 82–136). New York: Basic Books. (Original work published 1944)

Fairbairn, W. R. D. (1952). Object-relationships and dynamic structure. In *An object-relations theory of the personality* (pp. 137–151). New York: Basic Books. (Original work published 1946)

Fairbairn, W. R. D. (1952). The repression and the return of bad objects (with special reference to the "war neuroses"). In *An object-relations theory of the personality* (pp. 59–81). New York: Basic Books. (Original work published 1943)

Fairbairn, W. R. D. (1952). A revised psychopathology of the psychoses and psychoneuroses. In *An object-relations theory of the personality* (pp. 28–58). New York: Basic Books. (Original work published 1941)

Fairbairn, W. R. D. (1952). Steps in the development of object-relations theory of the personality. In *An object-relations theory of the personality* (pp. 152–161). New York: Basic Books. (Original work published 1949)

Fairbairn, W. R. D. (1952). A synopsis of the development of the author's views regarding the structure of the personality. In *An object-relations theory of the personality* (pp. 162–179). New York: Basic Books. (Original work published 1951)

Fairbairn, W. R. D. (1963). A synopsis of an object-relations theory of the personality. *International Journal of Psycho-Analysis, 44,* 224.

Freud, S. (1957). The ego and the id. In J. Strachey (Ed. and Trans.), *The standard* edition of the complete psychological works of Sigmund Freud* (Vol. 19, pp. 1–66). London: Hogarth. (Original work published 1923)

Freud, S. (1957). Group psychology and the analysis of the ego. In J. Strachey (Ed. and Trans.), *The standard edition of the complete psychological works of Sigmund Freud* (Vol. 18, pp. 65–143). London: Hogarth. (Original work published 1921)

Freud, S. (1957). Instincts and their vicissitudes. In J. Strachey (Ed. and Trans.), *The standard edition of the complete psychological works of Sigmund Freud* (Vol. 14, pp. 117–140). London: Hogarth. (Original work published 1915)

Freud, S. (1957). Mourning and melancholia. In J. Strachey (Ed. and Trans.), *The standard edition of the complete psychological works of Sigmund Freud* (Vol. 14, pp. 237–258). London: Hogarth. (Original work published 1917)

Freud, S. (1957). New introductory lectures on psychoanalysis. In J. Strachey (Ed. and Trans.), *The standard edition of the complete psychological works of Sigmund Freud* (Vol. 22, pp. 1–182). London: Hogarth. (Original work published 1933)

Freud, S. (1957). Three essays on the theory of sexuality. In J. Strachey (Ed. and Trans.), *The standard edition of the complete psychological works of Sigmund Freud* (Vol. 7, pp. 125–245). London: Hogarth. (Original work published 1905)

Greenberg, J. R., & Mitchell, S. A. (1983). *Object relations in psychoanalytic theory*. Cambridge, MA: Harvard University Press.

Jacobson, E. (1946). The effect of disappointment on ego and superego formation in normal and depressive development. *Psychoanalytic Review, 33,* 129–147.

Jacobson, E. (1954). The self and the object world. *Psychoanalytic Study of the Child, 9,* 75–127.

Jacobson, E. (1964). *The self and the object world.* New York: International Universities Press.

Jacobson, E. (1971). *Depression: Comparative study of normal, neurotic and psychotic conditions.* New York: International Universities Press.

Kernberg, O. (1975). *Borderline conditions and pathological narcissism.* New York: Aronson.

Kernberg, O. (1976). *Object relations theory and clinical psychoanalysis.* New York: Aronson.

Kernberg, O. (1980). Self, ego, affects, and drives. *Journal of the American Psychoanalytic Association, 30,* 893–916.

Kernberg, O. (1980). *Internal world and external reality.* New York: Aronson.

Kernberg, O. (1984). *Severe personality disorders: Psychotherapeutic strategies.* New Haven, CT: Yale University Press.

Kernberg, O. (1992). *Aggression in personality disorders and perversions.* New Haven, CT: Yale University Press.

Kernberg, O. (1992). Psychopathic, paranoid and depressive transferences. *International Journal of Psycho-Analysis, 73,* 13–28.

Kernberg, O. (1993). Suicidal behavior in borderline patients: Diagnosis and psychotherapeutic considerations. *American Journal of Psychotherapy, 47,* 245–254.

Kernberg, O. (1994). The erotic in film and in mass psychology. *Bulletin of the Menninger Clinic, 58,* 88–108.

Kernberg, O., Cooper, A., & Person, E. (Eds.). (1989). *Psychoanalysis: Toward the second century.* New Haven, CT: Yale University Press.

Kernberg, O., Selzer, M., Koenigsberg, H. W., Carr, A. C., & Appelbaum, A. H. (1989). *Psychodynamic psychotherapy of borderline patients.* New York: Basic Books.

Klein, M. (1975). A contribution to the psychogenesis of manic-depressive states. In *Love, guilt and reparation and other works, 1921–1945* (pp. 262–289). New York: Delta. (Original work published 1935)

Klein, M. (1975). Envy and gratitude. In *Envy and gratitude and other works, 1946–1963* (pp. 176–235). New York: Delta. (Original work published 1957)

Klein, M. (1975). Mourning and its relation to manic-depressive states. In *Love, guilt and reparation and other works, 1921–1945* (pp. 344–369). New York: Delta. (Original work published 1940)

Klein, M. (1975). Notes on some schizoid mechanisms. In *Envy and gratitude and other works, 1946–1963* (pp. 1–24). New York: Delta. (Original work published 1946)

Klein, M. (1975). The Oedipus complex in the light of early anxieties. In *Love, guilt and reparation and other works, 1921–1945* (pp. 370–419). New York: Delta. (Original work published 1946)

Klein, M. (1975). Some theoretical conclusions regarding the emotional life of the infant. In *Envy and gratitude and other works, 1946–1963* (pp. 61–93). New York: Delta. (Original work published 1952)

Kohut, H. (1966). Forms and transformations of narcissism. *Journal of the American Psychoanalytic Association, 14,* 243–278.

Kohut, H. (1971). *The analysis of self.* New York: International Universities Press.

Kohut, H. (1977). *The restoration of the self.* New York: International Universities Press.

Kohut, H. (1984). *How does psychoanalysis cure?* Chicago: University of Chicago Press.

Kohut H. (1987). *The Kohut seminars on self psychology and psychotherapy with adolescents and young adults.* New York: Norton.

Kohut, H., & Wolf, E. S. (1978). The disorders of the self and their treatment: An outline. *International Journal of Psycho-Analysis, 59,* 413–425.

Mahler, M. S., & Gosliner, B. J. (1955). On symbiotic child psychosis. *Psychoanalytic Study of the Child, 10,* 195–212.

Mahler, M. S., Pine, E., & Bergman, A. (1963). Thoughts about development and individuation. *Psychoanalytic Study of the Child, 18,* 307–324.

Mahler, M. S., Pine, E., & Bergman, A. (1968). *On human symbiosis and the vicissitudes of individuation.* New York: International Universities Press.

Mahler, M. S., Pine, F., & Bergman, A. (1971). A study of the separation-individuation process and its possible application to borderline phenomena in the psychoanalytic situation. *Psychoanalytic Study of the Child, 26,* 403–422.

Mahler, M. S., Pine, E., & Bergman, A. (1972). On the first three subphases of the separation-individuation process. *International Journal of Psycho-Analysis, 53,* 333–338.

Mahler, M. S., Pine, F., & Bergman, A. (1975). *The psychological birth of the human infant.* New York: Basic Books.

Mitchell, S. A. (1988). *Relational concepts in psychoanalysis: An integration.* Cambridge, MA: Harvard University Press.

Mitchell, S. A. (1992). True selves, false selves, and the ambiguity of authenticity. In N. J. Skolnich & S. C. Warshaw (Eds.), *Relational perspectives in psychoanalysis* (pp. 1–20). Hillsdale, NJ: Analytic Press.

Mitchell, S. A. (1993). Aggression and the endangered self. *Psychoanalytic Quarterly, 62,* 351–382.

Mitchell, S. A. (1993). *Hope and dread in psychoanalysis.* New York: Basic Books.

Mitchell, S. A. (1993). Reply to Bachant and Richards. *Psychoanalytic Dialogues, 3,* 461–480.

Mitchell, S. A. (1994). Something old, something new: Commentary on Steven

Stern's "needed relationships." *Psychoanalytic Dialogues, 4,* 363–369.

Mitchell, S. A. (1997). *Influence and autonomy in psychoanalysis.* Hillsdale, NJ: Analytic Press.

Mitchell, S. A. (1998). The analyst's knowledge and authority. *Psychoanalytic Quarterly, 67,* 1–31.

Mitchell, S. A. (2002). *Can love last? The fate of romance over time.* New York: W. W. Norton.

Mitchell, S. A., & Black, M. J. (1995). *Freud and beyond: A history of modern psychoanalytic thought.* New York: Basic Books.

Ornstein, R. (Ed.). (1978). *The search for the self: Selected writings of Heinz Kohut: 1950–1978* (Vols. 1 & 2). New York: International Universities Press.

Ornstein, P. (Ed.). (1981). *The search for the self: Selected writings of Heinz Kohut 1978–1981* (Vols. 3 & 4). New York: International Universities Press.

Winnicott, D. W. (1958). Aggression in relation to emotional development. In *Collected papers: Through pediatrics to psychoanalysis* (pp. 204–218). London: Tavistock. (Original work published 1950)

Winnicott, D. W. (1958). Primitive emotional development. In *Collected papers: Through pediatrics to psychoanalysis* (pp. 145–156). London: Tavistock. (Original work published 1945)

Winnicott, D. W. (1958). Transitional objects and transitional phenomena. In *Collected papers: Through pediatrics to psychoanalysis* (pp. 229–242). London: Tavistock. (Original work published 1951)

Winnicott, D. W. (1965). The capacity to be alone. In *The maturational processes and the facilitating environment* (pp. 29–36). New York: International Universities Press. (Original work published 1958)

Winnicott, D. W. (1965). Ego distortion in terms of true and false self. In *The maturational processes and the facilitating environment* (pp. 140–152). New York: International Universities Press. (Original work published 1960)

Winnicott, D. W. (1965). Ego integration in child development. In *The maturational processes and the facilitating environment* (pp. 56–63). New York: International Universities Press. (Original work published 1962)

Winnicott, D. W. (1965). From dependence to independence in the development of the individual. In *The maturational processes and the facilitating environment* (pp. 83–99). New York: International Universities Press. (Original work published

1963)

Winnicott, D. W. (1965). A personal view of the Kleinian contribution. In *The maturational processes and the facilitating environment* (pp. 171–178). New York: International Universities Press. (Original work published 1962)

Winnicott, D. W. (1965). Psychiatric disorders in terms of infantile maturational processes. In *The maturational processes and the facilitating environment* (pp. 230–241). New York: International Universities Press. (Original work published 1963)

Winnicott, D. W. (1965). The theory of the parent-infant relationship. In *The maturational processes and the facilitating environment* (pp. 37–55). New York: International Universities Press. (Original work published 1960)

Winnicott, D. W. (1971). *Therapeutic consultations in child psychiatry.* New York: Basic Books.

次级来源与临床应用

Abram, J. (1997). *The language of Winnicott: A dictionary and guide to understanding his work.* Northvale, NJ: Aronson.

Anechiarico, B. (1990). Understanding and treating sex offenders from a self psychological perspective. *Clinical Social Work Journal, 18,* 281–292.

Appelbaum, A. H. (1994). Psychotherapeutic routes to structural change. *Bulletin of the Menninger Clinic, 58,* 37–54.

Azim, H. F., Piper, W. E., Segal, R M., Nixon, G. W. H., & Duncan, S. C. (1991). The quality of object relations scale. *Bulletin of the Menninger Clinic, 55,* 323–343.

Baker, H. S., & Baker, M. N. (1987). Heinz Kohut's self psychology: An overview. *American Journal of Psychiatry, 144,* 1–9.

Berman, E. (1997). Relational psychoanalysis: A historical background. *American Journal of Psychotherapy, 51,* 185–203.

Blanck, G., & Blanck, R. (1987). Developmental object relations theory. *Clinical Social Work Journal, 15,* 318–327.

Borden, W. (1992). Comments on "Theories of Kernberg and Kohut: Issues of scientific validation." *Social Sciences Review, 66,* 467–470.

Brems, C. (1991). Self-psychology and feminism: An integration and expansion. *American Journal of Psychoanalysis, 51,* 145–160.

Cashman, P. (1991). Ideology obscured: Political uses of the self in Daniel Stern's infant. *American Psychologist, 46,* 206–219.

Celani, D. P. (1993). *The treatment of the borderline patient: Applying Fairbairn's object relations theory in the clinical setting.* Madison, CT: International Universities Press.

Chernus, L. (1988). Why Kohut endures. *Clinical Social Work Journal, 16,* 336–354.

Dennis, G. S., & Ferguson, G. (1988). An experimental investigation of Kernberg's and Kohut's theories of narcissism. *Journal of Clinical Psychology, 44,* 445–451.

Dublin, P. (1992). Severe borderlines and self psychology. *Clinical Social Work Journal, 20,* 285–294.

Finkelstein, L. (1987). Toward an object relations approach in psychoanalytic marital therapy. *Journal of Marital and Family Therapy, 13,* 287–298.

Fromm, M. G., & Smith, B. L. (Eds.). (1989). *The facilitating environment: Clinical applications of Winnicott's theory.* Hillsdale, NJ: Analytic Press.

Goldberg, A. (1988). *A fresh look at psychoanalysis: The view from self psychology.* Hillsdale, NJ: Analytic Press.

Goldberg, A. (Ed.). (1988). *Frontiers of self psychology.* Hillsdale, NJ: Analytic Press.

Goldberg, A. (Ed.). (1991). *The evolution of self psychology.* Hillsdale, NJ: Analytic Press.

Goldberg, A. (1998). Self psychology since Kohut. *Psychoanalytic Quarterly, 67,* 240–255.

Grolnick, S., & Barkin, S. (Eds.). (1995). *Between reality and fantasy: Winnicott's concepts of transitional objects and phenomena.* Northvale, NJ: Aronson.

Grotstein, J. S. (1998). A comparison of Fairbairn's endopsychic structure and Klein's internal world. In N. J. Skolnick and D. E. Scharff (Eds.), *Fairbairn, then and now* (pp. 71–97). Hillsdale, NJ: Analytic Press.

Grotstein, J. S., & Rindsley, D. (1981). The significance of Kleinian contributions to psychoanalysis (Parts I & II). *International Journal of Psychoanalytic Psychotherapy, 8,* 375–392, 393–429.

Grotstein, J. S., & Rindsley, D. (1982–1983). The significance of Kleinian contributions (Parts III & IV). *International Journal of Psychoanalytic Psychotherapy, 9,* 487–510, 511–535.

Grotstein, J. S., & Rindsley, D. (1993). A reappraisal of W. R. D. Fairbairn. *Bulletin of the Menninger Clinic, 57,* 421–449.

Grotstein, J. S., & Rindsley, D. (Eds.). (1994). *Fairbairn and the origins of object relations.* New York: Guilford.

Hadley, J. A., et al. (1993). Common aspects of object relations and self representations in offspring from disparate dys- functional families. *Journal of Counseling Psychology, 40,* 348–356.

Hamilton, G. N. (1989). A critical review of object relations theory. *American Journal of Psychiatry, 146,* 1552–1560.

Hinshelwood, R. D. (1991). *A dictionary of Kleinian thought.* New York: Aronson.

Hughes, J. M. (1989). *Reshaping the psychoanalytic domain: The work of Melanie Klein, W. R. D. Fairbairn, and D. W. Winnicott.* Berkeley: University of California Press.

Jacobs, E. H. (1991). Self psychology and family therapy. *American Journal of Psychotherapy, 45,* 483–498.

Johnson, H. C. (1991). Theories of Kernberg and Kohut: Issues of scientific validation. *Social Service Review, 65,* 403–433.

Kanter, J. (1990). Community-based management of psychotic clients: The contributions of D. W. and Clare Winnicott. *Clinical Social Work Journal, 18,* 23–41.

Kanzer, M. (1979). Object relations theory: An introduction. *Journal of the American Psychoanalytic Association, 27,* 313–324.

Kavaler-Adler, S. (1993). The conflict and process theory of Melanie Klein. *American Journal of Psychoanalysis, 53,* 187–198.

Kavaler-Adler, S. (1993). Object relations issues in the treatment of the preoedipal character. *American Journal of Psychoanalysis, 53,* 19–34.

Kramer, S. (Ed.). (1994). *Mahler and Kohut: Perspectives on development, psychopathology, and technique.* New York: Aronson.

Kurzweil, E. (1994). An interview with Otto Kernberg. *Partisan Review, 61,* 204–219.

Lax, R. (1983). Discussion: Critical comments on object relations theory. *Psychoanalytic Review, 70,* 423–433.

Little, T., Watson, R. J., Bidernian, M. D., & Ozbek, I. N. (1992). Narcissism and object relations. *Psychological Reports, 71,* 799–808.

London, N. J. (1985). An appraisal of self psychology. *International Journal of Psycho-Analysis, 66,* 95–107.

Mitchell, S. A. (1998). Fairbairn's object seeking: Between paradigms. In N. J. Skolnick and D. E. Scharff (Eds.), *Fairbairn, then and now* (pp. 115–136).

Hillsdale, NJ: Analytic Press.

Mitchell, S. A. & Aron, L. (Eds.) (1999). *Relational Psychoanalysis: The emergence of a tradition.* Hillsdale, NJ: Analytic Press.

Nigg, J. I., et al. (1992). Malevolent object representations in borderline personality disorder and major depression. *Journal of Abnormal Psychology, 101,* 61–67.

Paris, J. (1991). Object relations in adolescent girls. *American Journal of Psychiatry, 148,* 1419–1420.

Pessein, D. E., & Young, I. M. (1993). Ego psychology and self psychology in social work practice. *Clinical Social Work Journal, 21,* 57–68.

Petot, J.-M. (1991). *Melanie Klein: The ego and the good object, 1932–1960* (Vol. 2) (C. Trollope, Trans.). Madison, CT: International Universities Press.

Petot, J.-M. (1990). *Melanie Klein: First discoveries and first system, 1919–1932* (Vol. 1) (C. Trollope, Trans). Madison, CT: International Universities Press.

Rangell, L. (1985). The object in psychoanalytic theory. *Journal of the American Psychoanalytic Association, 33,* 301–334.

Reis, B. E. (1993). Toward a psychoanalytic understanding of multiple personality disorder. *Bulletin of the Menninger Clinic, 57,* 309–318.

Robbins, M. (1992). A Fairbairnian object-relations perspective on self psychology. *American Journal of Psychoanalysis, 52,* 247–261.

Rosenfeld, H. (1983). Primitive object relations and mechanisms. *International Journal of Psycho-Analysis, 64,* 261–267.

Scharff, D. E., & Scharff, J. S. (1987). *Object relations family therapy.* Northvale, NJ: Aronson.

Scharff, D. E., & Scharff, J. S. (1991). *Object relations couple therapy.* Northvale, NJ: Aronson.

Scharff, D. E., & Scharff, J. S. (1994). *Object relations therapy of physical and sexual trauma.* Northvale, NJ: Aronson.

Segal, H. (1981). *Melanie Klein.* New York: Penguin.

Segal, J. (1992). *Melanie Klein.* Newbury Park, CA: Sage.

Seinfeld, J. (1989). Therapy with a severely abused child: An object relations perspective. *Clinical Social Work Journal, 17,* 40–49.

Shulman, D. G., & Ferguson, G. R. (1988). An experimental investigation of Kernberg's and Kohut's theories of narcissism. *Journal of Clinical Psychology, 44,* 445–451.

Spillius, E. B. (1988). *Melanie Klein today: Developments in theory and practice.* New York: Routledge.

Stepansky, P. E., & Goldberg, A. (Eds.). (1984). *Kohut's legacy: Contributions to self psychology.* Hillsdale, NJ: Erlbaum.

Sternbach, S. (1983). Critical comments on object relations theory. *Psychoanalytic Review, 70,* 403–422.

Summers, E. (1994). *Object relations theories and psychopathology: A comprehensive text.* Hillsdale, NJ: Analytic Press.

Sutherland, J. D. (1989). *Fairbairn's journey into the interior.* London: Free Association Books.

Thomas, K. R. (1992). The wolf-man case: Classical and self-psychological perspectives. *American Journal of Psychoanalysis, 52,* 213–225.

Thomas, K. R., & McGinnis, J. D. (1991). The psychoanalytic theories of D. W. Winnicott as applied to rehabilitation. *Journal of Rehabilitation, 57,* 63–66.

Tuttman, S. (1981). A historical survey of the development of object relations concepts in psychoanalytic theory. In S. Tuttman, C. Kaye, & M. Zimmerman (Eds.), *Object and self: A developmental approach* (pp. 3–51). New York: International Universities Press.

Weininger, O. (1992). *Melanie Klein: From theory to reality.* London: Karnac.

Westen, D. (1989). Are "primitive" object relations really pre-oedipal? *American Journal of Orthopsychiatry, 59,* 331–345.

Westen, D., Ludolph, P., Block, M. J., Wixom, J., & Wiss, C. W., (1990). Developmental history and object relations in psychiatrically disturbed adolescent girls. *American Journal of Psychiatry, 147,* 1061–1068.

White, M. T. (1986). *The theory and practice of self psychology.* New York: Brunner/Mazel.

Winnicott, C., Shepherd, R., & Davis, M. (Eds.). (1989). *Psychoanalytic explorations.* Cambridge, MA: Harvard University Press.

Wolf, E., & Lichtenberg, J. D. (1997). General principles of self psychology: A position statement. *Journal of the American Psychoanalytic Association, 45,* 531–543.

术 语 表

本术语表力求简单、清晰，旨在避免高深莫测的行话，而不是追求专业上的精确。读者应当记住：不同作者使用的同一个词有着不同的含义。

anxiety/ 焦虑：对环境中或自己内心的事物所产生的一种不愉快的感觉或害怕的感受。

autism/ 自闭："正常自闭期"指的是生命的头一个月，此时婴儿尚未在心理上分化，且指向内部。

bad object/ 坏客体：一个令人挫败的客体，会接收来自与之相关的个体的破坏性本能的投射。

borderline personality disorder/ 边缘型人格障碍：一种既非神经症性也非精神病性的障碍。这一类人的客体关系存在问题，自我表现出不明确的脆弱，倾向于使用初级过程和原始防御方式。

cathexis/ 贯注：本能或情绪能量的投注。

cohesive self versus fragmented self/ 凝聚性自体与破碎自体：感觉到整体，以及感觉到分裂成不同的部分或失去了连续性。

death instinct/ 死本能：指向破坏的驱力，可以向内指向自体，或以一种攻击性的方式指向外在世界。

defense mechanism/ 防御机制：自我保护自己免受威胁性想法和感受的伤害的过程。

depression/ 抑郁：一种感到耗竭、无价值和悲伤的状态。

depressive position/ 抑郁心位：克莱因所使用的术语，指的是在 6 个月达到顶峰的一个发展阶段，此时的婴儿对破坏性和丧失爱之客体感到恐惧。

development/ 发展：通过一系列的阶段进行的成长，要么以本能的角度看待，要么以个体和环境中的人的关系的角度看待。

drive vicissitudes/ 驱力变迁：驱力的转化或变形，以使驱力能够有新的形式，比如可能会通过梦的象征显现。

drives/ 驱力：本能的力量（性的、攻击的力量），能够驱使一个人做出行为。

ego/ 自我：来自概念而非体验的观点，是人格的一部分，拥有意识且发挥着不同的功能，比如与现实保持联系。

ego boundary/ 自我边界：提供这样的意识——（1）区分自己和外在客体；（2）区分心智产生的有意识的想法和感受以及被压抑的想法和感受。

ego dystonic/ 自我不协调：与一个人的价值和原则不一致并因此产生焦虑的感受、想法和行为。

ego functions/ 自我功能：被赋予自我的操作，如保持与现实的联系、感知、调节驱力、执行本我的愿望、抵御冲动、与客体建立关系，等等。

ego ideal/ 自我理想：超我的一个方面，即个人为自己树立的完美形象。

ego syntonic/ 自我协调：与一个人的价值和原则协调一致的感受、想法和行为。

energy/ 能量：激发或驱使一个人进行活动的力量。

externalize/ 外化：一个人在心理或想象层面将自己的愿望或感受定位到外在世界中，例如一个孩子害怕黑暗中的怪物。

facilitating environment/ 促进性环境：满足婴儿需要的人，尤其是满足对发展来说必要的自恋性全能感。

fixation/ 固着：满足感的获得或与他人的关联因过度满足或过度挫败而高度激活的一个发展阶段；其结果是个体一直坚持使用这种获得满足或与人建立关联的模式。

genital stage/ 生殖期：本能发展的最后一个阶段，个体选择的爱之客体是另一个人，且个体获得了性交和获得高潮的生理能力。

good-enough mother/ 足够好的母亲：一个充分满足孩子需求的母亲，她尤其能够以一种促进健康自恋的方式通过同步孩子的手势进行回应。

good object/ 好客体：一个令人满足的客体，会接收来自与之相关的个体的力比多本能的投射。

holding environment/ 抱持性环境：一个安全的、滋养的环境（或人），保护婴儿免受过度的内在与外在需求和刺激。

hysteric/ 癔症性的：表明一个人很激动、情绪化且多话，但是很难觉察到内在感受。

id/ 本我：从概念的角度来看，是与本能驱力联系在一起的一个心智结构，努力通过满足这些驱力而减轻张力。

identification/ 认同：个体变得像另一个人或从另一个人身上获得身份认同的过程。

identity/ 身份认同：随着时间的推移，成为一个一致的、独特的自体的感觉。

incorporation/ 吸纳：一种通过吞咽的身体过程将某物纳入心智的内摄形式。

instinct/ 本能：行为背后的生物冲动。

internalization/ 内化：个体将环境特点转化为内在特点的过程。

internal object/ 内在客体：关于客体的幻想或意象。

internal saboteur/ 内在破坏者：W. R. D. 费尔贝恩提出的术语，是自我的一个分裂部分，以类似于超我的方式实施惩罚。

introjection/ 内摄：将客体或其需求吸收到自我中，或者是将客体表征吸收到自我表征中。

latency/ 潜伏期：一个发展阶段，大约从 7 岁开始延续到青春期，期间性心理力量或力比多兴趣并不活跃。

libido/ 力比多：指代性驱力能量的术语，不是指性欲。

masochism/ 受虐：通过忍受痛苦而获得性满足。

model/ 模型：解释复杂现实的一套概念。

narcissism/ 自恋：将能量或兴趣投注或集中在自体上。在传统精神分析中，自恋指的是从外在客体上撤回力比多，并投注到自体上。自体心理学中的健康自恋指的是通过与自体客体的关系而进行的自尊发展。

neurosis/ 神经症：一种仅影响部分人格的障碍，表明心理结构是相对稳定且分化的，冲突主要发生在自我和本我的冲动之间。

object/ 客体：一段关系所涉及的"他人"，或从本能的视角来看是本能获得满足的来源。

object choice/ 客体选择：选择某个人作为爱之客体。

object relatedness/ 客体关联：存在于外在客观世界而非内在世界中的人际关系。

object relations/ 客体关系：在内心被表征的人际关系。

object-representation/ 客体表征：关于和自体有关联的他人的内在心理意象。是"我"如何向自己表征"他人"。

obsessive/ 强迫：反复、持续且抑制想法和行动的思维方式。

Oedipus complex/ 俄狄浦斯情结：孩子从与母亲的二元关系转换到与父母双方的三人关系的一个发展情景；孩子认同与自己同性的父（母）亲，并选择异性的母（父）亲作为爱之客体。

oral stage/ 口欲期：在弗洛伊德的模型中是第一个发展阶段，特点是力比多兴趣都集中在口腔。

paranoid-schizoid position/ 偏执－分裂心位：克莱因提出的一个发展心位，在生命第三个月达到顶峰，特点是充满了攻击性和被迫害的感受。

part object/ 部分客体：只有客体的其中一个方面被感知到，例如好或坏、令人满足或令人挫败。

phallic stage/ 性器期：弗洛伊德模型中的第三个发展阶段，大约在3—5岁期间，特点是持续增长的对性器的兴趣。

phantasy/ 幻想：表达本能驱力的心理意象；不同于古怪的幻想或白日梦。

phobia/ 恐惧：对某些事物的害怕。

pleasure principle/ 快乐原则：一种活动的调节准则，通常涉及不受拘束地努力减少驱力所带来的张力，以及满足需求；比现实原则出现得更早。

practicing subphase/ 实践亚阶段：在分离－个体化的发展阶段所出现的一个时期，大约从10—12个月开始，到16—18个月结束。此阶段的儿童能够通过行走而离开母亲，从而感到兴高采烈。

pregenital/ 前生殖期：发展的早期阶段，满足感主要存在于儿童自己的身体上，只有母亲提供满足时才会指向母亲。

preoedipal/ 前俄狄浦斯：俄狄浦斯情结之前的早期发展阶段的特点和兴趣。

primary process/ 初级过程：一种思考方式，特点是充满神奇的幻想和梦里才会有的联想。

projection/ 投射：在想象中将自己的想法投在其他人身上，因此自己的主观现实就变得客观化、外化。

projective identification/ 投射性认同：在想象中将自己分裂出一部分并将其分配给另一个人，旨在试图从外部控制这个人，从而控制自体的内在方面。

psyche/ 心灵：心智或心理生活。

psychic mechanism/ 心理机制：带有特定功能的心智过程，比如保护意识免受内在危险的侵害。

psychopathology/ 精神病理：一种心理障碍，与躯体疾病形成对比。

psychosis/ 精神病：一种严重的障碍，特点是心理结构的瓦解和对现实感知的歪曲。

rapprochement/ 和解期：分离－个体化发展阶段中的一个亚阶段，大约在 18—24 个月。儿童在此阶段体验到持续增加的无助感，想要亲近母亲的需求再度升起。

reality principle/ 现实原则：一种修正快乐原则的调节规范，目的是让自我的活动与社会现实的要求相一致，而不是跟着本能需求走。

representation/ 表征：一种由许多印象和感受所组成的情感心理结构；一种不同于仅仅是视觉或感知的心理意象的心理结构。

repression/ 压抑：将不想要的想法和感受排除在意识之外的一种防御。

schizoid/ 分裂样：特点是对客体有着强烈的需求，但又害怕和该客体建立亲密关系；分裂样人格感到与世隔绝、无意义和孤僻。

secondary process/ 次级过程：自我特有的心理活动，符合逻辑、有秩序，且符合现实。

self/ 自体：一个有好几个参考框架的复杂术语。可以指有别于环境中的客体的主体、"我"心目中的"我自己"，或者自我中包含的自体表征或意象。

self representation/ 自体表征：一个心理结构。关于自体的内在意象。我如何向自己表征"我自己"。

selfobject/ 自体客体：海因茨·科胡特的术语，用于描述服务于自体的人或被体验为自体的一部分的人，尤其是能够促进自尊和幸福感的人。

separation-individuation/ 分离 – 个体化：一个发展阶段，儿童在此期间逐渐脱离与母亲的心理融合，并逐渐获得成为一个自主的人的感觉。

splitting/ 分裂：一种发展和防御过程，用于分开和分离不相容的感受。

structure/ 结构：稳定的内在心理模式。

superego/ 超我：在大约六七岁时建立起来的内在控制或理想。

symbiotic phase/ 共生阶段：玛格丽特·马勒提出的术语，指大约 2—7 个月的这段发展时期，此时婴儿幻想着自己和母亲融合在一个共享边界的双重实体中。

transference/ 移情：将来自过去关系中的感受转移到和治疗师的当前关系中。

transitional object/ 过渡性客体：当儿童从一个情感发展水平过渡到另一个水平时，用来获得舒适感和安全感的物品——例如一只泰迪熊。

transmuting internalization/ 转换性内化：海因茨·科胡特提出的术语，即儿童内化环境中的他人的功能，并将其转化为自己的内在结构和功能的过程。

true self and false self/ 真实自体与虚假自体：D. W. 温尼科特提出的术语，前者是指感觉真实、完整和自发的自体，后者则是感觉屈从、真实需求被掩蔽的自体。

unconscious/ 无意识：意识自我所能觉察的范围之外的想法和感受。

whole object/ 完整客体：将客体感知为一个完整的人、一个爱之客体。这个感知者已获得处理矛盾的发展能力，因此能够同时接受客体的好坏品质。